DISTÚRBIOS DO SONO

Coleção Clínica Psicanalítica
Títulos publicados

1. **Perversão**
   Flávio Carvalho Ferraz

2. **Psicossomática**
   Rubens Marcelo Volich

3. **Emergências Psiquiátricas**
   Alexandra Sterian

4. **Borderline**
   Mauro Hegenberg

5. **Depressão**
   Daniel Delouya

6. **Paranoia**
   Renata Udler Cromberg

7. **Psicopatia**
   Sidney Kiyoshi Shine

8. **Problemáticas da Identidade Sexual**
   José Carlos Garcia

9. **Anomia**
   Marilucia Melo Meireles

10. **Distúrbios do Sono**
    Nayra Cesaro Penha Ganhito

11. **Neurose Traumática**
    Myriam Uchitel

12. **Autismo**
    Ana Elizabeth Cavalcanti
    Paulina Schmidtbauer Rocha

13. **Esquizofrenia**
    Alexandra Sterian

14. **Morte**
    Maria Elisa Pessoa Labaki

15. **Cena Incestuosa**
    Renata Udler Cromberg

16. **Fobia**
    Aline Camargo Gurfinkel

17. **Estresse**
    Maria Auxiliadora de A. C. Arantes
    Maria José Femenias Vieira

18. **Normopatia**
    Flávio Carvalho Ferraz

19. **Hipocondria**
    Rubens Marcelo Volich

20. **Epistemopatia**
    Daniel Delouya

21. **Tatuagem e Marcas Corporais**
    Ana Costa

22. **Corpo**
    Maria Helena Fernandes

23. **Adoção**
    Gina Khafif Levinzon

24. **Transtornos da Excreção**
    Marcia Porto Ferreira

25. **Psicoterapia Breve**
    Mauro Hegenberg

26. **Infertilidade e Reprodução Assistida**
    Marina Ribeiro

27. **Histeria**
    Silvia Leonor Alonso
    Mario Pablo Fuks

28. **Ressentimento**
    Maria Rita Kehl

29. **Demências**
    Delia Catullo Goldfarb

30. **Violência**
    Maria Laurinda Ribeiro de Souza

31. **Clínica da Exclusão**
    Maria Cristina Poli

32. **Disfunções Sexuais**
    Cassandra Pereira França

33. **Tempo e Ato na Perversão**
    Flávio Carvalho Ferraz

34. **Transtornos Alimentares**
    Maria Helena Fernandes

35. **Psicoterapia de Casal**
    Purificacion Barcia Gomes
    Ieda Porchat
36. **Consultas Terapêuticas**
    Maria Ivone Accioly Lins
37. **Neurose Obsessiva**
    Rubia Delorenzo
38. **Adolescência**
    Tiago Corbisier Matheus
39. **Complexo de Édipo**
    Nora B. Susmanscky de Miguelez
40. **Trama do Olhar**
    Edilene Freire de Queiroz
41. **Desafios para a Técnica Psicanalítica**
    José Carlos Garcia
42. **Linguagens e Pensamento**
    Nelson da Silva Junior
43. **Término de Análise**
    Yeda Alcide Saigh
44. **Problemas de Linguagem**
    Maria Laura Wey Märtz
45. **Desamparo**
    Lucianne Sant'Anna de Menezes
46. **Transexualidades**
    Paulo Roberto Ceccarelli
47. **Narcisismo e Vínculos**
    Lucía Barbero Fuks
48. **Psicanálise da Família**
    Belinda Mandelbaum
49. **Clínica do Trabalho**
    Soraya Rodrigues Martins
50. **Transtornos de Pânico**
    Luciana Oliveira dos Santos
51. **Escritos Metapsicológicos e Clínicos**
    Ana Maria Sigal
52. **Famílias Monoparentais**
    Lisette Weissmann
53. **Neurose e Não Neurose**
    Marion Minerbo
54. **Amor e Fidelidade**
    Gisela Haddad
55. **Acontecimento e Linguagem**
    Alcimar Alves de Souza Lima
56. **Imitação**
    Paulo de Carvalho Ribeiro
57. **O tempo, a escuta, o feminino**
    Silvia Leonor Alonso
58. **Crise Pseudoepiléptica**
    Berta Hoffmann Azevedo
59. **Violência e Masculinidade**
    Susana Muszkat
60. **Entrevistas Preliminares em Psicanálise**
    Fernando José Barbosa Rocha
61. **Ensaios Psicanalíticos**
    Flávio Carvalho Ferraz
62. **Adicções**
    Decio Gurfinkel
63. **Incestualidade**
    Sonia Thorstensen
64. **Saúde do Trabalhador**
    Carla Júlia Segre Faiman
65. **Transferência e Contratransferência**
    Marion Minerbo
66. **Idealcoolismo**
    Antonio Alves Xavier
    Emir Tomazelli
67. **Tortura**
    Maria Auxiliadora de Almeida Cunha Arantes
68. **Ecos da Clínica**
    Isabel Mainetti de Vilutis
69. **Pós-Análise**
    Yeda Alcide Saigh
70. **Clínica do Continente**
    Beatriz Chacur Mano

Coleção Clínica Psicanalítica
Dirigida por Flávio Carvalho Ferraz

DISTÚRBIOS DO SONO

Nayra Cesaro Penha Ganhito

© 2001, 2004 Casapsi Livraria e Editora Ltda.
É proibida a reprodução total ou parcial desta publicação, para qualquer finalidade, sem autorização por escrito dos editores.

1ª Edição	*2001*
2ª Edição	*2003*
3ª Edição	*2014*
Editor	*Ingo Bernd Güntert*
Gerente Editorial	*Fabio Alves Melo*
Coordenadora Editorial	*Marcela Roncalli*
Assistente Editorial	*Cíntia de Paula*
Diagramação	*Julia Rizzi*
Capa	*Yvoty Macambira*

Dados Internacionais de Catalogação na Publicação (CIP)
Angélica Ilacqua CRB-8/7057

Ganhito, Nayra Cesaro Penha
  Distúrbios do sono / Nayra Cesaro Penha Ganhito. - São Paulo : Casa do Psicólogo, 2014. - 3. ed. - (Coleção clínica psicanalítica / dirigida por Flávio Carvalho Ferraz).

Bibliografia
ISBN 978-85-8040-337-4

1. Sonhos 2. Sono 3. Sono – distúrbios 4. Sono - psicanálise
I. Título II. Série III. Ferraz, Flávio Carvalho

13-0638   CDD 616.89

Índices para catálogo sistemático:
1. Sono distúrbios: Psicanálise: Medicina

Impresso no Brasil
Printed in Brazil

As opiniões expressas neste livro, bem como seu conteúdo, são de responsabilidade de seus autores, não necessariamente correspondendo ao ponto de vista da editora.

Reservados todos os direitos de publicação em língua portuguesa à

Casapsi Livraria e Editora Ltda.
Avenida Francisco Matarazzo, 1500 - Conjunto 51
Edifício New York - Centro Empresarial Água Branca
Barra Funda - São Paulo/SP - CEP 05001-100
Tel. Fax: (11) 3672-1240
www.casadopsicologo.com.br

Sumário

Agradecimentos 11

Prefácio: "A psicanálise à escuta do sono", por Mário Eduardo
  Costa Pereira 13

Introdução 25

1 - Freud e o sujeito sonhador 33
  Sono e hipnose 34
  Os distúrbios do sono e as neuroses atuais 37
  O livro dos sonhos: o sonho como guardião do sono 40
  O sujeito sonhador 44
  Sono e narcisismo 50
  Narcisismo primário 53
  Regressão do sono ou regressão do sonho? 56
  O umbigo do sonho 62

2 - Quando "ela" era o sono e o alimento: a mãe como primeira
  guardiã do sono 65
  O sono como tela para o sonho: figura sobre fundo 69
  Sono e alimentação 76
  O sono e a morte 80
  O acalanto como atividade simbólica 90
  O jogo do *Fort-Da* e os deslocamentos da mãe 93

Era uma vez: o conto e a zona de adormecimento 99
Ritmo e repetição 108
Voz, canto, melodia 112
Cadência, balanço, embalo: recursos motores
no adormecimento 122
O rosto materno 126
O caráter ritual das práticas de adormecimento:
encantamento, hipnose e linguagem 128
A função paterna e o dormir 134

3 - CONSIDERAÇÕES GERAIS SOBRE O SONO 143
Psicofisiologia do sono 143
Os registros do sono 152
Sono fisiológico e sono libidinal 157
Sono e atividade motora 161
O sono como defesa 168
O sono na psicossomática 170

4 - "MEU FILHO NÃO DORME" 179
O sono como índice precoce da atividade psíquica 182
Valorizar o sono 186
O sono agitado 194
Sono de defesa 196
O sono na adolescência 198
As cólicas do primeiro trimestre 201
A insônia infantil 205
A insônia severa precoce 209
A criança vazia 210
As terapias conjuntas mãe-bebês 218
Sintoma ou transtorno? 223

5 - O SONO SEM SONHOS: O FRACASSO DA FUNÇÃO ONÍRICA 227
    A incapacidade de sonhar em Freud 229
    O pesadelo 236
    O terror noturno 244
    O olho do pesadelo 247
    O sonambulismo 254
    Enurese noturna 263
    Nanismo de desamparo 271

6 - FIAPOS DE LÃ, FIAPOS DE SONHO: NOTAS SOBRE A
INSÔNIA DO ADULTO 277
    Insônia depressiva, insônia melancólica 282
    Aquém da fantasia 288
    Insônia neurótica: a espera pelos signos... 292
    ... e as noites lunáticas 297
    Entre a vigília e o sono: o despertar 301

7 - O SONO NA PSIQUIATRIA 309
    O uso de medicação nos distúrbios do sono 315

8 - SONO, SONHO E MAL-ESTAR NA VIDA CONTEMPORÂNEA 321
    A lógica social do consumo e os processos de simbolização 324
    Um mundo sem utopias: sem sonhos? 327

9 - ESCUTAR O SONO 331

REFERÊNCIAS BIBLIOGRÁFICAS 343

Agradecimentos

A Flávio Carvalho Ferraz, pela oportunidade de tomar parte em um projeto que conjuga a produção coletiva e as singularidades;

a Márcia de Mello Franco, pela lembrança de meu nome;

a Luciana Cartocci, cuja sensibilidade incidiu na organização do livro, pela primeira leitura;

às amigas de todo dia Regina Maria Hallak e Elaine Armenio, pelo acompanhamento carinhoso e os aportes no processo de escrita; a Cláudia Berliner, sua contribuição como tradutora; a Silvia Nogueira, pelas trocas, em outros tempos, acerca do "sujeito sonhador" e a Rúbia Delorenzo, pelas observações sobre sua versão escrita;

a Daniel Delouya, Decio Gurfinkel, Wagner Ranña e, novamente, Flávio Carvalho Ferraz - autores cuja produção contribuiu para este livro –, pelas sugestões bibliográficas;

aos grupos de trabalho dos últimos anos: professores e alunos do curso de Psicopatologia Psicanalítica na Clínica Contemporânea do Departamento de Psicanálise do Instituto Sedes Sapientiae, colegas e estagiários da Clínica Psicológica do mesmo instituto, colegas de consultório. Em especial agradeço àqueles cuja presença afetiva fez das atividades e do pensamento uma troca prazerosa: Maria Lúcia Calderoni, Mario Fuks, Maria Beatriz Costa Carvalho, Stella Maris Chebli, Roberta Bertoni, Maria Angela Santa Cruz, Cleusa Pavan, Márcia Porto Ferreira;

a Suzana Foster e Fulfaro, Mabel Zaccagnini (*in memoriam*) e Nélio Sacramento, pela escuta generosa;

aos meus pacientes, pelo prazer de acompanhá-los e com isso aprender vida e psicanálise;

à mãe que me embalou nos braços, ao pai que me ensinou a sonhar;

ao Renato, companheiro desses anos;

a Lídia e Tamara, que ultrapassam a cada dia os sonhos sonhados.

Prefácio:
"A psicanálise à escuta do sono"[1]

Poucas expressões da psicopatologia da vida cotidiana são tão reveladoras do espírito de nosso tempo – e, portanto, tão inquietantes – quanto as perturbações do sono. A insônia, os pesadelos, a fuga no dormir, o consumo desenfreado de hipnóticos, o sono agitado, a impossibilidade de repousar são apenas algumas das dimensões de um mal-estar que se manifesta justamente nos momentos em que se esperaria usufruir de um dos benefícios mais elementares da civilização: a sensação *a priori* de um mínimo de segurança, de estabilidade e de continuidade da existência, obtida pelo comércio simbólico com os outros, a despeito do desamparo fundamental de nossa condição humana.

Trata-se de uma exigência preliminar para que o sujeito possa permitir o relaxamento de sua atenção autoprotetora, abandonando temporariamente suas aquisições e investimentos narcísicos, para simplesmente entregar-se ao repouso regenerador propiciado pelo sono. Do ponto de

---

[1] Publicado originalmente como resenha na revista *Percurso* (ano XV, nº 28, 1º semestre de 2002; p. 111-113).

vista libidinal, dormir constitui uma experiência amorosa, de restauração do autoerotismo através do mergulho na Coisa materna, dessa vez despersonificada e diluída em um espaço mental sem limites, análogo ao Grande Todo de que falava Freud. De fato, há algo de sagrado no repouso.

É precisamente nesse ponto que a perturbação do sono incide como sintoma e como denúncia do fracasso do sujeito, imerso e inseparável de seu ambiente, em desprender-se periodicamente deste mundo tão familiar ao eu, à consciência e – por que não – ao espírito ocidental, para recolher-se em Outra dimensão, noturna, abissal, real em seus efeitos, mas intraduzível, enquanto experiência, na linguagem das Luzes.

Assim, as perturbações do sono revelam a um só tempo o psicopatológico de um sujeito e de uma cultura, que fracassam em produzir uma condição fundamental para o pouco de acesso de que dispomos ao Oceânico: o pacífico. Estudar as perturbações do sono consiste, antes de tudo, em uma interrogação sobre as condições de possibilidade da implantação noturna e sempre precária da paz e do sereno.

É nesse contexto que se inscreve este instigante e belo trabalho de Nayra Cesaro Penha Ganhito. O livro surpreende de antemão por sua originalidade, que faz com que o leitor imediatamente se interrogue: Como um tema tão fundamental pôde ter sido relegado por tanto tempo a uma posição tão periférica? Nesse sentido, o trabalho de Nayra vem preencher uma surpreendente lacuna nas produções teóricas psicanalíticas. Não que esse tema já não houvesse sido discutido anteriormente – a própria autora recorre a contribuições extremamente fecundas de renomados autores psicanalíticos das mais diversas tendências. Ao lado de referências incontornáveis como Freud, Winnicott, Green, Dolto, Fédida e McDougall, entre outros, ela se serve também das intuições de poetas e romancistas (Breton, Poe, Keats, Valéry, Lorca, Victor Hugo etc.), bem como das mitologias interessadas pelo mistério do sono. O texto realiza, contudo, para além de um recenseamento dessas elaborações teóricas e poéticas pontuais, um esforço pioneiro de sistematização do problema, situando, praticamente pela primeira vez de forma ampla, coerente e articulada, a abordagem psicanalítica do sono e de suas perturbações.

A preocupação didática e sistematizante do texto não ofusca, contudo, a extrema sensibilidade – e por vezes mesmo o lirismo – da escrita. À maneira de seu conteúdo, o livro embala e envolve o leitor em um universo de acalanto, inseparável das teses que pretende demonstrar.

O argumento está distribuído em nove capítulos, que tanto cobrem de forma rigorosa a tradição psicanalítica sobre os distúrbios do sono, quanto buscam situar os elementos fundamentais da problemática psicopatológica e clínica subjacentes a essa questão.

Desde o início, a autora esforça-se por demonstrar a dimensão propriamente erótica e psíquica do sono, buscando superar a concepção de mera necessidade orgânica, à qual nossa visão cientificista cotidiana nos habitua a reduzi-lo.

De Freud, Nayra retoma a tese clássica segundo a qual o sonho seria o guardião do sono, para revertê-la a partir da seguinte proposta crucial: a de descrever metapsicologicamente a cena fundante na qual a mãe, junto a seu bebê, mesmo antes de os sonhos advirem, instaura-se como a primeira guardiã do sono. Esse momento estruturante será pleno de consequências para o futuro da criança. "Mãe e bebê protagonizam no escuro de sua intimidade uma cena cujo desfecho esperado é o adormecimento do bebê. *Cena fundante* iluminada sutilmente pela luz espelhada de seus olhares. O que se passa ali, à maneira de um ciclo – a mamada, a troca de fraldas, o embalo, a chupeta, os cheiros e os ritmos, as palavras sussurradas, a voz que entoa um acalanto –, tudo isso deixará 'dela' a marca indelével, nostálgica, sempre procurada, jamais reencontrada... A não ser, talvez, no sono e nos sonhos que porta. Mas para isso é preciso fechar os olhos, e poder 'perder' a mãe real por um instante". O livro tratará amplamente desse acontecimento originário, fundante de um "desejo de dormir" e das condições que tornarão possível o abandono temporário da mãe da realidade e do próprio eu narcísico, para reencontrá-los, difusos e serenos, na experiência real do sono.

Da psicossomática é retirado – a partir de uma re-leitura da noção de "falha do sistema de simbolização pré-consciente" – o modelo de uma "falha na função onírica". Assim, quando o sonho fracassa em seu papel de guardião do sono, ocorreria a irrupção crua dos elementos psíquicos insuportáveis sob a forma de angústia, de pesadelos e do terror noturno. Reafirma-se, dessa maneira, a tese freudiana de que o sonho é uma tentativa de garantir a continuidade do sono através da realização simbolicamente deformada de desejos inconscientes, cuja emergência excessivamente explícita poderia ser perturbadora.

Uma ampla porção do argumento é dedicada ao estudo das relações entre o sono e o narcisismo. A autora retoma a ideia freudiana segundo a qual o dormir supõe uma retirada da libido dos objetos – inclusive desse objeto privilegiado em nossa cultura que é o ego –, de modo que a psique possa retornar àquele estado nomeado por Freud de "narcisismo primário", ligado "aos tempos míticos de fusão com a mãe".

A autora recorre ao pensamento de Silvia Bleichmar[2] para falar dos investimentos libidinais arcaicos da mãe, fundantes do narcisismo primário, que darão origem ao eu e à vida pulsional. Através de uma perspectiva laplancheana que privilegia o estudo das vias concretas de investimento erótico materno sobre o corpo da criança, a psicanalista argentina dá destaque às práticas de adormecimento do bebê como forma efetiva de exposição do pequeno humano à sexualidade adulta. Estas constituem veículos privilegiados da "contaminação" do novo ser com esta condição intrinsecamente desviante que é a sexualidade. Através das situações originárias de cuidados maternos com o infante,

---

[2] BLEICHMAR, S. *A fundação do inconsciente*. Porto Alegre: Artes Médicas, 1994.

ao mesmo tempo inocentes e eróticas, haveria a transmissão dos significantes enigmáticos do universo libidinal propriamente humano que se instalam como objetos-fonte da vida pulsional infantil. Envolver e acalantar o bebê com o objetivo de conduzi-lo ao sono constitui um cuidado inconscientemente erotizado, em que os significantes e fantasmas da sexualidade adulta são reeditados, transmitidos e, em certa medida, exorcizados naquela relação primitiva e assimétrica.

Nesse contexto, o processo posterior de adormecimento comportaria o risco de regressão a conteúdos arcaicos da memória dessa sedução originária, que retornariam no próprio corpo. Freud destacou esse aspecto implicado em muitas situações de insônia: o sujeito evitaria dormir pelo medo de confrontar-se com esses conteúdos sexuais que não consegue inscrever e, portanto, tolerar.

O adormecimento evocaria, igualmente, angústias ligadas à solidão absoluta e ao ingresso em uma terra desconhecida que – análoga à morte – assombra pela impossibilidade de representá-la e de controlá-la pelos processos psíquicos familiares ao eu. Nessas condições, a experiência do sinistro pode facilmente vir a se instalar. De modo análogo ao medo do escuro, o momento de dormir pode constituir a expressão mesma do contato insuportável do sujeito com seu próprio desamparo.

O acalanto desempenha aqui uma função primordial. Amplamente baseada no belíssimo livro *O acalanto e o horror*, de Ana Lúcia Cavani Jorge[3], a autora apresenta a cantiga de ninar como tentativa de elaboração, tanto da parte da mãe como do bebê, da separação que a necessidade de dormir impõe como um real incontornável para os dois parceiros.

O embalo sonoro e corporal propiciado pela regularidade melódica do acalanto, sustentado pela voz da mãe, reasseguraria a continuidade e a serenidade como fundo sobre o qual a separação poderá se concretizar pelo adormecimento. O acalanto – através da preparação de ambos para o momento da separação – aplacaria a um só tempo as angústias de fusão com a mãe e de castração. Na vida adulta, o processo de adormecimento comportaria o risco da perda dos limites do eu, o qual pode ser vivido com muita angústia – chegando a impedir o sono – quando não se tem suficientemente internalizadas as condições benevolentes maternas que assegurariam tanto a separação, quanto a promessa de reencontro.

A dimensão vocal da mãe constituiria a própria evidência de sua presença terna e protetora. O ritmo, nesse contexto, por sua repetição e constância, garantiria a permanência – apesar do desligamento propiciado pelo sono – do mesmo estado de coisas atual, sem surpresas. Todos esses elementos musicais e interpessoais estariam implicados na erotização do novo sujeito, consolidando a experiência da

---
[3] JORGE, A. L. C. *O acalanto e o horror*. São Paulo: Escuta, 1988.

humanização e permitindo a criação de um corpo erógeno. A voz materna marcaria assim o real corporal com o significante, inaugurando a experiência humana e deixando como herança o enigma sexual do Outro a estimular a sexualidade da própria criança e a demandar elaboração e subjetivação.

Também o conto desempenharia uma função elaborativa e reasseguradora, na medida em que permite o reengendramento de um espaço interior através da circulação pela palavra do enredo e pelo "corpo da voz", em suas tonalidades e ritmos, do inquietante suscitado pelo adormecimento.

A mãe suficientemente boa é aquela que desde o início encontra-se atravessada pela referência a sua própria castração. O pai, por sua vez, nesses primeiros tempos da subjetivação do bebê, deve ser capaz de sustentar a mãe em sua posição diante do filho, oferecendo a ela um polo sexual capaz de drenar sua libido, que de outra forma tenderia a depositar-se na relação com a criança. Vemos, assim, que o processo de libidinização do sono depende tanto da relação mãe-bebê concreta, quanto do papel mediador da função paterna.

O livro apresenta, além disso, um panorama bastante completo da psicofisiologia do sono e da abordagem especificamente psiquiátrica de seus distúrbios, sem jamais perder de vista as inter-relações dessas perspectivas com o campo psicanalítico.

Outro ponto importante do trabalho refere-se ao exame psicanalítico detalhado das diferentes formas clínicas dos transtornos do sono. São discutidos especificamente os distúrbios de sono na infância, o pesadelo, o terror noturno, o sonambulismo, a insônia e a enurese, dando ao leitor uma interessante aproximação clínica desses fenômenos, situando os elementos centrais das diferentes problemáticas a eles subjacentes, desde uma ótica psicanalítica.

O texto encerra-se com uma interessante reflexão sobre as condições de possibilidade do sono em nossa contemporaneidade. Destaca-se a contradição entre o sono como um momento de recolhimento autoerótico de desligamento do mundo e o apelo incessante desse mesmo mundo para que o sujeito ativamente faça-se nele representar através de seu eu narcisista.

A autora propõe, por fim, uma clínica psicanalítica à escuta do sono. Descrevendo a implantação da situação analítica a partir das contribuições de Pierre Fédida, Nayra concebe a análise como lugar da elaboração da ausência. Esse trabalho elaborativo pode ser efetuado à condição que se sustente na situação analítica do surgimento do autoerotismo e da cena primitiva.

O relato do analisando teria, assim, a função transicional de restauração do auto erotismo pela apropriação subjetiva da própria história e das marcas do outro nela inscritas. Dessa forma, a autora propõe que "escuta-se o sono como metáfora ou figura de um espaço psíquico que faz no espaço transferencial sua tentativa de re-engendramento".

Distúrbios do sono constitui, assim, mais do que um texto de apresentação da teoria psicanalítica sobre esse importante tema psicopatológico e clínico. Trata-se, antes de mais nada, de um esforço muito bem-sucedido de conduzir o leitor a tirar as próprias conclusões para o campo da subjetividade e para a prática clínica, dessa experiência erótica fundante que é o adormecer nos braços da mãe, com as consequências psicopatológicas das vicissitudes desse processo.

Mário Eduardo Costa Pereira

"... E o que direi do Sono, que voa sobre todos os homens, e do Sonho, que passa a noite com o Sono e lhe serve de intérprete?".
(Zeus, defendendo a ideia de que os deuses olímpicos têm uma vida de trabalho, e não de contemplação;
cit. de Luciano, "A Dupla Acusação e os Tribunais", em "Os Deuses Gregos", Sissa e Detienne, 1990, p. 106).

Introdução

Ao fim de cada jornada a noite traz *a hora-de-dormir*, e cada um de nós afinal se deita, apaga a luz, recolhe-se sob as cobertas e fecha os olhos. Longe do mundo compartilhado, transportados para além dos devaneios prazerosos ou inquietantes que sobrevêm, flutuamos em uma atmosfera macia em que vacilam os limites do tempo, do dentro e do fora – para então mergulharmos no *silêncio*, na *imobilidade*, na *escuridão*, até que o sonho ou o despertar venham trazer suas luzes, peculiares e distintas.

Tematizado pelos mais diversos discursos ao longo das épocas, deslizando das fronteiras da fisiologia para as reflexões noturnas de poetas e pensadores, o sono permanece, entretanto, recoberto pelo mesmo véu de mistério que recobre a *"grande noite"* – *a morte* mesma. Algo no sono escapa, resiste à nossa apreensão: no sono, nos ausentamos, guardando desta aventura cotidiana somente o *testemunho dos sonhos* - nossos *"restos noturnos"* – e os estados, as intensidades, pelos quais deles retornamos diariamente.

Tomado habitualmente por uma *necessidade* natural destinada à recuperação física do corpo cansado, sabemos no entanto quão diretamente o sono e o adormecer sofrem as vicissitudes de nossos humores e angústias. Com que caprichos preparamos o momento de dormir, com que prudência o cercamos de *rituais*, facilitadores ou postergadores! Quanto à criança, é preciso "fazê-la dormir", a presença do adulto sendo quase imprescindível para adormecê-la. Entretanto, não uma presença qualquer... O bebê "sabe" nos braços de quem pode dormir e a criança maior não pedirá a história com a qual se entregará ao sono a qualquer um. Nossa experiência mais cotidiana indica que o sono não pode ser compreendido exclusivamente no campo neurofisiológico. Quais seriam, então, *as relações entre sono e angústia*, presentes desde os inícios, persistentes vida afora?

Na teoria freudiana, o sono ocupou, desde os inícios, um lugar ao mesmo tempo central e marginal. Preterido pelo sonho, inicialmente representou, ao lado da *hipnose*, sobretudo uma via de acesso aos processos inconscientes: ocupado em descobrir suas leis e operações, Freud faria do sonho o seu *guardião*, fundando pelo avesso um pensamento psicanalítico sobre o sono.

Freud desde logo estendeu a questão do sono ao postular um *desejo de dormir*, ultrapassando o registro da necessidade. Mas seria preciso esperar a introdução do conceito de narcisismo para que esta dimensão viesse a ser precisada, sofrendo com isto uma ressignificação. O sono reaparece, desta vez, ao lado do luto, da depressão e da hipocondria, e o dormir passa a ser entendido como um modelo de *regressão ao estado narcísico*, em particular ao *narcisismo primário*.

Mais tarde, a especulação que culminaria na formulação da *pulsão de morte* iria exigir uma revisão da teoria dos sonhos que Freud não chegou a concluir, mas que deixaria aberto o caminho para pensar *o fracasso do sonhar e as perturbações do sono*.

Pode-se então dizer que o sono comparece como uma espécie de *pano de fundo* nos momentos cruciais da teorização freudiana, sem tornar-se ele mesmo seu objeto central: uma *"tela"* para a *projeção dos sonhos*? Curiosamente, esta veio a ser uma das formulações mais importantes nas produções recentes que fundamentam uma psicopatologia psicanalítica do sono.

Mãe e bebê protagonizam no escuro de sua intimidade uma cena cujo desfecho esperado é o adormecimento do bebê. *Cena fundante*, iluminada sutilmente pela luz espelhada de seus olhares. O que se passa ali, à maneira de um ciclo – a *mamada*, a troca de fraldas, o *embalo*, a chupeta, os cheiros e os *ritmos*, as palavras sussurradas, a *voz* que entoa um *acalanto* – tudo isso deixará "dela" a marca indelével, nostálgica, sempre procurada, jamais reencontrada... A não ser, talvez, no sono e nos sonhos que porta. Mas para isso é preciso fechar os olhos, e poder "perder" a mãe real por um instante.

A possibilidade de o bebê dormir e conservar seu sono está intimamente relacionada com a *prefiguração* daquilo que será mais tarde a sua capacidade de sonhar – capacidade que primeiro foi da mãe, que "sonhou" seu bebê antes mesmo de ele chegar, que "sonha", para ele e por ele, devires que se articulam enigmaticamente com seu desejo inconsciente. O estudo do dormir se impõe, assim, como complemento necessário do estudo do sonhar.

O adormecimento do bebê coloca de imediato toda a problemática da *alternância presença-ausência da mãe* e suas consequências. Sabe-se que a maneira como isso é negociado com o pequeno sujeito incipiente irá desempenhar um papel crucial no desenvolvimento de suas capacidades de simbolização. A mãe, então, antes mesmo dos sonhos advirem, seria a *primeira "guardiã do sono"*.

As *práticas de adormecimento* do bebê pelo adulto solicitam a sua capacidade de *tomá-lo junto a si* e acalentá-lo, mas também de *separar-se* dele, significando esta separação como provisória, como *repouso* regenerador, para ambos. Assim, como uma das primeiras necessidades a serem libidinizadas por um outro, o sono ganhará uma importância privilegiada na economia narcísica. Por outro lado, figura, desse modo, entre aquelas funções vitais que desde cedo se constituem nos limites entre o psíquico e o fisiológico, tanto quanto a alimentação.

Entre o psíquico e o somático... Estamos próximos ao campo movediço das pulsões. Essa é uma das perspectivas pela qual o estudo do sono e seus distúrbios vieram a se constituir em um dos pilares da psicossomática.

Na cena médica atual o sono e suas perturbações ganham certa evidência, crescendo como campo de pesquisa privilegiado, impulsionado por avanços neurofisiológicos obtidos graças aos modernos *registros sonográficos*.

Para o psicanalista, a precisão e a acuidade desses registros permitiram inferir novas hipóteses acerca das *relações sono-sonho* e do *adormecimento* – um campo de estudos ainda em grande parte inexplorado. Por outro lado, é preciso considerar com cautela certa tendência medicalizante da atualidade que, cada vez mais, enquadra variações individuais – desvios da norma estatística – em "transtornos" supostamente explicáveis exclusivamente por sua vertente biológica, neuroquímica, patologizando e normatizando os comportamentos. Sua presença insistente na mídia nos autoriza a indagar se eles não começam a despontar, ao lado das anorexias, das toxicomanias, do pânico e da depressão, como representantes do *mal-estar da época*.

Considera-se hoje que cerca de dois terços da população apresenta em algum momento da vida algum problema do sono. No campo psiquiátrico, é recente uma tentativa de classificação padronizada destas perturbações, sendo descritos mais de oitenta diferentes "transtornos do sono".

Na clínica de adultos e de crianças constata-se que a incidência da queixa de insônia ou quanto à qualidade do sono vem de fato aumentando - dorme-se mal, hoje, na nossa civilização?

Não nos apressemos a atribuir ao indefinido estresse da vida contemporânea a causa da prevalência dos problemas do sono na atualidade, nem de sua súbita notoriedade nos meios de comunicação, embora possamos convidar o leitor, desde já, a considerar as relações *sono-sonho-vida contemporânea* como algo pertinente ao tema de que iremos nos ocupar.

Os "distúrbios do sono" *são sintomas* – no sentido amplo de sinais que expressam algo acerca de um funcionamento mais geral - ainda que nem sempre se constituam como um sintoma neurótico no sentido estrito, isto é, uma formação de compromisso entre um desejo recalcado e a censura. Nesse sentido, o objetivo deste livro é desenhar *uma psicopatologia do sono*: pensar os mecanismos envolvidos na relação do sujeito com o seu sono dentro de um funcionamento psíquico mais amplo; as possíveis categorizações que se desdobrem desta reflexão são, no entanto, o que deve permanecer de mais provisório no confronto com a prática clínica e a singularidade de cada paciente.

Quanto à organização do livro, optei por uma metodologia que introduz progressivamente a complexidade do tema, retomando seus vários aspectos de ângulos diferentes a cada vez. Assim, embora os capítulos e suas partes possam ser consultados em separado, muitas vezes seu conteúdo é ressignificado adiante, pela introdução de novas contribuições. Deste modo pensei atender à proposta didática desta coleção, pretendendo que leitores de diferentes graus de formação pudessem encontrar neste trabalho o seu quinhão de interesse.

A bibliografia psicanalítica acerca do sono não é muito extensa, indicando que *o sono, o adormecer e as relações entre o dormir e o sonhar* ainda estão longe de serem questões suficientemente estudadas pela psicanálise. Entretanto, sua riqueza e valor heurístico, tanto teórico como clínico, me parece indiscutível – é sobretudo este potencial o que tentei transmitir aqui. Recorri, então, a autores que partem de perspectivas muito distintas, preferindo sustentar aí as possíveis contradições em troca do que podem aportar abrindo diferentes linhas de pesquisa. Pelas mesmas razões, muitas questões foram desenvolvidas a partir do diálogo com outros saberes e discursos – a medicina, a mídia, a psicossomática, a literatura, a mitologia. Por fim, como toda escrita, este ensaio não deixa de ser produto de restos pessoais - de noites de que também sou feita.

1.

FREUD E O SUJEITO SONHADOR

> Todos temos uma sensação de que o sono exerce ação benéfica sobre as atividades mentais, e o funcionamento obscuro da mente popular faz com que ela se recuse a se deixar ser roubada da sua crença de que o sonhar é uma das formas pela qual o sono proporciona seus benefícios.
> (Freud, 1900)

Embora Freud não tenha se ocupado sistematicamente do sono e do adormecer, optando de saída pela perspectiva dos sonhos e sua função, pode-se dizer que certas considerações sobre o sono – sobre o funcionamento mental no estado de sono em oposição ao da vigília – estiveram presentes nos momentos fundamentais da constituição do campo psicanalítico. Na hipnose e nos sonhos noturnos, Freud valorizou o fato de que nestes estados especiais da consciência "sonha-se" o que não nos é permitido acessar à luz do dia: os conteúdos inconscientes carregados de desejo e regidos pelo processo primário.

Sono e hipnose

Assim, Freud teve pela primeira vez sua atenção voltada para a divisão da consciência – que o levaria à descoberta do inconsciente – por meio da hipnose, "que nada mais é do que o sono comum", à diferença de ser induzido pela *sugestão* do hipnotizador. O estado hipnótico "menos desenvolvido", ou seja, menos profundo, corresponderia "às diferentes fases do processo do adormecer" (1889, p. 111). Sob hipnose apareciam conteúdos relacionados à gênese dos sintomas dos quais os pacientes eram incapazes de lembrar-se no estado de vigília. Como se sabe, a constatação da divisão da consciência e, mais tarde, o estudo de seus mecanismos e condições – principalmente o recalque – iriam fundamentar toda a teoria freudiana das neuroses e da própria vida psíquica de modo geral.

Observemos mais de perto algumas considerações sobre o hipnotismo:

> [...] a chave para a compreensão do hipnotismo é dada pela teoria do sono normal (ou melhor, do adormecer normal), [...] segundo a qual a hipnose dele se distingue somente pela inserção do relacionamento entre a pessoa hipnotizada e a pessoa que a faz adormecer. (1889, p. 112).

O sono comum seria produzido, segundo Freud, por uma "*autossugestão*". Para Ferenczi (*apud* Freud, 1921), o hipnotizador pode adotar um tom persuasivo e tranquilizador, segundo o modelo materno, ou ameaçador, conforme o modelo paterno, mas o significado básico da mensagem se mantém:

> A ordem para dormir significa nada mais nada menos que uma ordem para afastar do mundo todo o interesse e concentrá-lo na pessoa do hipnotizador. É assim entendida pelo sujeito, pois nessa retração do interesse do mundo externo reside a característica psicológica do sono e nela se baseia o parentesco entre ele e o estado de hipnose. (Freud, 1921, p. 160)

De fato, muitas vezes Freud insistirá que *uma das características essenciais do estado de sono é a retirada dos investimentos do mundo exterior*, tendo persistido, ao longo de sua obra, na tentativa de compreender o que permite e o que significa esta modificação no fluxo das catexias. O problema é de fato fundamental, já que essa mudança de fluxo só pode se dar entre as instâncias psíquicas, lugar de representação tanto do "dentro" psíquico como do "fora".

Para onde vai o investimento retirado do exterior? O que causa essa tendência à retração, já que ela se repete todas as noites? Quais as instâncias psíquicas envolvidas nesse processo?

Notemos, por enquanto, que para que o investimento possa ser retirado do exterior parece imprescindível que esse movimento seja *mediado por um objeto investido* (como o hipnotizador, um dos pais ou mesmo o próprio "eu"). *A sugestão de um "outro" seria fundamental para a indução do sono*, ainda que esse outro seja o próprio "eu" do sujeito que decide dormir, em uma "autossugestão". *Note-se que essa mediação pode se dar por uma atitude asseguradora, calmante, ou, ao contrário, por seu valor de "corte" ou limite*. A possibilidade do sono e do adormecer pareceria então estar referida a uma relação de objeto – real ou fantasístico – ou até, poderíamos dizer, embebida nela, a força e a eficácia da sugestão devendo-se a este investimento objetal.

Para Freud, o essencial da modificação do equilíbrio entre as instâncias durante o sono se daria no sistema pré-consciente:

> Sou incapaz de dizer qual a modificação no sistema pré-consciente que é ocasionada pelo estado de sono, mas não pode haver dúvida de que as características psicológicas do sono devem ser procuradas essencialmente nas modificações na catexia deste sistema particular – um sistema que se acha também no controle do acesso ao poder de movimento, que é paralisado durante o sono. (1900, p. 591)

Durante a noite, o pré-consciente encontra-se, segundo Freud, concentrado no *desejo de dormir*. Este sistema se "protege" de invasões, por assim dizer, pela diminuição das próprias excitações. Uma das consequências dessa operação é a inibição da motricidade. A outra, como veremos, é uma regressão das excitações no interior do aparelho psíquico.

A consideração, por parte de Freud, de uma modificação essencial nas catexias do pré-consciente como condição para o sono e o sonho, seria mais tarde retomada pela psicossomática por intermédio da noção de uma "falha do sistema pré-consciente" condicionando prejuízos da função onírica – por sua vez relacionados com várias perturbações do sono, bem como a outras manifestações psicossomáticas.

Os distúrbios do sono e as neuroses atuais

Freud não se propôs a sistematizar uma psicopatologia do sono, deixando entretanto, ao longo de sua obra, várias observações esparsas sobre algumas de suas perturbações.

Ainda em 1895, no controverso estudo sobre as neuroses atuais, considerou que muitas formas de insônias pertenceriam à neurose de angústia. Freud tentou reunir sob o qualificativo "atual" quadros cujos sintomas, em oposição às neuroses de transferência (histeria, neurose obsessiva e fobias), não se relacionavam a um material recalcado simbolicamente expresso, mas, sim, à transformação de uma excitação sexual somática incapaz de derivação psíquica em angústia (uma excitação que não encontra lugar psíquico).

Nas insônias "atuais", Freud destacou a irritabilidade devida à *hiperestesia auditiva*, "sintoma que se deve explicar pela íntima *relação inata entre impressões auditivas e terror.*"(grifos meus). No mesmo artigo, considerou que "acordar com medo à noite (o *pavor nocturnus* dos adultos), que em geral se combina com ansiedade, dispneia, suores, etc., frequentemente nada mais é que uma variante do ataque de ansiedade" – o que seria determinante de uma segunda forma de insônia dentro do campo da neurose de angústia. O *pavor nocturnus* da criança, pelo mesmo motivo, também foi relacionado à neurose de angústia: "A marca histérica referente, a ligação da ansiedade com a reprodução de uma experiência apropriada ou de um sonho, dá ao *pavor nocturnus infantil* a aparência de uma coisa especial [...], porém, *pode também emergir em uma forma pura, sem qualquer sonho ou alucinação recorrente*" (pp. 109 e 112).

Sublinhemos que, no conjunto, Freud refere-se aqui a situações nas quais, *no meio da noite, algo emerge* – através de manifestações corporais autonômicas e da *vivência terrorífica* que interrompe o sono ou impede o dormir – sem qualquer possibilidade de *figuração* psíquica, "em forma pura": puro*"ruído" sem imagens*, "sem sonhos ou alucinações recorrentes".

Freud abandonou (pelo menos como via principal) o caminho entreaberto pela questão das neuroses atuais ao privilegiar o estudo dos sonhos para construir a sua metapsicologia, retomando-o parcialmente muito mais tarde, na especulação que o levou à formulação da pulsão de morte, partindo dos sonhos traumáticos. Mas a relação entre *neuroses atuais e distúrbios do sono* seria amplamente explorada pela *psicossomática*, cujas hipóteses apontam, na gênese desses distúrbios, justamente, *"falhas na função onírica"* – termo relacionado com o que hoje se denomina genericamente como "falhas na *simbolização*" e que constitui um campo de pesquisa importante dentro da psicanálise atual, nas suas várias vertentes.

Freud examinou ainda, como veremos adiante, alguns casos de *insônia histérica*, considerando-os analogamente a qualquer outro tipo de sintoma, ou seja, algo que porta um sentido inconsciente, baseado em uma formação de compromisso entre o que foi recalcado e a censura. Desse ponto de vista poderíamos dizer que os distúrbios do sono "neuróticos" seriam tão abundantes e variados quanto a própria neurose, disso nos dando exemplo a clínica cotidiana mais banal. Por outro lado, seus comentários sobre a *insônia depressiva* (1917) iriam inspirar, recentemente, importantes trabalhos acerca do significado psíquico do sono que iluminaram novas perspectivas de entendimento da própria depressão. Freud aqui começa a configurar a sua segunda tópica, que vários autores consideram como uma retomada dos problemas relegados pelo movimento inaugurado pela A *interpretação dos sonhos*.

O livro dos sonhos: o sonho como guardião do sono

Em A Interpretação dos Sonhos, de 1900, obra decisiva para a constituição do campo psicanalítico, Freud afirma *o sonho e sua interpretação* como a "via régia para os processos inconscientes". Sonhos que têm como condição lógica o sono, que põe a dormir, parcialmente, as forças da resistência, ao mesmo tempo que inibe o acesso à atividade motora.

Para Freud, à noite, o eu encontra-se concentrado no *desejo de dormir*. Mas o que os sonhos testemunham é que há tendências psíquicas que insistem, ainda assim, em disputar com o sono as atenções do eu:

> Quando decidimos ir dormir, podemos ter sucesso em temporariamente pôr fim às catexias de energia que se prendem a nossos pensamentos de vigília. Quem quer que possa fazer isso dorme bem. [...] Mas nem sempre alcançamos sucesso em fazê-lo. [...] Problemas não resolvidos, preocupações atormentadoras, impressões assoberbantes [...] conduzem a atividade do pensamento para o sono e sustentam processos mentais no sistema pré-consciente. [...] Estas excitações continuam a lutar por expressão durante a noite. (Freud, 1900, p. 590)

Freud está, nesse momento, interessado em determinar a natureza psíquica dessas forças que, aparentemente, se opõem ao sono. Dentre as várias intensidades psíquicas introduzidas no estado de sono (restos diurnos, estimulações sensoriais, etc.), Freud privilegia as excitações provindas do inconsciente:

> Nenhum outro curso se abre então às excitações que ocorrem à noite no pré-consciente a não ser aquele seguido pelas excitações impregnadas de desejo que surgem do inconsciente: as excitações pré-conscientes têm de encontrar reforço do inconsciente e acompanhar as excitações inconscientes ao longo de seus caminhos tortuosos. (Freud, 1900, p. 591)

O modo como encaminha a questão, elucidando o mecanismo do sonhar, confunde-se com a construção mesma de sua teoria sobre o funcionamento psíquico: certos resíduos mnêmicos da vida de vigília permanecem, à noite, investidos com certa catexia de energia. Estes podem conduzir à excitação de um *desejo inconsciente*, que irá, então, se ligar a estes "*restos diurnos*", transferindo-se para eles. Este desejo procura abrir caminho ao longo da via normal dos processos de pensamento, isto é, pelo sistema pré-consciente até a consciência. Entretanto, encontra a *censura* atenuada, porém atuante mesmo no sono, submetendo-se à sua influência e sofrendo a chamada *deformação onírica*. Mas agora seu avanço ulterior é detido pelo estado de sono do pré-consciente, protegido pela diminuição das próprias excitações. O processo onírico ingressa, então, em um *caminho regressivo*, aberto precisamente pela natureza do estado de sono, conduzido pela atração exercida pelo recalcado – por grupos de lembranças, especialmente as que existem apenas sob a forma de catexias visuais, sem tradução nos sistemas posteriores. Neste curso regressivo, o processo onírico adquire o atributo de *representabilidade*.

Com estas hipóteses sobre o mecanismo da formação de sonhos, Freud concebe um *modelo de aparelho psíquico* que, graficamente, toma a forma de um *pente* cujos "dentes" configuram uma sucessão linear de registros psíquicos, indo do polo perceptivo, passando pelos registros mnêmicos inconscientes e chegando até o polo motor. No sono, o polo motor estando inativado, a regressão até o polo perceptivo encontra-se favorecida – o que explicaria o fato de que o sonho seja constituído por imagens (percepções reativadas) e que as experienciemos como verdadeiras enquanto dura o sonho: trata-se de um processo alucinatório. Este é primeiro sentido do termo regressão: o sistema pode funcionar para trás, no sentido inverso daquele privilegiado na vigília, a progressão. Este aspecto da regressão, *aspecto tópico* (porque se dá entre *topos*, lugares psíquicos), propõe que o sonho se dá por um fluxo regressivo das excitações no interior do aparelho psíquico, partindo do polo motor, passando pelas marcas mnêmicas do sistema inconsciente, para atingir finalmente o polo perceptivo, com a experiência alucinatória do sonho.

Note-se que a *figurabilidade* é uma das restrições de expressão a que está submetido o sonho. É também a única que lhe é própria, caracterizando-o frente a outras formações do inconsciente. Isso significa que a transformação em imagens a que os pensamentos, julgamentos, articulação entre ideias, etc. são obrigados no sonho consiste em uma espécie de *censura estrutural*, imposta pela exigência de se tornar figurável, fonte primeira da deformação onírica. O caráter visual do sonho não se deve somente a uma expressão falha, deformada pela censura, e sim à sua relação intrínseca com o recalcado:

> A transformação dos pensamentos em imagens visuais resulta da atração que a lembrança visual, que procura retomar vida, exerce sobre os pensamentos cortados da consciência. A cena infantil não pode se realizar de novo. Ela deve se contentar em reaparecer sob a forma de sonho. (Freud *apud* Pontalis, 1990, pp. 42-43)

Desta afinidade do sonho pelo material recalcado, Freud irá concluir que antes de ser um acontecimento perturbador do repouso pelo sonho, o sonho é seu protetor:

> Uma vez que um sonho que mostra um desejo como realizado é acreditado durante o sono, extingue o desejo e torna o sono possível. (Freud, 1900, p. 717)

> Todo sonho é, por um lado, a realização de um desejo por parte do inconsciente e, por outro (na medida em que consegue resguardar o estado de sono contra os distúrbios), a realização do desejo normal de dormir, que dá começo ao sono. (1923, p. 294)

A concepção do sonho como *realização de desejos*, alçada ao estatuto de tese principal, é o que permite que Freud faça do sonho o protetor do sono, extraindo desta ideia sua famosa fórmula: *o sonho é o "guardião do sono"*.

O sujeito sonhador

> [...] a Traumdeutung [...] não é para nós o livro da análise dos sonhos, menos ainda o livro do sonho, mas o livro que, pela mediação das leis do logos do sonho, descobre aquele de todo discurso e funda a psicanálise. (Pontalis,1977, p. 23)

Isto introduz a questão crucial na teoria freudiana dos sonhos e do aparelho mental, aquela que imprime sua característica fundamental: o modelo de funcionamento psíquico que o sonho revela esclarece a compreensão da *formação dos sintomas* e do aparelho psíquico de modo geral. O sonho, em seu conteúdo manifesto, é o resultado de um *compromisso* entre instâncias psíquicas em *conflito*:

> Em certas condições, das quais o estado de sono é uma, a relação de força entre as duas instâncias é modificada de maneira tal que aquilo que é reprimido não pode mais ser retido. No estado de sono, isto provavelmente ocorre devido a um relaxamento da censura [...]; torna-se possível para aquilo que até então estava reprimido abrir um caminho até a consciência. Uma vez, contudo, que a censura nunca é completamente eliminada, mas simplesmente reduzida, o material reprimido tem de submeter-se a certas alterações que atenuam seus aspectos ofensivos. O que se torna consciente em tais casos é um compromisso entre as intenções de uma das instâncias e as exigências da outra. *Recalque – relaxamento da censura –, formação de um compromisso*, este é o modelo fundamental para a geração não apenas dos sonhos, mas também de muitas outras estruturas psicopatológicas. (Freud, 1900, p. 715)[1]

Do estudo dos sonhos, Freud irá extrair nada menos que a própria construção do seu *"aparelho psíquico"*: é pensando oz que vai chegar a um modelo de funcionamento mental mais geral. O livro dos sonhos – primeira tentativa de sistematização do corpo teórico psicanalítico – permaneceu como uma referência fundamental para o entendimento do inconsciente freudiano, e o próprio Freud insistiu até

---

[1] Substituí o termo repressão, utilizado pelo tradutor, por recalque, mais preciso segundo a terminologia usada em nosso meio

o fim de sua obra ser esta sua maior contribuição para o entendimento do psiquismo.

O aparelho psíquico é, portanto, um *"aparelho de sonhar"*, cuja estrutura rege a formação de sintomas, das fantasias, e certos fenômenos da psicologia cotidiana – atos falhos, lapsos, chistes. O que o sono-sonho permite acessar são *formações do inconsciente*. E o que há no inconsciente? Restos mnêmicos, moções pulsionais, desejos infantis sexuais e recalcados. O sujeito freudiano, que veio subverter a concepção do humano de sua época e que marcou todo o século XX, é um sujeito dividido e trágico, fundado no conflito, mas é também, antes de mais nada, um sujeito desejante – *um sujeito sonhador*.

A noção de regressão – concebida a partir do estudo dos sonhos – encontra-se portanto no cerne do modelo de aparelho psíquico concebido por Freud. A *elaboração onírica* implica uma regressão no modo de funcionamento psíquico: os pensamentos latentes sofrem uma elaboração diversa do pensamento de vigília, que por meio de condensações, deslocamentos e da exigência de figurabilidade condiciona o aspecto "formal" do sonho, transformando o pensamento verbal em uma linguagem imagética, potencialmente metafórica – o *processo primário*. O sonho pensa por imagens.

Por outro lado, o que a análise dos sonhos permitiu compreender quanto ao seu conteúdo é que encontra como fonte o *infantil recalcado*. Freud chamou de sistema inconsciente o lugar psíquico, virtual, onde se aloja este infantil, essa espécie de "memória"– marcas, lembranças e fantasias – de um tempo arcaico da vida do sujeito.

Assim, o sentido pleno do termo regressão inclui uma regressão tópica (do pré-consciente para o inconsciente), temporal (para representações infantis reprimidas) e formal (dos processos secundários para os processos primários e a figurabilidade).

Mas, como mostra Gurfinkel (1998), esse modelo geral da regressão que caracteriza a expressão onírica refere-se ainda a um processo psíquico representativo, mesmo que não verbal. O infantil recalcado é constituído de marcas mnêmicas que têm valor representacional. A evolução da obra freudiana vai encontrar-se com formas clínicas diversas das neuroses de transferência – seu ponto de partida – demandando remanejamentos na teoria.

Com respeito aos limites das primeiras formulações freudianas sobre o sono, Fédida observa que, salvo pela hipótese um tanto vaga de um "desejo de dormir" e a formulação do sonho como guardião do sono, Freud deixou escapar toda uma reflexão quanto aos fenômenos envolvidos no adormecimento e as consequências que daí se poderiam inferir. Em Freud, "entre a vigília e o sono, não há lugar para nada além do que chamamos de 'restos diurnos', sendo que estes não estão senão a serviço das associações do sonhador." Portanto, no livro dos sonhos e em outros trabalhos, Freud privilegia *"o modelo do sonho (cuja interpretação é a 'via real') e o apoio técnico que ele representa para reavaliar o lugar e a função de outros fenômenos presentes na vida normal e na psicopatologia"* (Fédida, 1999, p. 176).

Pontalis (1977) considera que Freud, ao interessar-se sobretudo *pelo trabalho do sonho* – ou seja, a série de transformações que se operam a partir de seus desencadeantes (moções pulsionais e restos diurnos) até o produto final (o relato do sonho)– deixou de indagar-se por suas *condições de possibilidade*. O *antes* e o *depois* do sonho são, então, preteridos pelo como: transformações, mecanismos, leis, operações, isto é, o trabalho cujo modelo exemplar é o sonho, mas que não lhe é específico, tomando parte de outras formações do inconsciente. "Acerca do que advém desse produto, uma vez saído da máquina de sonhar, sobre o que acontece quando a máquina não está ainda em funcionamento – o desejo de dormir é mesmo redutível a um narcisismo primário suposto? – pouca coisa." Em consequência, Freud deixa em aberto "as articulações entre o desejo de dormir, o desejo de sonhar, e o desejo do sonho (figurado no sonho)" (p. 23).

Podemos concluir que ao construir seu modelo de aparelho psíquico a partir do mecanismo dos sonhos, *concebendo o sujeito como sujeito sonhador*, Freud deixou em aberto as bases para uma clínica psicanalítica com pacientes que justamente não desenvolveram a capacidade de sonhar (*aquém da fantasia*), ou, ainda anterior a isto, impedidos de organizar seu sono de modo a apoiar a constituição de sonhos. Pois *se o sonho é o guardião do sono, a possibilidade de adormecer e permanecer dormindo também é "guardiã" do sonho.*

Neste caso, poderíamos dizer que a clínica destes pacientes visaria constituir o sujeito como *sujeito sonhador?* (Souza, 2000).

A maioria dos autores vai procurar instrumentos para esta problemática na segunda tópica (narcisismo, pulsão de morte, as instâncias ideais, etc.) ou no caminho aberto por Freud com o estudo das neuroses atuais – tudo o que não cabe no aparelho psíquico da primeira tópica, no "pente". Trata-se, na expressão de Gurfinkel (1998), dos "restos não resolvidos" do primeiro modelo freudiano do aparelho psíquico. Só muito mais tarde, com a postulação de um "mais além do princípio do prazer" e de uma pulsão de morte, a questão do fracasso e da incapacidade de sonhar será considerada, dando lugar a uma tardia revisão da primeira teoria dos sonhos (Freud, 1932).

Contudo, é interessante notar como os passos iniciais na busca do inconsciente levaram Freud a deparar-se com a questão do sono, restando desse movimento um conjunto de ideias que vieram a fundar uma psicopatologia do sono – ainda que por seu avesso, ou seja, pelo viés do sonho. A posterior formulação da noção de narcisismo viria ampliar e nomear algumas das intuições de Freud na prática da hipnose e depois na análise do mecanismo e da função do sonhar:

1) a ideia de que o sono se produz pela mediação (asseguradora ou "de corte") de um outro (real ou fantasmático): sugestão da mãe, dos pais, do hipnotizador, ou do próprio eu como "outro" no sono comum do adulto;
2) a relação sono-sonho, e a ideia de que ambos se aliam no desempenho de uma função na vida psíquica que tem valor de elaboração (simbólica), fundamental para o psiquismo;
3) as relações sono-narcisismo e a função de regeneração narcísica por meio do sono-sonho, expressas, em um primeiro momento, no "desejo de dormir" do eu, implicando a retirada das catexias do exterior.

Sono e narcisismo

A partir de 1914, Freud começa a configurar a relação entre *regressão e retração narcísica da libido* (1914) e entre *regressão e o movimento geral do ser vivo de retorno a etapas anteriores*, implicando a ideia de *repetição*, ulteriormente desenvolvida no conceito de pulsão de morte (1920).

Os sonhos traumáticos, que não podiam ser compreendidos como realização de desejos, nem pela economia do princípio do prazer (modelo do livro dos sonhos), foram um dos motores desta reformulação (Gurfinkel, 1998, p. 49).

Freud chamou de narcisismo a concentração da libido no eu, em detrimento da libido objetal. O narcisismo nasce de um movimento estrutural e estruturante da libido pelo qual ela vem reunir as pulsões autoeróticas em torno de uma representação de si mesmo e do corpo próprio, possibilitando a formação de um eu. A constituição do narcisismo é, portanto, contemporânea da formação dessa nova instância e, a partir daí, a libido passa a se distribuir e movimentar dinamicamente entre o eu e os objetos. Uma das principais consequências dessas ideias é que o eu deixa de figurar como o sensato representante da consciência, passando a ser um lugar de investimento, um objeto para a libido.

O dormir seria, então, uma das situações da vida cotidiana em que podemos surpreender *uma retração da libido dos objetos em direção ao eu*, em uma economia análoga a condições como a doença física ou a dor, e ainda o luto. No campo da patologia são mencionadas a hipocondria, a melancolia e certas psicoses. O processo regressivo da formação do sonho é assimilado à retração narcísica que caracteriza o adormecimento: a libido reflui sobre o eu em uma experiência de retirada, de reclusão, diariamente necessária.

O estado de sono passa, portanto, a ser entendido como *um retorno ao estado narcísico, em particular ao narcisismo primário* que remete aos tempos míticos de fusão com a mãe. O modelo para a regressão do sono seria o repouso, o estado de não perturbação da vida intrauterina.

> [...] com o nascimento, demos o primeiro passo de um narcisismo absolutamente autossuficiente para a percepção de um mundo externo cambiante e para os primórdios da descoberta dos objetos. A isso está associado o fato de não podermos suportar o novo estado de coisas por muito tempo, de periodicamente dele *revertermos, no sono, à nossa anterior condição de ausência de estimulação e fuga dos objetos*. (Freud, 1921, p. 164, grifos meus)

McDougall (1992) observa que o fato de que o sono passe a representar uma retirada narcísica do mundo é essencial para a teoria do sonhar como um todo. Isso implica que o sonho não seja mais apenas o "guardião do sono", expressando o desejo de continuar dormindo, mas que o próprio sonho reproduza, nas palavras da autora, "a situação do feto dentro do corpo da mãe". Decorre que o sonho ele mesmo representaria um retorno, durante o sono, da situação física e psicológica dos inícios da vida do sujeito, tornada possível pela retirada do interesse do mundo externo e pelo abandono da maioria de suas aquisições psíquicas (p. 147).

Fédida (1977) considera que isto ajuda a contemplar o problema da dupla regressão (desenvolvimento do eu e desenvolvimento da libido). A regressão da qual o sono pode ser o protótipo corresponde ao mesmo tempo ao *"restabelecimento do narcisismo primitivo"* (modelo "uterino", que corresponde ao repouso absoluto) e ao retorno ao *"estado de satisfação alucinatória de desejo"* (modelo do sonho como realização do desejo). Uma metapsicologia do sono se funda e se assenta na análise dos sonhos – mas deve, também, levando em conta as modificações da teoria freudiana depois de 1914 (narcisismo) e 1920 (pulsão de morte), colocar-se em relação com o narcisismo, o luto, a hipocondria e a doença orgânica.

Narcisismo primário

Freud postulou que são os pais quem fundam o narcisismo no sujeito; trata-se de um legado, de uma determinação realizada a partir do desejo parental, que introduz o sujeito em um campo de realização. É o olhar amoroso e desejante dos pais o que constitui esta *"nova ação psíquica"* capaz de unificar, como um cimento, as pulsões parciais do autoerotismo e a imagem de um corpo próprio a partir da imagem de um semelhante em torno de uma instância, o eu. O narcisismo está, portanto, situado neste interstício que une e separa uma criança de suas primeiras figuras amorosas.

> Considerando a atitude dos pais amorosos com respeito a seus filhos, não podemos deixar de ver nela uma revivescência e uma reprodução de seu próprio narcisismo.

> A superestimação, que já estudamos como estigma narcisista na eleição de objeto, domina esta relação afetiva. Atribui-se ao filho todas as perfeições [...] e se negam ou esquecem todos os seus defeitos. [...] Mas existe também a tendência a suspender para a criança todas as conquistas [...] cujo reconhecimento tivemos que impor ao nosso narcisismo. A vida há de ser mais fácil para a criança que para os seus pais. (Freud, *apud* Cabas, 1980)

Partindo do próprio narcisismo, os pais trabalham ativamente na construção de um lugar para seu filho:

> Haverá de ser de novo o centro e o núcleo da criação: Sua Magestade o Bebê, como um dia acreditamos ser nós mesmos. Deverá realizar os desejos insatisfeitos de seus genitores. (Freud, *apud* Cabas, 1980)

É esta *anterioridade estrutural* que Freud pretende circunscrever no conceito de *narcisismo primário*. É "primário", anterior, porque depende do narcisismo dos pais e de seu investimento na criança. Do ponto de vista do sujeito em constituição, o narcisismo primário não é primeiro, pois antes dele estão o autoerotismo e as pulsões parciais (Cabas, 1980, p. 30).

Depois de Lacan e sua contribuição do estágio do espelho, a expressão narcisismo primário, muitas vezes, é usada para denotar a fase de desenvolvimento da libido na qual predomina a relação especular com a mãe, quando a criança "*é*" o que a mãe vê nela, por meio do véu do seu desejo, de suas fantasias. O espelho capaz de unificar a experiência corporal da criança é o olhar materno, marcado por seu desejo inconsciente. Esta "descoberta", de que é "uma" e é "assim", a criança a vive com júbilo: está, neste momento constitutivo, totalmente identificada com o olhar amoroso da mãe e alienada neste desejo. A "saída" da fase do espelho depende da entrada de um terceiro que sustente uma função paterna, inaugurando a triangulação edípica.

Silvia Bleichmar (1994), a propósito da ideia de uma "matriz simbólica" que antecede a criança operando por intermédio da mãe como agente narcisante, pergunta-se pelas *vias de passagem, os modos de transmissão material* capazes de veicular entre mãe e filho a função pregnante do olhar na constituição do eu. A teoria identificatória pela qual a estruturação do narcisismo se dá a partir do semelhante materno carece de uma indagação pelos modos de inscrição e de ligação que originam a rede de base "que impede esta identificação de não cair no vazio".

A famosa "ação" que proporciona a passagem do autoerotismo ao narcisismo seria, então, "um momento de salto estrutural", cujos pré-requisitos já estariam em funcionamento a partir dos cuidados precoces da mãe, das ligações que propicia para a disrupção instaurada por sua própria sexualidade. Nestas vias materiais de passagem entre a mãe e a criança, cujo suporte são os cuidados maternos e sua "qualidade inconsciente" – já que não se trata de ater-se ao nível comportamental –, ocupam um lugar privilegiado *as práticas de amamentação e do adormecimento do bebê pela mãe, bem como sua capacidade de introduzir mediações entre ela mesma e a criança* (da chupeta ao pai real), o que mais adiante permitirá a instalação dos fenômenos transicionais (Bleichmar, 1994, pp. 27 e 29)[2].

Segundo Green (1988), a maioria dos trabalhos atuais sobre o narcisismo primário peca não só por tratá-lo como um estado, desconsiderando seu valor de estrutura, mas também por tomá-lo somente como um narcisismo de vida, silenciando sobre o narcisismo de morte, presente sob a forma de uma tendência à abolição das tensões ao nível zero.

Regressão do sono ou regressão do sonho?

> Sonhar é em primeiro lugar tentar manter a impossível união com a mãe, preservar uma totalidade indivisa, se mover num espaço antes do tempo. (Pontalis, 1977, p. 27)

---

[2] A autora denominou "investimentos colaterais" àqueles propiciados pela mãe pelos seus cuidados diretos ao lactente e capazes de constituir essa rede de ligações na qual irá se apoiar o recalque primário. Acerca das condições de possibilidade dos "investimentos colaterais" nos tempos originários que culminarão no narcisismo primário, leia também o capítulo 3, parte 5.

Seria *o sono ou o sonho o paradigma do retorno ao narcisismo primário?*

De acordo com Freud, o sono visa a um desligamento do mundo exterior; seria o retorno à sensação de fusão com a mãe. A parte da libido que se recusa a regredir até o *estado desprovido de sonhos que é o narcisismo primário* (McDougall, 1989) põe em movimento o *processo alucinatório – que constitui a própria essência do sonho*, sua função sendo a de cuidar das necessidades ou desejos não realizados que perturbariam de outra forma aquele que dorme. O sonho – guardião do sono – tenta então garantir, pela via alucinatória, uma satisfação a essas tendências, *garantindo desse modo a tendência regressiva do sono* (Castro, 1998).

Como vimos acima com Fédida, não é incorreto pensar *o próprio sonho como retorno ao narcisismo primário*, já que este se presentifica na realização alucinatória do desejo como retorno às primeiras experiências de satisfação.

Mas se o sonho implica a realização alucinatória do desejo – como guardião do sono, tenta processar a excitação residual que impediria a regressão narcísica –, *o dormir* implica o silêncio da atividade psíquica, um hiato na existência no mundo, em suma, uma situação semelhante ao *modelo de regressão à vida intrauterina*, também chamada de *narcisismo primário*.

O problema é que o conceito de narcisismo primário, em Freud, como assinala Green (1988), oscila entre duas acepções entre as quais nunca se decidiu: "a) organização das pulsões parciais do Eu em investimento unitário do Eu; b) o narcisismo primário absoluto, como expressão de tendência à redução dos investimentos ao nível zero". Ou seja, por um lado, o narcisismo primário equivale ao eu narcisista que emerge do despedaçamento, por ação de Eros, pela reunião das pulsões parciais. Mas, de outro, ele é uma expressão do princípio de inércia, que tende ao narcisismo primário absoluto, estando, portanto, a serviço da pulsão de morte. O efeito, segundo o autor, é, em todo caso, semelhante: em ambos está em jogo uma ilusão de autossuficiência em detrimento dos investimentos objetais (Green, *apud* Ganhito, 1992).

Green observa o acréscimo do qualificativo *absoluto* que Freud faz à expressão narcisismo primário no fim de sua obra, autorizando entendermos que tentou radicalizar esta noção. Mas adverte quanto à possível confusão decorrente desse aprofundamento do conceito com a descrição de uma vivência de uma qualidade afetiva. Trata-se antes, em Freud, de enfatizar que a abolição das tensões é o objetivo essencial do narcisismo, o sono podendo ser tomado como termo desta comparação, e não o sonho (p. 93).

Tanto Green como Fédida recorrem a uma mesma passagem, em Freud, para lembrar o desnudamento, o despojamento necessário para a entrada no sono, "sono que exige que o sujeito se desfaça de seus pertences" (Green, 1988, p. 30).

> [...] o homem a cada noite se despoja dos envelopes com os quais recobre sua pele e também dos acessórios que eventualmente ele utiliza para complementar seus órgãos corporais, na medida em que podem camuflar sua deficiência por um substituto: óculos, perucas, dentaduras, etc. Podemos acrescentar que *ao ir deitar-se ele despe, de modo análogo, seu psiquismo, renunciando à maior parte de suas aquisições psíquicas, de modo que, dos dois lados, ele se aproxima ao extremo da situação que foi o ponto de partida de seu desenvolvimento.* (Freud, 1932, grifos meus)

Entrar no sono implica o "abandono dos laços, bens e possessões do Eu, que faz refluir sobre si os investimentos" (Green, 1988, p. 32). A analogia com o retorno às origens da vida, então, não deve compreender-se como dando-se em uma atmosfera de triunfo, e sim às condições presentes tanto no sono como na vida intrauterina, ou seja, "o repouso, o calor e a exclusão de estímulos" (Freud, 1932).

> Assim como Freud não considera o sonho como uma manifestação situada no caminho do sono, mas, pelo contrário, como a expressão do que se recusa a ser reduzido ao silêncio e que o sono é obrigado a admitir no seu seio para não ser interrompido (uma brecha no narcisismo...), também a elação ou expansão narcisista, conotando a regressão narcisista, lhe são, por assim dizer, estranhas e traduzem,

por parte do sujeito, uma oposição a este deslizamento em
direção ao silêncio. (Green, 1988, p. 94)

A aspiração a um estado de inexcitabilidade total é uma constante no pensamento de Freud (do Projeto ao Mais Além), a tendência original do sistema psíquico sendo "o abaixamento do nível de tensão ao nível zero." Mas a separação entre *o narcisismo como abolição das tensões, cujo modelo* poderia ser o sono, e o narcisismo do sonho ou do sonhador, que experimenta estados de transbordamento dos limites corporais no estado de vigília, nunca foi precisada por Freud.

O narcisismo primário pode ser considerado como um estado absoluto, mas somente à medida que é o limite concebível de uma inexcitabilidade total. A abolição completa das tensões só seria realizável na morte mesma, uma vez que o organismo não pode fugir de suas excitações internas (Green, 1988, p. 95).

Estamos, aqui, no campo da pulsão de morte. Como nota Gurfinkel (1998), a pulsão de morte recoloca o problema da regressão em um plano mais geral que inclui a vida biológica, uma vez que sua meta final é uma regressão a um estado anterior, que remete ao estado inorgânico.

A solução final da pulsão de morte – desejo de não desejo
– [...] é, ao mesmo tempo, uma eliminação do trabalho do
sonho descrito por Freud. (p. 64)

A confusão na qual podemos incorrer seria considerar equivalentes "a supressão de uma tensão pelo retorno à calma trazida pela *satisfação de uma pulsão* [...] e o estado *de absoluta eliminação da tensão* [...]. No entanto, é nítida a *diferença entre a inércia e a calma*, assim como entre a noite e a escuridão" (Green, 1988, p. 99; grifos meus).

Dito de outra forma, a busca do "reencontro" com a mãe dos primeiros tempos pode ser tanático – tentativa de retorno ao intrauterino entendido como estado de fusão e repouso absoluto – ou uma estratégia de vida, por intermédio do sonho e da fantasia.

Green conclui: "o narcisismo do sonho é o narcisismo do sonhador; é ele que é infalivelmente o personagem principal do sonho [...]. O narcisismo do sono, em contrapartida, ultrapassa, por assim dizer, os desejos do sonhador, carrega o movimento do sonho e nele se oculta numa região fora de alcance onde o próprio sonhador se dissipa."(p. 95).

Para Pontalis (1977), o sono seria, antes de mais nada, uma *reparação* – a expressão tomada aqui no sentido preciso de uma *restauração do narcisismo*. A condição do trabalho do sonho é que o eu seja "reparado" – e, como observa o autor, isso é confirmado pelo fato de que nos registros neuro-fisiológicos a fase de sono profundo precede a fase paradoxal, que abriga os sonhos[3].

---

[3] O autor refere-se especificamente à reparação do objeto interno esfacelado pelo ódio, no sentido kleiniano. A tradução é minha com esclarecimentos de Cláudia Berliner

A questão da regressão ou da satisfação narcísica correspondentes ao sono e ao sonho corresponderia, assim, à própria ambiguidade da experiência de satisfação: trata-se de apaziguamento, *saciedade* oral, porém em um *processo* que comporta *angústia e excitação*. É esse processo como um todo o que buscaria o sonhador, enquanto o sono se satisfaria com a resolução da tensão – o objeto do desejo de dormir é o absoluto, o ponto zero de relaxamento.

Todavia, essa oposição entre sono e sonho – equivalendo à oposição princípio do Nirvana e princípio do prazer – não tem nada de absoluta: "o desejo de dormir e o desejo de sonhar são permeáveis um ao outro"; algo do desejo de dormir se infiltra no processo do sonho, remetido à regressão sob suas diversas formas. O objeto do desejo de dormir – o retorno aos inícios – tenderia a absorver as figuras do sonho e, ao contrário, nossos sonhos são capazes de interferir, de modificar todo o sono, o autor chegando a sugerir uma espécie de equilíbrio: "Quando o desejo de dormir prevalece sobre a necessidade de dormir, o desejo de sonhar se transmuta em necessidade de sonhar" (p. 36).

O umbigo do sonho

Sabe-se que Freud, ao deparar-se com um limite para a interpretação dos sonhos, aquele *algo* do sonho que não pode ser apreendido por nenhuma análise, o denominou "o umbigo do sonho" – referência ao irrepresentável das marcas do narcisismo primário: "o que liga o sonhador ao desconhecido materno"(Pontalis, 1990, p. 31).

Green evoca os rostos irreconhecíveis que figuram, às vezes, em nossos sonhos, "rosto branco" que apenas se apresenta "no seu cerne, ou que apenas está marcado pelo seu lugar": trata-se sempre do sonhador ou de sua mãe, diz Green – acrescentando que este rosto é o *fio* que pode nos guiar na continuação deste tipo de reflexão.

Se o rosto da mãe é este "fio" que deixa uma pista, não seria porque é aquilo que pode estar ao mesmo tempo no sono e no sonho: narcisismo primário na relação especular com a mãe (narcisismo do sonho) e narcisismo primário absoluto (narcisismo do sono) como retorno ao estado de fusão intrauterino significado como abolição das tensões?

Sono e sonho complementam-se e possibilitam-se mutuamente, mas, do ponto de vista problematizado aqui, também se opõem. O sono sem sonhos, sono semelhante à morte, não é o mesmo que aquele "povoado" de sonhos – povoado pelo sonhador e pelo outro.

Em um ponto imperceptível de intersecção, ali, entre os dois, insondável, pulsa o umbigo do sonho.

2.

Quando "ela" era o sono e o alimento: a mãe como primeira guardiã do sono

Onde estará ela, onde encontrar o pensamento e o olhar perdido da mãe, a não ser no imaginário, do qual o sonhar seria o ímã e como que nosso oriente extremo? (Pontalis, 1990, p. 30)

O bebê, acordado no meio da noite, perscruta na escuridão os signos que anunciam a chegada de sua mãe: o ritmo de seus passos, sua voz, o seu cheiro, uma fresta de luz que se acende embaixo da porta. A vigília como espera, o sono como separação e, ao mesmo tempo, tentativa de reencontro com o objeto materno das primeiras satisfações: "quando ela era o alimento e o sono". O bebê só dorme com a mãe, a mãe tranquiliza-se ao ver o seu bebê dormir. Quem espera quem, quem adormece quem?

O sono na mitologia grega é Hypnos, aquele que se apresenta todas as noites para fechar as pálpebras de homens e deuses, causando o adormecer. Alado, percorre rapidamente o mundo, adormecendo todos os seres. Mesmo os grandes deuses e os heróis não podem dormir sem sua presença e, ao contrário, podem contra a própria vontade cair no sono, se a eles o Sono se impuser.

Esta presença, no mito, não é absolutamente uma metáfora, mas presença real, concreta, material – é "em pessoa" que Hypnos vem produzir o adormecimento. Um de seus atributos é a rapidez: o "rápido Sono" comparece junto àquele que vai adormecer de modo intenso, significativo, ainda que efêmero, concentrado em sua tarefa de fechar as pálpebras para o adormecer.

> Quando a rainha Penélope retirou-se, Ulisses foi repousar no leito. [...] O Sono, porém, não chegava, para fechar--lhe as pálpebras. (Sissa e Detienne, 1990, p. 317)

Como entidade divina, o "Sono sereno", o "lânguido Sono" é uma personagem viva, dotada de biografia, memória e paixões. Filho da Noite e de Érebo, é irmão gêmeo de Tanathos, a Morte.

Por outro lado, alguns autores consideram que, na mitologia, o Sono "quase não ultrapassou o estado de pura abstração", poucos relatos significativos emprestando-lhe uma existência encarnada. Podemos dizer, então, que o Sono que causa o adormecer é, ao mesmo tempo, presença concreta, corporal e "abstração": presença sutil, insinuada, fugaz, sugestiva – *fundo de presença não toda que se oferece como metáfora...*

O Sono divide com outras divindades um papel na cosmogonia e na temporalidade olímpica: "O Sol que tudo vê e a Aurora de vestido de açafrão, a Noite rápida e o Sono sereno" são deuses moventes que fazem do tempo *uma sucessão de fases*, ao recomeçar, sempre, a mesma viagem na abóbada celeste. Sua presença ou ausência em certo ponto do espaço introduz, naquela, *a descontinuidade e a repetição*, delimitando *a periodicidade e a alternância* dia-noite: *uma temporalidade descontínua* dentro da eternidade olímpica. São, então, reconhecidas pelos olímpicos como potestades temíveis, já que afastá-las de sua rotina poderia transtornar o equilíbrio do cosmos.

Os deuses olímpicos, como todos os seres, também se cansam, e submetem-se à alternância entre repouso e vigília. Entretanto, como nos homens, encontra-se neles não somente a necessidade, mas também o *desejo* pelo sono.

> À noite, quando afinal está deitando o brilhante fulgor do sol, aspirando por dormir, cada um volta para casa, para a habitação. [...] E Zeus Olímpico, que lança o relâmpago, toma o caminho da cama onde é seu costume dormir, na hora em que vem o Sono sereno. [...] Sensíveis à necessidade e ao desejo de dormir, os deuses buscam o leito [...] tal qual fazem os homens. (Sissa e Detienne, 1990, p. 60).

O sono, portanto, aparece no mito ligado a duas noções fundamentais: *presença* (de um outro) real, corpórea, material; e *ritmo*, descontinuidade marcada por intervalos regulares. Há referência ainda a uma *qualidade de presença* especial por parte deste outro: intensa, segura, rápida em sua tarefa e, ao mesmo tempo, sutil, sugestiva. Note-se que do ponto de vista de quem adormece, o sono é objeto de necessidade, mas também de *desejo* – não por acaso expresso na passagem acima como desejo de *retorno* (à casa, à habitação) e *recolhimento* (no leito ao qual se está habituado – um lugar *familiar*).

Freud valorizou a *alternância ausência-presença* da mãe nos primeiros tempos de vida do sujeito; suas idas e vindas e a maneira disto ser significado ao *infans* constituirá toda uma matriz para o estabelecimento de um jogo simbólico no psiquismo.

A questão do sono e do adormecimento concerne imediatamente a esta problemática, já que *a hora de dormir é o momento de uma separação, de uma suspensão do olhar mútuo mãe-bebê*. A mitologia intuiu a sutileza dessa dinâmica narcísica ao atribuir a Hypnos uma estranha paixão: enamorado do belíssimo pastor Endímion, concedeu-lhe o dom de dormir com os olhos abertos, para contemplar os olhos do amante, mesmo adormecido. Imagem que não deixa de nos remeter à figura de Narciso preso à própria imagem refletida na água.

Podemos então afirmar, em uma primeira aproximação, que *os distúrbios do sono têm íntima relação com esta primeira ritmação do ciclo sono-vigília decorrente do campo do narcisismo primário: o olhar materno narcisante e constitutivo e o jogo que possibilita sua retirada provisória.*

Na expressão popular adormecer é "cair nos braços de Morfeu": a quem nos entregamos pelo sono? Morfeu é um dos filhos do Sono com a Noite, deus dos sonhos que assume formas *("morphai")* humanas ao sonhador. Aos seus irmãos Phobetor e Phantasius caberia assumir as formas dos animais e coisas inanimadas. Assim, o dito enfatiza no sono os sonhos, e, nestes, as formas humanas neles representadas. Pode-se dizer, então, que os braços de Morfeu têm uma função próxima ao colo materno que abriga e embala, com a vantagem de não estarem marcados pela interdição (Jorge, 91).

Freud já chamava a atenção sobre a postergação do sono realizada pelas crianças: "– só mais um pouquinho, mamãe!". Relutar em dormir pode ser resistir a perder o olhar da mãe, mas o sono é uma renúncia parcial, pois pelo sono-sonho reencontram-se, ativamente, os prazeres narcísicos ligados àquela que foi a primeira "forma humana" que tivemos de representar, fazendo dela uma "fôrma" para o corpo-próprio, por meio da identificação.

O sono como tela para o sonho: figura sobre fundo

Hemos observado muchas veces cómo, al dormirse el niño y sin que nadie le llame la atención, ha vuelto la cara del almindonado pecho de la nodriza (ese pequeño monte volcánico extremecido de leche y venas azules) y ha mirado con los ojos fijos la habitación aquietada para su sueño".

"*Ya está ahí!*", *digo yo siempre, y effectivamente, está.* (García Lorca, *apud* Jorge, p. 79)

Cair no sono, pegar no sono, adormecer... A linguagem parece reconhecer a entrada no sono como uma passagem qualitativa que merece ser nomeada: cair ou pegar no sono são imagens que sugerem um movimento, um "salto", seja ele interpretado como entrega (deixar-se cair) ou um gesto ativo ("pegar").

A grande massa de calor que é a mãe move-se no tempo e no espaço: aparece e desaparece no campo sensitivo do bebê, portando com ela conforto e bem-estar, alimento e descanso.

Sinal de alguém, diz Radmila Zygouris, sinal de vida, que vem marcar uma descontinuidade (ausência-presença, longe-perto, aqui-lá, bom-mau, eu-outro) no espaço e no tempo, fundando a possibilidade de um sentimento de existência. Se é verdade que não há subjetivação sem a instauração de uma temporalidade, o tempo só se percebe no espaço, principalmente na ocupação do espaço por um outro: "é no espaço que o objeto se torna signo e dá, primeiro, consistência ao corpo" (1998, p. 117). Ruído de passos no corredor, figura despontando na porta do quarto, rosto se aproximando do berço, seio chegando até a boca... calor, leite e deleite, sono... indo embora...

Uma região, uma zona potencial de adormecimento constitui-se a partir de sua presença suficientemente boa: nem demais nem de menos, ir e vir suficiente que não obture a possibilidade de deslocamentos que sua ausência mediada, "suficientemente boa" favorece.

Nas produções psicanalíticas sobre o adormecimento, Fédida (1977) destacou as contribuições de Otto Isakower e Bertraim Lewin. Aqui se introduz um ponto de vista pelo qual a oralidade e as trocas mãe-bebê pelo seio tomam o primeiro plano.

Isakower interessou-se pelos fenômenos corporais vividos entre a vigília e o sono – zona de fronteira, passagem – observando que as sensações experimentadas nas várias regiões do corpo, como também os efeitos visuais, tácteis, auditivos, etc., são, aqui, radicalmente diferentes do estado de vigília. "As principais zonas corporais interessadas são a boca, a pele e as mãos."(*apud* Fédida, 1977, p. 180).

A passagem da vigília ao sono – *espaço "crepuscular" do adormecimento* – é marcada por modificações cenestésicas que alteram o esquema corporal e nas quais desempenham um papel a imobilidade, a obscuridade, o silêncio, etc. Na maioria dos casos, foram registradas impressões de flutuação, de afundamento e vertigens.

Tais impressões podem ser vividas como agradáveis ou desagradáveis, mas sempre afetam o corpo como um todo na sua representação espacial. A distinção entre as várias regiões do corpo – por exemplo entre boca e mãos – torna-se vaga, e sobretudo perdem-se *os limites entre o que é interno (o corpo) e o mundo exterior.*

Aproximação e distanciamento de formas que mudam de volume, clareamentos e sombreamentos, burburinhos, abalos sonoros, sensações de afundamento e vertigens (ser tragado/engolido), etc.: para Fédida estes são fenômenos que podem ser entendidos em termos de *uma regressão arcaica na qual conteúdos sepultados pela amnésia encontram as condições de reaparecer sob a forma de impressões corporais* (p. 180).

A ideia de Freud de que o homem "se despoja dos envelopes com os quais cobre sua pele... e, ao ir dormir, faz de modo análogo com seu psiquismo" seria, deste ponto de vista, uma metáfora para esta desinserção funcional do corpo. As sensações que acompanham o adormecimento comportam a *desorganização e o apagamento dos limites corporais e suas consequências para o eu,* "antes de tudo um eu corporal," como dizia Freud.

> A zona de adormecimento oferece essa particularidade de que ela é o espaço de uma solidão absoluta onde vem se confundir o dentro e o fora e onde se despertam, das profundezas, os mais terríveis temores (morte, destruição, separação, etc.) que o silêncio pode guardar. (p. 166)

Pode-se compreender agora porque o momento de ir dormir solicita, quando somos pequenos, práticas de adormecimento que implicam a presença imediata de um outro: o embalo, o acalanto, o contar histórias. Quanto ao adulto, as práticas corporais (carinhos, banhos, relaxamentos) e certas condições ambientais (escuro, silêncio, calor) utilizadas para a indução do sono testemunham, por um lado, a necessidade de liberar o corpo de excitações (as "presenças" estranhas, excessivas) e, por outro, a necessidade de "re-unir-se", abrigando-se em um espaço "familiar": a mãe e seus deslocamentos, a presença mediada da mãe.

Lewin introduziu a noção de uma *tela do sonho* incluindo a sugestão de Isakower de que as enormes massas que se aproximam do dormidor, no momento do adormecimento, seriam os seios: "Quando ele se aproxima do dormidor, o seio parece aumentar, crescer; sua superfície convexa se achata e finalmente se confunde com o dormidor; com frequência se produzem sensações bucais concomitantes", diz Lewin. "Um sonho parece projetado sobre este seio aplanado". O autor conclui que "a tela do sonho representará então o seio durante o sono; ele é geralmente obscurecido pelos diversos derivados do pré-consciente e do inconsciente que se situam na frente ou sobre a tela" (*apud* Fédida, 1977, p. 180).

Para Lewin, a questão crucial na dinâmica das trocas orais é o efeito de identificação com o que é "comido". Seria, portanto, a "incorporação" do seio aplanado no contato com a boca o que constituiria, naquele que o recebe, esta "tela", base psíquica na qual, daí em diante, poderão se projetar os sonhos. O próprio Lewin, no entanto, amplia a aparente concretude desse "seio", afirmando que *a tela é o sono mesmo* ou ainda que ela é "a reprodução do próprio sono infantil."

Com efeito, o seio internalizado como tela para o sonhar toma sua consistência, sua *espessura* desde o gesto com que a mãe pega o bebê até o fato de que pode experimentar dor, incômodo ou prazer no contato com uma boca que, por sua vez, já é uma zona de sensibilidade erógena. Ele é, aqui, o representante privilegiado da qualidade das primeiras relações com a mãe. Ao lado disso, importa enfatizar o fato de que os fenômenos hipnagógicos que intervêm no curso do adormecimento o fazem por meio da *saciedade alimentar, do qual o seio é o símbolo*.

O sono como tela do sonho – condição do sonhar e do fantasiar – pode então ser pensado como esta região plana, imóvel, paulatinamente constituída nas trocas com a mãe, território aquém dos conteúdos psíquicos, mas imprescindível para o movimento posterior de projeção dos sonhos.

Para Pontalis (1977), o lugar ou espaço do sonho encontra-se em analogia com o espaço da tela do pintor, que delimita a pintura. Assim, a referência de Lewin a "sonhos brancos", caso-limite que beira a abstração, tem o valor de chamar nossa atenção para o fato de que toda imagem do sonho é projetada sobre uma tela, ou seja, pressupõe *um espaço onde a representação possa se efetuar*. As analogias com o cinema, embora não casuais (sonho como imagem em movimento), aqui importam menos que o fato de que toda representação precisa contar com uma base ou fundo – como o papel branco para o esboço, o palco para a encenação, o papelão para a montagem do quebra-cabeças (p. 27-28).

Lewin concebe a tela do sonho ligando-a ao desejo de dormir cujo protótipo seria o sono do bebê saciado, separando de certo modo a tela branca, sem imagens, identificada ao seio, e as imagens, o visual, representando outros desejos perturbadores do sono, os que formam os sonhos.

Mas, assinala o autor, deve-se notar que embora Freud tenha distinguido sono e sonho, a distinção nunca chega a constituir uma oposição, ao contrário de uma certa interpretação dos achados neurofisiológicos.

A tela do sonho, então, não deveria ser compreendida apenas como superfície de projeção; ela é também superfície de proteção, ela faz anteparo, filtra – sobretudo quanto àquilo que ameaça de dentro. Quem dorme encontra na tela a fina película que lhe garante contra o excesso de excitações, o traumatismo – o que a Pontalis faz evocar a membrana protetora da metáfora freudiana da "vesícula viva" (pp. 36-37).

Sono e alimentação

Sabe-se que nos primeiros tempos de vida o ciclo sono--vigília é estreitamente ligado à satisfação alimentar: a saciedade possibilita o adormecimento, o despertar é provocado pela fome. Bem mais que uma simples sequência fisiológica, assinala Fédida, surpreende-se aqui *uma atividade rítmica pulsional* relacionada com a pulsionalidade da mãe engajada na nutrição da criança. Se o adormecimento se regula sobre o que está em jogo no momento da refeição da criança, esta terá de contar com o investimento libidinal da mãe no momento em que é nutrida, e com as particularidades deste investimento. Neste registro da maternagem deveria compreender-se o termo "saciedade alimentar" que induz o sono do bebê.

A relação entre sono e alimentação pelas relações primordiais seio-boca marca o papel constitutivo da oralidade para a zona de adormecimento. A oralidade comparece explicitamente em alguns acalantos – lugar de manejo de uma resistência ao dormir – sobretudo por meio da resistência ao comer, reiterando a equivalência sono-alimentação do ponto de vista da introjeção da relação primordial com a mãe. Em outros, o comer aparece associado a uma figura ameaçadora, em uma referência à devoração como perigo ou punição (Jorge, pp. 120-121).

A introdução das noções de objeto e fenômeno transicional (Winnicott) teria operado um salto qualitativo na compreensão do que é um seio para uma criança, levando em conta não somente seu estatuto simbólico (seio = mãe), mas também a realidade concreta que ele designa, tanto para a mãe como para a criança.

Sabe-se que por objeto transicional Winnicott designou estes objetos "mamãezados" (Dolto, 1952), entregues à criança após a manipulação e nomeação carinhosa pela mãe. Impregnados de sua presença, testemunham desse modo sua presença na ausência, presença que passa a impregnar também a realidade das coisas.

"A ponta do cobertor (ou qualquer outra coisa) é simbólica, é verdade, de um objeto parcial, do seio, por exemplo. No entanto o que importa não é tanto seu valor simbólico, mas sua existência efetiva. Que este objeto não seja o seio (ou a mãe) e sim que ele seja real importa tanto quanto o fato que ele esteja no lugar do seio (ou da mãe)" (*apud* Fédida, p. 185).

Assim, sob o controle onipotente do bebê, o seio não é um objeto constituído em antecipação à sua significação. Nas palavras de Winnicott, "o seio é criado e sem cessar recriado pela criança a partir de sua capacidade de amar ou a partir de sua necessidade"; mas, ao mesmo tempo, é sua realidade concreta que dá a capacidade de ilusão. Em contrapartida, "a mãe coloca o seio real justamente ali onde a criança está no momento de o criar, e no bom momento"(*apud* Fédida, 1999, p. 185).

A relação ilusão-desilusão, portanto, estaria posta desde os princípios, e se é verdade que caberá à mãe a tarefa de desiludir progressivamente a criança, isto só se dá sob a condição de ela ter-se mostrado inicialmente capaz de oferecer possibilidades suficientes de ilusão. Desta perspectiva pode-se falar de uma realidade (efetiva, concreta) a ser instaurada pelo jogo ilusão-desilusão implicado nas trocas mãe-bebê.

Trata-se de um campo de trocas no qual a criança também é ativa, já que esta se nutre ou não com o prazer que ela dá à mãe, aceitando e guardando o alimento que ela lhe dá. Quanto à alimentação da criança, deve-se considerar "*a dupla dimensão de troca e jogo na condição de elaboração do alimento (palavra) e sua metaforização*" ou, em outras palavras, "*o fator de simbolização (metabolização e metaforização) do seio na absorção e incorporação do bolo alimentar*" (p. 183)[1].

A dinâmica de trocas entre boca e seio é, portanto, fundamental, o seio estando implicado, nas suas retiradas provisórias e depois no desmame, na simbolização da ausência, e tanto mais porque boca e seio se determinam reciprocamente como continente e conteúdo: *trata-se da constituição de um dentro e de um fora, a partir da instalação de um intervalo de trocas.*

---

[1] O autor remete-se aqui à questão da anorexia, cuja clínica testemunha – de forma dramática, diríamos – esta intercambialidade do campo da oralidade. A tradução do artigo é minha, com a colaboração de Cláudia Berliner.

Fédida resume a complexidade de registros envolvidos na zona de adormecimento e a sua afinidade com a palavra do conto evocada por crianças e adultos no momento do adormecimento, como veremos adiante:

> A ideia de um aplanamento do mundo assimilada a um seio tomado dentro da boca (Isakower) pré-tematiza um conteúdo tímico [...] ou pático [...] que organiza o tema dramático. A ingestão do mundo, fantasma de onipotência oral, tem por privilégio posicionar no interior as fronteiras exteriores, de tal maneira que o corpo se instaura de *poder ser o mundo ao contê-lo*. A abolição de fronteiras corporais – da boca ou do seio – confirma as condições nas quais os contos serão ulteriormente solicitados: o par de opostos comer-ser comido encontrará então sua verdade primeira na relação da boca com o seio. Na intercambialidade intrínseca à oralidade importa o efeito de identificação com a coisa comida que tem o comer (Lewin). *O mundo pode sonhar dentro do corpo; não é uma bela metáfora para falar do sonho e seu lugar no sono?* (p. 182)

Na mamada, portanto, não se trata apenas de beber o leite que alimenta, mas também *o seio que assegura e proporciona prazer*. Mãe do leite e deleite: o seio, aqui, como pré-figuração do objeto materno passível de ser introjetado, ao desempenhar suficientemente bem suas funções maternantes. "Nutrição" do corpo, mas também do psiquismo do bebê, narcisação do corpo e do "ser" do bebê para além de um objeto prazeroso para o manuseio – físico ou fantasístico – deleitoso para a mãe. O bebê pode então, "alimentado", fechar os olhos para dormir sem medo de não reencontrar alucinatoriamente o que já vai fazendo-se "seu" – é então que "o mundo pode sonhar dentro do corpo".

Na relação "suficientemente boa" com a mãe se constitui no bebê esta tela, base, fundo "vazio" que é, entretanto, condição de todo preenchimento, toda temporalidade, qualquer subjetivação. Este vazio pode então se transformar em um intervalo, espaço "entre" – transicional ou potencial – um espaço para as trocas (Calderoni, 1999).

O sono e a morte

> Busca, ao menos, saber por que secreta viaA noite, dentre os mortos, te devolve ao dia?(Valéry, *apud* Campos, p. 119)

Na mitologia, a noite gera o sono e os sonhos, mas também toda uma série de espectros sinistros:

> A Noite então gerou a Sorte odiosa e a negra Kere, e a Morte; gerou o Sono, gerou toda a estirpe dos Sonhos. (Hesíodo, na "Teogonia", *apud* Sicuteri, 1987, p. 157)

Hypnos é irmão gêmeo de Thanatos, a morte, e com ele e com a Noite habita a morada dos mortos:

> Aqui é a morada dos espectros, do lânguido Sono e da Noite adormecida e sou proibido de transportar vivos em minha barca infernal. (Caronte a Enéias, que deseja descer ao Inferno para ver seu defunto pai Anquises, *Legenda Dourada*, p. 35)

A relação sono-morte é ainda percebida imediatamente pela língua, já que uma das acepções do sono no léxico é "repouso eterno, morte", assim como dormir pode significar "descansar na eternidade, jazer morto" (Jorge, p. 89).

Fechar os olhos ou as pálpebras de alguém é, em nossa cultura, um gesto que denota respeito e/ou compaixão para com o morto. Associa-se ainda com uma espécie de pudor, como se algo de obsceno se depreendesse da imagem de um morto que "olha" ou do que se revela por este olhar. Talvez reflita, sobretudo, o nosso horror à morte, e apenas não possamos, nós, olhar para ela assim tão diretamente. Do mesmo modo, a fala tão comum de que o morto "parece dormir" tranquilamente parece tentar mais que tudo nos assegurar quanto àquilo que na morte e no morto nos domina e assusta. Freud falou acerca deste poder dos mortos – um poder de dominação, que pode nos chamar para o seu território.

Nossas pálpebras se fecham para dormir e sonhar... ou então para morrer. Note-se, por exemplo, a ambiguidade presente neste trecho do poema de Keats, "Ao Sono":

> Tu que embalsamas meia-noite, a sossegada, E que bondoso fechas, com esse toque atento, Olhos, da luz guardados, a que a treva agrada, Ensombrecidos em divino esquecimento. (John Keats, 1819)

Lassidão, imobilidade, retirada, desligamento, "ausência": lugar do não ser. No sono, retiramo-nos de um mundo compartilhado com outros vivos – para onde? Durante o sono, funções básicas como a respiração e os batimentos cardíacos se encontram reduzidas, em uma economia vital mínima, como se a morte "comparecesse" no sono por meio das modificações corpóreas e da relação com o mundo que determina.

No processo de adormecimento, Fédida valoriza, como veremos, a perda dos limites corporais e, com ela, a suspensão das funções do eu: algo que pode ser vivido como uma ameaça de morte e, portanto, como fonte de resistências. Mas podemos também, invertendo a questão, evocar as dificuldades de passagem da noite para o dia, àquilo que em nós aferra-se ao sono – ao escuro sem imagens, à imobilidade, à ausência – resistindo ao despertar e suas tensões:

Essa espécie de aturdimento em que acordamos todas as manhãs. Nada confirma melhor que o sono é uma experiência autêntica e como que o ensaio geral da morte. De tudo o que pode acontecer a quem dorme, o acordar é, decerto, aquilo que ele menos espera, aquilo para que está menos preparado. Nenhum pesadelo o choca mais do que esta brusca passagem à luz, a uma *outra luz*. Não há dúvida de que, para quem dorme, o sono é definitivo. A alma deixa o corpo num voo rápido, sem se volver, sem espírito de regresso. Tudo esqueceu, tudo lançou ao nada, quando, de repente, uma força brutal a obriga a voltar, a vestir o seu invólucro, os seus hábitos, o seu caráter.

Estranha alienação. Quem dorme é um louco que se imagina morto. (Tournier, 1985, p. 113)

Após a formulação da pulsão de morte, a questão do medo da morte passa a considerar aquilo que, do interior do sujeito, aspira pelo repouso, pela inércia, pelo "rebaixamento de tensão ao nível zero"(Freud, 1920).

Ana Cavani Jorge assinalou o elemento trágico presente tanto no embalo como no acalanto, ao lado de seu apelo erótico: os termos *embalar, agasalhar, cantar* referem-se muitas vezes a uma criança desaparecida e canções e ditos populares os associam à morte, ao luto, à dor ou à revolta diante de uma perda. Pesquisando os deslocamentos semânticos que comunicam as palavras acalanto, acalentar, embalar, cantar, etc., montou a seguinte equação simbólica:

> balanço do berço = colo = ondas = sonhos = rede = mãe = drogas = dança = afagar = iludir = encantar = magia. (p. 110)

García Lorca observou que certos acalantos espanhóis ostentam "uma severidade lírica que mais pareceriam um canto para morrer que um canto para o primeiro sono". Em Angola, o cafuné, usado para induzir o sono, participa também nas cerimônias fúnebres, como prática consoladora. Encontra-se ainda, em certas culturas, uma proximidade entre os rituais de morte e nascimento (pp. 78 e 198).

Mas de que "morte" se trata no adormecimento?

Sono, noite, escuridão, solidão são significantes cujo sentido pode facilmente se deslizar da ideia de repouso aconchegante e revificante para o campo do sinistro, remetendo a todo um imaginário que recobre o desconhecido e o temível da morte.

Dormindo nos ausentamos, mas também nos encontramos desprotegidos frente a um outro desperto que pode olhar e agir guiado por interesses conscientes, controlados – um lugar objetalizado da fantasia erotizada ou persecutória. "Dormir" também pode aludir às relações sexuais, à interdição presente no adormecer referindo-se ao olhar mútuo, olhar de reconhecimento, e não às práticas sensuais. O tema do sono, do adormecer, do dormir e do sonhar parece, portanto, jogar com os grandes enigmas da existência humana: o sexo e a morte.

A noite é, por isso, território habitado por românticos, melancólicos e apaixonados de toda espécie – do poeta sonhador até o sedutor, porém frio e sanguinário vampiro. Território de sonhos, mas também de pesadelos para aquele que se atreve a atravessá-la, dormindo ou acordado: seu encontro com os seres da noite é inevitável, e estes, embora mágicos, são potencialmente maléficos.

Em 1919, no célebre estudo sobre o sentimento de estranheza, Freud indagou-se acerca do estranhamento que a solidão, o silêncio e a escuridão suscitam: fontes de terror capazes de gerar medonhos perseguidores. Encontrou neles o mesmo caráter sinistro "aos quais se vincula a angústia infantil, jamais extinta totalmente na maioria dos seres", reativada quando "os complexos infantis recalcados são reanimados por uma impressão exterior ou quando convicções primitivas superadas parecem achar uma nova confirmação." Estes dois aspectos vêm intimamente relacionadas pelo fato de convicções primitivas terem raízes nas moções pulsionais infantis que irão se organizar em torno do complexo de Édipo (Freud, *apud* Jorge, p. 58).

Minha mãe mandou-me à venda comprar um vintém
de pão. É de noite, está escuro Tenho medo do papão.
(p. 165)

De que "noite" se trata para a criança?

Sabe-se que as experiências de separação sempre se revestem de angústia: o nascimento como experiência traumática significada a *posteriori*, o desmame, a quebra da exclusividade do olhar da mãe para seu filho, etc.

Quando se é pequeno, estar só é estar ameaçado e a proteção, maravilhosa, absoluta e resguardada da castração. A noite, a solidão e a escuridão são fonte de temores para a criança, *"um medo que se perpetuará na vida adulta frente a uma noite metafórica"* (Jorge, p. 87).

Freud relacionou o medo da escuridão ao escuro da ausência da mãe e ao desamparo infantil (*Hilflosigkeit*)."Hilflosigkeit, desamparo do pequenino, enquanto afeto primeiro, vivência do sentimento de impotência [...] precursor da angústia. A impotência enquanto primeira experiência subjetiva em relação ao objeto e traço somatopsíquico do desprazer."(Zygouris, 1999, p. 12). A escuridão equivale à retirada do olhar materno: não ser olhado, não ser visto, é deixar de existir, *em um momento em que é o olhar amoroso do outro que antecipa, funda e empresta consistência à imagem do corpo unificado. Olhar que garante a integridade narcísica.*

Desamparo infantil frente a uma invasão pulsional que, nos inícios, só pode contar com o outro como proteção, "defesa". Nestas circunstâncias, é "por detrás" da mãe-boa que surge o perseguidor, sua outra face: mãe-má, que se ausenta e frustra, ou ainda o pai que separa o bebê de sua mãe...

O desamparo "infantil", cujas raízes, para Freud, se assentam na prematuração biológica do ser humano por ocasião de seu nascimento, colocando-o em uma situação de total dependência de um outro para a sua sobrevivência, persistirá vida afora, sofrendo, contudo, uma importante ressignificação por ocasião do Édipo, como angústia de castração (1926). Segundo Freud, o medo da morte é uma das formas pela qual a angústia de castração pode se manifestar. O fato de que não a morte própria não encontre uma representação definitiva no inconsciente (Freud) deixa um buraco vazio que pode ser fonte de terror – um lugar para todos os possíveis que pode ser preenchido pelas mais terríveis fantasias (Pereira, 1999).

Bicho-papão, bruxa, cuca: "a solidão inventa noites e fantasmas", povoando a escuridão com as representações que se ligam à "dimensão do medo de algo difuso de caráter animal no meio da noite, quando se está separado". Algo feroz e temível, encarnado na figura do perseguidor à espreita daquele que está só, no escuro: "*aquilo que lá* está buscando de todo modo satisfação": violência das forças pulsionais em estado de inorganização (Jorge, pp. 72-73).

Para o bebê é a própria continuidade como vivência que se vê interrompida pela invasão pulsional que sobrevém. Trata-se menos de não ter a mãe do que a ameaça de deixar de existir... A capacidade de suportar sua ausência, como posteriormente as outras, depende desta "constituição paulatina da capacidade de reter o ausente na ausência ou de ir construindo o objeto interno, processo simultâneo e inseparável da própria constituição do aparelho psíquico": capacidade de simbolizar a ausência (Calderoni, 1999).

Note-se que a mãe que permite a instauração dessa tela ou película protetora que é o sono – que aqui se confunde com a inscrição mais primária do psíquico – não é uma mãe toda presença e sim aquela capaz de instaurar um jogo ausência-presença *mediado*: primeiramente por suas próprias representações marcadas por uma interdição e, em seguida, pelos objetos transicionais concretos, entre os quais a própria palavra pode ser incluída, por seu valor potencialmente metafórico.

Em um artigo intitulado justamente "Sobre o sono e a morte", J. McDougall (1989) ilustrou por intermédio de um caso trágico as possíveis consequências, a longo prazo, do que considera o risco potencialmente mortal da ausência desse intervalo psíquico mãe-filho, que impede a internalização de uma instância maternal tranquilizadora. Trata-se de uma paciente já adulta cujos sintomas incluíam uma insônia persistente e precoce:

Seus pais evocavam suas insônias de bebê e a impressão de praticamente não dormirem durante os seus primeiros seis meses. Sua mãe não podia largá-la, colocá-la no berço, sem que se pusesse a gritar: só dormia enquanto a mãe a embalava; sem isso, berrava, balançava-se no berço ou cravava-se as unhas em si mesma. Mais tarde passou a dormir um sono muito leve; frequentemente acordava tomada de terror, sem nenhuma lembrança de sonhos. Já adulta, estabeleceu com suas amantes homossexuais relações de tipo adictivas, sua presença tornando-se imprescindível, à noite, para que pudesse conciliar o sono.

Filha de uma mãe invasiva, toda presença, que controlava incessantemente o modo pelo qual sua filha se alimentava, se lavava e vestia, submetendo-a a intervenções médicas e remédios por razões pouco claras – e que provavelmente vivia angústias ligadas às próprias funções corporais projetadas na filha – não pôde simbolizar sua ausência pela internalização de uma instância materna essencial, levando-a à incapacidade de estar só sem perder o próprio sentimento de existência. Confrontada a uma ruptura amorosa, veio a encontrar no suicídio o último sono – última tentativa de render-se à união com uma mãe cujo desejo, nas palavras da paciente "não era que eu tomasse o meu lugar entre os vivos, mas de que eu vivesse em sua cabeça, morta" (pp. 91-98).

O sono-sonho implica a capacidade de se estar só sem a vivência de que isto é mergulhar em uma não existência ou em um mundo só-terror. No sono, trata-se de um lugar (constituído na relação com o outro), um dentro-de-si, para voltar.

A constituição deste lugar dependerá das negociações realizadas com a criança por ocasião das ausências da mãe, fazendo do mundo – externo e interno – lugares marcados pelo fundo de sua presença: estar só, no sono povoado "dela" por meio do processo alucinatório ou em uma vigília povoada de "brinquedos" pré-investidos por "ela": a chupeta e o chocalho, o faz-de-conta, o pensamento, os outros semelhantes.

O acalanto como atividade simbólica

> "Nana nenê/ Que a Cuca vem pegá/Papai foi
> na roça/Mamãe no cafezá"
> "Tutu Marambá/Não venha mais cá/ que o pai
> da criança/ te manda matá".

A noite, o escuro, o sono podem, então, ser o lugar do repouso aconchegante, da entrega prazerosa, do recolhimento regenerador, como também de lugar nenhum, dos abismos de terror, do pesadelo sem fim: um não lugar.

Podemos afirmar que as práticas de adormecimento comportam a dupla função de esconjurar o perigo e evocar uma proteção, em uma solução de compromisso. Por isso dissemos que elas têm um valor ritualístico: nos rituais trata-se de encenar um conflito com vistas a uma elaboração, valendo-se de sua eficácia simbólica para sustentar e favorecer uma passagem.

Ana Cavani Jorge indagou-se acerca da função desta prática complexa que preside o adormecimento da criança pela mãe em nossa cultura – *o acalanto*, entendido nos seus aspectos motores e sensoriais (embalo, afago) e estritamente linguísticos (melodia e texto).

Suas interrogações dirigem-se, sobretudo, na direção de um aparente paradoxo: por que as cantigas de ninar, apesar da melodia suave, calmante, trazem no seu texto a presença inquietante, ameaçadora, de seres assustadores? A autora sublinha, apoiada em amplo material de pesquisa, o teor terrorífico que estas canções portam invariavelmente, no qual o insondável, o sinistro, o terrível indeterminado caracteriza as figuras da Cuca, tutus e outros seres informes, cujas existências pareceriam se justificar apenas pelo hábito de aterrorizar e perseguir.

A questão essencial coloca-se em relação ao privilégio afetivo e representacional – à potência de ligação libidinal – do *terrível* no momento do adormecimento. Não se trataria apenas de uma atitude pedagógica autoritária ou sádica; haveria valor de elaboração nessas canções, para o bebê e para a mãe.

Cucas, papões e tutus aparecem como equivalentes no tema associado à perseguição cujo significado implícito seria sempre a ameaça de separação da díade mãe-filho. A proteção, também constante, comparece por intermédio da mãe ou outras figuras parentais (às vezes travestidas de figuras de caráter religioso, mágico-onipotente, "encantado") ou pelo próprio adormecimento (a satisfação narcísica do sono).

A questão, portanto, encontraria sua resposta na própria *"contradição e na ambivalência presente na mãe em relação dual com a criança, tão terrível como as vagas e temíveis cucas* [...]. *Dor da separação diariamente revivida na hora de dormir, dor de deixar de ser um com o filho e ser um consigo mesma. Esse o sentido do terror indeterminado que a mãe reproduz pelo acalanto, em sua indeterminação, contendo o recalcado que retorna. Pelo horror, mãe e filho elaboram a necessidade de castração, primeira forma de separação subjetiva da criança, e que remete a mãe a experiências anteriores de separação (nascimento do filho, o seu próprio nascimento e desmame, e outras de sua história subjetiva)"* (p. 29). Com propriedade, assinala o acalanto como linguagem que se dá sob o influxo de uma atualização, na mãe, de suas próprias relações primitivas com sua mãe.

Assim, a bipolaridade horror-ternura das cantigas de ninar responderia à contradição intrínseca ao exercício das funções maternas – de completude narcísica e, ao mesmo tempo, de reconhecimento da Lei que a interdita. Os diferentes elementos do acalanto (texto, melodia, embalo, aconchego, afago) articulam-se em um ritual complexo que conjuga esta contradição – espécie de formação de compromisso que ora tende ao exorcismo da castração, ora à sua elaboração. O terror do conteúdo – "indispensável enquanto representante da castração" – é relativizado pela melodia e pelos elementos que realizam a função de narcisação: o olhar, o aconchego, o afago e o embalo.

A contradição ser-junto/ser-só representada na prática do acalanto refere-se àquilo que se coloca imediatamente pelo ato de entrar no sono: separar-se da mãe, reencontrar-se com ela neste estado próximo ao do narcisismo primário. É preciso abrir mão da presença real da mãe para que o sujeito possa reencontrá-la, a seu modo, pelo véu das próprias fantasias.

A hora-de-dormir seria, portanto, o momento desse desenlace – lugar de travessia ou passagem – que, embora situado num momento cronológico e cotidiano, refere-se principalmente a um momento *lógico* da relação mãe-filho: a quebra da unidade narcísica pela triangulação edípica, com o reconhecimento da interdição. "À cena do acalanto sucederá a perda do olhar mútuo, e a nostalgia na solidão de cada um" (p. 89).

> [...] o texto do acalanto reflete a necessidade de elaborar, antes do sono-separação-morte, aqueles temas essenciais à sobrevivência do humano em nós: a solidão, o perigo indeterminado, a morte, o paraíso de união, a interdição do incesto, a proteção de alguém mais poderoso. (p. 14)

O jogo do Fort-Da e os deslocamentos da mãe

Do mesmo modo e com a mesma função, o tema aterrorizante do acalanto é reencontrado neste outro ritual de adormecer crianças: o contar histórias. O perigo que a noite esconde tomará a forma do lobo mau e voraz, dos ogros e gigantes, das feiticeiras que encantam e outros seres maléficos, ou ainda do abandono ou separação dos pais. O final feliz, característico dos contos de fadas, chegará por meio da sorte, dos príncipes onipotentes ou outras figuras mágicas (Jorge, 1988, pp. 213 - 215).

As histórias infantis têm ainda com o acalanto uma semelhança no seu caráter repetitivo: mil vezes contadas e repetidas, mil vezes solicitadas. Freud pontuou este prazer que a criança encontra na repetição do relato de histórias, e suas manifestações de decepção frente às variações introduzidas.

A repetição nos jogos e brincadeiras infantis foi (ao lado dos sonhos traumáticos e da reação terapêutica negativa) um dos pontos de partida para a especulação que levou à formulação da pulsão de morte.

Freud observou seu neto de um ano e meio brincando com um carretel amarrado a um fio. Atirava o carretel para fora do berço e então o recolhia, até aparecer-lhe novamente à vista. Ao atirar o carretel, o bebê emitia o som *"ó-ó-ó-ó..."* e, ao recuperá-lo visualmente, emitia o som *"da"*, sons identificados como sendo equivalentes dos advérbios alemães *fort* e *da* – aproximadamente "ir embora" e "ali".

O momento culminante do jogo era a recuperação do carretel, cuja reaparição é recebida com júbilo pela criança. Freud viu neste jogo uma representação da alternância presença-ausência da mãe, de suas idas e vindas. Atirando o carretel, o menino manifestava decepção e raiva pelo afastamento materno e, no ato de recuperá-lo, a alegria pelo seu retorno. O jogo possibilita que a ausência da mãe seja representada, ao mesmo tempo que, ao brincar, o bebê desloca-se da posição passiva para uma posição ativa, adquirindo certo domínio acerca do objeto.

Idas e vindas da mãe e o enigma do que a faz mover-se: para perto e para longe, aqui-agora ou aqui–não–agora, bom-mau, eu-ela. O que move a mãe, o que a faz aparecer? A matriz do que será o pensamento parte deste esforço do pequeno de tentar responder algo sobre o desejo da mãe...

Para García-Roza, ocorre um duplo afastamento processado pelo psiquismo por meio do jogo: da mãe para o carretel e do carretel para a linguagem (do real para o imaginário e deste para o simbólico). "A pulsão pode agora ser absorvida no aparelho psíquico no registro metonímico e metafórico." (Ranña, 1997, p. 116).

Radmila Zygouris (1999) esclarece o valor constituinte deste jogo para o psiquismo da criança: "ao brincar de estar 'com ela', [...] é um 'estar com' interno que ela está de fato elaborando". Assim, o jogo diz respeito à ação essencialmente intrapsíquica de Eros, que não reúne e "unifica" somente sujeitos distintos, mas também as várias pulsões em torno de um novo objeto: o próprio eu da criança. Esta leitura permite à autora localizar o *Fort-Da* na evolução da teoria freudiana: "A brincadeira do carretel é ao mesmo tempo uma realidade observável na criança e um dos relatos míticos da psicanálise na sua virada da década de 20". A "criança do carretel" é um "personagem conceitual" cujo testemunho origina tanto a oposição Eros-Thanatos quanto a brincadeira como criação para dominar a angústia de separação. Esse movimento adquire o estatuto de criação de mundo novo para a criança, na qual pode "traçar através de seu gesto e uso de um objeto, os limites de um território que pode explorar, já mestre do tempo de seu desamparo. A isso se junta um destino de possível crueldade para com o objeto para não ressentir a dor da impotência" (pp. 13 e 27).

O jogo popular do *"— Cuca... Achou!"* é uma variante do jogo do carretel, equivalente à significação do *Fort-Da*. O jogo se faz entre um adulto e uma criança e consiste em antepor entre os dois rostos e olhares um obstáculo (cobrir-se, esconder-se). Chama-se então: *"— Cuca?..."* e, depois de uma breve pausa, com a retirada do obstáculo, faz-se "aparecer" um para o outro, restabelecendo-se o olhar mútuo com a exclamação jubilosa: *"— Achou!"*

A "surpresa" prazerosa do retorno da imagem do outro implica um elemento de burla, pois aqui a separação não significa apenas angústia: espera-se um ao outro, e a ausência mútua da imagem é significada como sendo provisória. O engodo, a burla, concerne, portanto, à própria angústia de separação, que cria o terror e as cucas...

Como no *Fort-Da*, este jogo implica dois participantes e mais dois elementos de natureza linguística (que Lacan considera suficiente para estabelecer-se a castração simbólica). No *Fort-Da*, temos a criança, o carretel-mãe, o *"Fort"* e o *"Da"*. Aqui temos o adulto, a criança o *"— Cuca...?"* e o *"— Achou!"*.

Por outro lado, o intervalo do *"Cuca... Achou!"* remete ao mecanismo envolvido na produção dos chistes: "defasagem entre a comunicação da demanda e sua aceitação na qual se cria a expectativa da participação do outro na criação de sentido"(Jorge, p. 82). A enunciação do chiste evoca a escuta e o olhar de um terceiro – fundamental para a complementação do processo e para sua fruição – cujo papel é o de testemunhar, após um momento de vacilação diante da suspensão do sentido, a singularidade do sentido proposto pelo sujeito. Esse lugar, como veremos, encontra uma estreita afinidade com o desdobramento da função materna que a permite acolher e validar aquilo que, no seu filho, a ultrapassa e supera (Ganhito, 1998).

Contos e acalantos compartilham ainda, quanto à forma, a característica da concisão – "colocação de um dilema de forma breve e categórica" e, ainda, quanto à construção dos personagens "mais típicos do que únicos" (Bettelheim, *apud* Jorge, 1988). Para Jorge, no acalanto, esses personagens típicos representariam sempre o par dual mãe-filho frente à chegada de um terceiro. Homologamente, quanto ao conteúdo moral, no acalanto nenhum personagem seria bom ou mau em si, mas pela posição que ocupa frente à castração – se a exerce ou dela protege (pp. 213, 215).

Mais tarde, jogos e brincadeiras mais elaboradas substituirão a função do contar histórias ou da brincadeira com o adulto: esconde-esconde, cobra-cega, adivinhações... As crianças aprendem a inventar e a encenar entre si suas fantasias no faz-de-conta. Irão, ainda pequenas, adormecer bonecas e amiguinhos com as mesmas canções, elaborando a seu modo as separações, e adquirindo certo controle sobre elas.

Como no sonhar, a possibilidade de fantasiar já implica uma *atividade* subjetiva, à medida que neles já se encena um desejo no qual o sujeito vem posicionar-se ativamente – de modo desejante – frente a um "outro" investido.

Por outro lado, a palavra passa paulatinamente a integrar a brincadeira até tomar uma parte privilegiada nos jogos lúdicos, operando por meio de seus deslizamentos semânticos aberturas para novos deslocamentos e investimentos:

> A festa junina vai chegar. Então vou logo me aprontar. Já ensaiei a quadrilha / com o meu par na véspera / preparamos os jogos: boca do palhaço, pescaria, maria-cabeluda [...]. Na hora de dormir fico horas acordadapensando na bela festa. Quando consigo dormir sonho belos sonhos. Mas um ocupou a noite inteira: era o da festa junina, sonhei que era a noiva / e depois dancei a quadrilha nos jogos ganhei muitas prendas...TRIMMM!!!!! Toca o despertador. Descubro que é tudo mentira. Era só um sonho então penso que belas coisas sonhamos e algumas

esquecemos dizem que se esquecemos o quesonhamos /
eles se realizamentão tento não esquecer/os pesadelose
tudo acaba...os sonhos vão em vão.

"Noite de Festa Junina", Lídia, 8 anos

Um dia, o adulto terá de pôr em funcionamento a função maternante de que um dia foi o objeto, já internalizada e metabolizada, de modo ativo e singular: tomará seu livro de cabeceira ou um banho quente, abraçará seu amante ou o travesseiro... na tentativa de encontrar em seu sono-sonho os ecos de um acalanto.

Era uma vez: o conto e a zona de adormecimento

O jogo do Fort-Da é imanente a todo relato de conto e a palavra é este fio que dá retorno ao objeto desaparecido.
(Fédida, 1977)

Sherazade, nas Mil e uma noites – mil noites mais uma –, conta histórias que fazem dormir sonhando, libertando o sultão e suas vítimas de uma repetição mortífera. O artifício de Sherazade era, como se sabe, suspender o relato a cada noite prometendo para a noite seguinte uma continuação (Hallak, 1997).

A mãe que faz dormir seria, desse ponto de vista, aquela que promete um amanhã – portador de desdobramentos do que veio antes (continuidades), mas também de novas histórias (descontinuidades) – por intermédio de uma garantia amorosa: a criança pode entregar-se ao sono porque alguém, cuja estatura afetiva é fundamental, a espera, deseja revê-la no dia seguinte, conta com ela para o desenrolar de sua própria história. Note-se que a possibilidade de interromper o relato – fazer um corte, estabelecer e suportar uma descontinuidade – cria um intervalo que condiciona uma espera, mas também aspiração e desejo: "amanhã tem mais".

Fédida evidencia, na relação conto-adormecimento, o fato de que a palavra do conto, por seu valor metafórico, seja propícia à constituição mesma de uma *zona de adormecimento*, espaço potencial da possibilidade de elaboração onírica. A zona de adormecimento, seria esta zona transicional – entre o adulto e a criança – que pode ser entendida como uma espécie de "membrana das trocas com o ambiente constituída por e através do objeto de origem (mãe)" (Delouya, 1999, p. 14). No momento do adormecimento, as alterações corporais se experienciam como ameaça aos seus contornos, solicitando práticas que venham "reunir de novo" um espaço interior. Entre elas destacamos, com Fédida, o conto – autoengendrado na "fala interior" dos devaneios e fantasias que presidem o adormecer dos adultos – ou contado às crianças como narrativa à maneira de histórias, cuja forma, retórica e temática comportam uma função asseguradora.

> É importante notar um isomorfismo entre os conteúdos dramáticos do relato interior ou do conto e o colorido tímico induzido por estas impressões corporais. Deste ponto de vista, *o conto aparece como um organizador secundário do espaço corporal – advindo espaço interior – ameaçado nos seus limites no momento do adormecimento.* (p. 180, grifos meus)

Notemos esse "colorido tímico" experimentado em íntima relação com as modificações corporais que presidem o adormecimento: qualidades de afeto, humores ligados às várias parcialidades em um momento em que o eu, que poderia organizá-los, está justamente indo dormir.

Se a hora-de-dormir é a hora em que o sujeito – pequeno ou grande – se vê ameaçado na sua unidade anímica e corporal é preciso que algo ou alguém suporte, do lado do sujeito, essa transição. Enquanto zona de transição, ela solicita o fenômeno e o espaço transicional – constituindo aqui a própria zona de adormecimento. Com Pontalis, lembramos que o que caracteriza esse tipo de fenômeno e seu espaço é um jogo que não tem um fim em si mesmo, mas que se destina a favorecer, pelo jogo que ele introduz "entre o dentro e o fora e entre os dois protagonistas, a instauração de um espaço virtual, onde o sonho pode advir como espaço transicional, objeto que oscila [...] entre eu e não eu"(Pontalis, 1977, p. 34).

É em um movimento de identificação com a criança que o adulto pode entendê-la, e também surpreender-se entendendo algo novo sobre si mesmo. Pela fórmula mágica, sancionada pela tradição, do *"era uma vez..."* cria-se um território ao mesmo tempo mágico e real, território possível em que se compartilham as metáforas... Neste território criado entre o adulto e a criança, nasce uma palavra cuja retórica abriga uma espécie de silêncio capaz de acolher a repetição, escondendo e revelando o lugar de um acontecimento fora do tempo.

> Contando uma história à criança, o adulto descobre em si mesmo uma palavra que ele não sabe de onde vem, que ele desconhecia portar. (Fédida, p. 165)

O acontecimento "esquecido" pode então se atualizar no ato da narrativa, encontrando *a infância como mediação* entre o adulto e a criança. O conto e seu espaço é aqui uma espécie de metáfora da regressão, pois a repetição em jogo seria a de acontecimentos do corpo que não têm lugar senão na palavra.

> A escuta do conto engendra e articula o gesto do inconsciente que estabelece *o espaço interior da capacidade de ficar sozinho e enfrentar os perigos que o silêncio desperta.* (p. 165, grifos meus)

> Assim, podemos morrer de morte aparente – adormecer, simplesmente – sob o efeito de uma palavra cuja beleza acolhe num conto nossa história. A memória frequentemente pesada demais da história de uma vida se abandona então a um conto que se desenha como o relato de uma memória perdida. A morte aparente não seria o verdadeiro acontecimento do conto – acontecimento fora do tempo? (p. 156, grifos meus)

A *morte aparente* seria, portanto, o conteúdo mítico capaz de oferecer uma possibilidade do vazio – em seu valor de "paradigma negativo do psiquismo" – ser representado. A cada manhã, podemos então, apesar de tudo, acordar desse "sono profundo semelhante à morte, dessa morte aparente que é o sono" – sermos cada um de nós um pouco como Branca de Neve ou A Bela Adormecida, Psique despertada pelas flechas de Eros[...] "O mito e o conto estão aí, sempre, para reinventar numa intemporalidade o espaço de uma palavra da qual o homem tem necessidade para dormir já que ele se crê ameaçado de morte aparente" (p. 160).

A criança depende linguisticamente de sua mãe pelo menos até o desmame, para só então poder receber a palavra do pai. Os relatos de contos e mitologias prestariam-se a atestar esta *substituição simbólica do seio pela palavra*, permitindo pensar uma *função nutriente* da palavra (p. 183).

A pesquisa mitográfica evidencia uma forte exploração do *erotismo oral* e *uretro-anal* presente nesta palavra primeira do conto, seus relatos sendo muitas vezes organizados como uma colocação em cena da pulsão. Algumas culturas identificam explicitamente as palavras aos "objetos" do ventre materno – seio, criança, fezes, pênis.

Isto remete a um funcionamento concreto do *"objeto-palavra"* que aqui não teria a potência simbólica de representar os objetos orais, mas estaria colocado em uma espécie de "equação simbólica" com eles. No conto se surpreende um *"funcionamento objetal" da palavra* de modo que esta pode ser tomada pelo objeto, por um processo de identificação (Hanna Segal, *apud* Fédida).

Por isso mesmo as más palavras, proferidas como por bocas horrendas, devoradoras, equivalem ao mau-olhado e podem lembrar o poder dos mortos. Maldição da fada má lançada na palavra ou sustentada pelo olhar, maçã envenenada da "madrasta" que condena à morte, ou, ao menos, à imobilidade e à paralisia de um sono sem sonhos.

Do ponto de vista da temática, o aparente maniqueísmo dos contos – o mal e o bem em oposição, mas em um funcionamento bivalente de personagens e ações – seria coerente com o que constatamos na clínica e na psicopatologia, seja de crianças ou de adultos. Vítima e perseguidor, enganador e ludibriado, bela e fera; seja qual for o colorido de uma história, seu esquematismo moral seria instaurado pela clivagem primária do objeto (bom- mau), pondo em jogo identificações paradoxais, estabelecendo assim o funcionamento primário das noções de dom, privação, reparação, culpa, etc. O conto é capaz de fornecer personagens para o que se pode chamar de "figuras morais-imorais das pulsões" (na sua relação com as instâncias ideais), oferecendo ainda um cenário imaginário de transformação, autorizando desta forma o jogo.

A ação dramática do conto tipicamente comporta uma resolução na sua própria lógica invertida dentro da narração. Sua forma implica que uma disposição mental qualquer se produza com seus dois efeitos, jogando constantemente uma bipolaridade positivo-negativo. A montagem dos dados iniciais tendem a evocar imediatamente nosso sentimento de justiça, mas o que é falta ou "desvantagem" de início se reverte – "como por encanto" – em reparação triunfante. Assim, o trágico é ao mesmo tempo colocado e abolido. A moral da história não seria tanto o "bem" recompensado, mas, sim, o fato de que "o arbitrário guarda em si um poder de inversão que transforma a injustiça em vantagem" (Fédida, pp. 170-171).

Assinalemos que a bipolaridade fálico-castrado que orquestra o conto, em relação direta com o narcisismo, não deve entretanto encobrir o entendimento de que ele "faz jogar", sobretudo, toda uma gama de pulsões parciais. A inversão de polaridades (positivo-negativo) remete à reversibilidade dos pares de contrários, simétricos e opostos: ver-ser visto, comer-ser comido, bater-apanhar, etc. Por outro lado, à mesma lógica primária obedecerão as inversões de proporção (tamanho, volume), de direção (alto-baixo,

atrás-frente, perto-longe), dos deslocamentos horizontais-
-verticais, inversões das ações, do a favor e do contra e "do
bem" e "do mal". Estas não seriam simples indicações espa-
ciais, mas *"determinações páticas que engajam o espaço numa
temporalidade (passado-futuro)."*

> [...] a criança por muito tempo não pode representar a
> casa ou seu próprio corpo. [...] Como representar o uni-
> verso? [...] Mesmo se o conto [...] organiza ritualmente
> os caminhos de um percurso, a criação de sua palavra
> é ritmada por tonalidades páticas que são primeiras por
> relação às formações simbólicas: o crepúsculo do dia, a
> sombra da floresta, a elevação do céu, a luz da aurora, a
> montanha e o vale, etc.: momentos de uma verdadeira
> respiração do ser dentro de sua relação com o mundo. [...]
> A palavra do conto é um lugar de habitação, uma casa ou
> ao menos um alojamento. (pp. 174 -175)

Haveria, então, que considerar o privilégio do conto
como narrativa essencialmente oral: *"é dentro da cavidade da
boca que o conto se faz e ainda lá que ele desaparece."* A oralidade primária emprestaria à palavra uma onipotência capaz
de mostrar e esconder, de destruir e ressuscitar, sobretudo
de transformar instantaneamente – do mesmo modo que
personagens e situações desaparecem, ressurgem ou se trans-
formam, como por encanto. O conto pode aqui tornar-se a

"metáfora de uma forma – o ventre – marcada de um duplo orifício: a boca e o ânus."(p. 165).

A narrativa oral implica ainda um registro sonoro e acústico – a voz de Sherazade – pelo qual os ritmos e entonações da voz modulam a narrativa e nela as relações de luz (escurecimentos e clareamentos), de distância (perto e longe), de tamanho e de volume. Vimos acima que a zona de adormecimento é dominada por sensações nas quais o visual, o acústico e o tátil predominam. Tais imagens indicam direções significativas moduladas pelo ritmo e a voz da narrativa, favorecendo a fundação de um pensar e também de um tempo (p. 183).

Por isso a análise de contos e mitos não deve se ater à sua temática, mas estender-se à sua retórica e sua forma. A potência da metáfora estaria mesmo neste fato de que ela fala em uma linguagem essencial – algo como "as belas palavras" escolhidas pela inspiração dos xamãs, em certas culturas, para falar às suas divindades. "Linguagem bela, grande fala, agradável de ouvir", que toca o coração dos homens tornando-os dignos de seus deuses (P. Clastres, *apud* Fédida, p. 164).

> Podemos definir a zona do conto pela criatividade da palavra bem como pelo poder de engendramento da realidade, ao menos da ilusão. O conto, qualquer que seja sua retórica interior, entra na articulação do fantasma (a fantasmática toma palavra) e no trabalho de uma

transação entre o interior e o exterior assim como entre vigília e sono. (p. 186)

A função do mito relaciona-se com a possibilidade de estabelecer no homem esta palavra essencial, assegurada na tradição incorporada aos ritos cotidianos, engajando-o em uma significação da vida e da morte, da relação entre as coisas e com outros. Os contos participam da tradição oral dos mitos "onde se diz o segredo do nascimento e da morte numa palavra escondida que só o Inconsciente pode ouvir" (p. 164). Para a criança, receber esta palavra permite-lhe encontrar um fundamento e um lugar (relativo) em um mundo organizado segundo uma tradição e suas leis.

Ritmo e repetição

"*Fort*"-"*Da*": o elemento linguístico do jogo parece reproduzir o ritmo do movimento efetuado pelo fio do carretel e da mãe que vai e vem... como o balanço do berço, a melodia da canção, o embalo nos braços da mãe.

Por que o privilégio da repetição nas práticas de adormecimento?

Fédida valoriza, como vimos, o fato de que a palavra oral e narrativa do conto sejam propícias a representar uma repetição que diz respeito a acontecimentos do corpo. Mas trata-se aí de uma palavra "encorpada" em uma vez que modula por suas tonalidades e ritmo os significados tímicos do relato em questão – o que só é possível porque se trata de uma angústia que não é estranha ao adulto, às voltas com as repetições dos seus próprios fantasmas reativados na hora-de-dormir – referidos à separação, à morte, ao sexo.

Freud (1920) mostrou que a elaboração nem sempre é prazerosa. Nos jogos infantis – cujo paradigma é o jogo do *Fort-Da* – "a criança repete também o sucesso desagradável; com isto consegue dominar a violenta impressão, experimentada mais completamente do que foi possível ao recebê-la. A cada vez, a repetição parece aperfeiçoar o desejado domínio."

A repetição nem sempre é prazerosa, mas a brincadeira do carretel torna a criança ativa, mesmo que seja na repetição. Pode-se perguntar então se a repetição da brincadeira é "compulsão do negativo ou gozo inesgotável de sua potência inventada", já que vimos que o ponto crucial da brincadeira é o momento em que o carretel-mãe "retorna" (Zygouris, 1999, p. 13).

De fato, embora Freud inclua a brincadeira da criança na longa especulação de Além do Princípio do Prazer, que desemboca na formulação da pulsão de morte – ela aparece entre o problema colocado pelos sonhos traumáticos e a compulsão à repetição na clínica –, aqui a repetição da experiência desagradável se faz em obediência ao princípio do prazer: é justamente uma tentativa de dominar o desprazer, representando a ausência e o "produzindo" ativamente o retorno da mãe.

A ênfase, então, pode recair sobre o deslocamento da criança da posição passiva para a ativa, mas também sobre esse "retorno" que Freud parece aproximar da *identidade de percepção* que caracteriza o sonho:

> nas ocorrências prazerosas mostra a criança sua ânsia de repetição e permanecerá inflexível no que diz respeito à *identidade de impressão* e corrige toda variante. [...] *Nada disso se opõe ao princípio do prazer; é indubitável que a repetição, o reencontro com a identidade, constitui uma fonte de prazer.* (1920, grifos meus)

A criança que solicita a repetição está, portanto, em posição diferente do neurótico, cuja compulsão a repetir se manifesta independentemente do princípio do prazer.

Sabe-se que esse traço desaparece mais tarde: nos adultos, a condição de prazer do chiste, como da fruição cultural, depende de sua novidade. A marca do chiste consiste na suspensão do sentido, a produção de prazer relacionando-se a um instante de levantamento desta suspensão com a participação de um terceiro – cuja função é a de testemunhar, por intermédio de uma cumplicidade lúdica, a criação de sentido, permitindo e participando do levantamento provisório de um recalque. Trata-se, portanto, da impossibilidade de permanência, o contrário do reencontro da identidade, já que o sentido produzido por um instante já se transformou quando se retorna ao mesmo dito.

Pode-se portanto opor o prazer da novidade no chiste a este "reencontro da identidade" e ainda ao caráter "demoníaco" da repetição compulsiva (Jorge, pp. 206-209).

Mas a narrativa *oral* nunca se repete duas vezes de modo idêntico: diz-se que "quem conta um conto aumenta um ponto", isto é, coloca sua marca subjetiva na escolha das palavras ou ainda nas entonações da voz que emprestarão ao relato uma interpretação. No canto, essa interpretação ou criação de sentido pela entonação vocal é ainda mais sensível, tomando o primeiro plano perante o significado do texto da canção.

Nos jogos, no acalanto e outras práticas de adormecimento, não se trata portanto de sua repetição, ou de compulsão a repetir, mas de uma *repetição diferencial*, a serviço da elaboração, tanto para o adulto como para criança.

O sono assim induzido é um sono libidinizado, que corresponde não só à necessidade, mas também ao desejo de dormir. Neste sono, a criança está paulatinamente sendo preparada e "preparando-se para sonhar", já que o sonho, embora procure a identidade de percepção (um "retorno" ou repetição), é também montagem original que gera sentido, criação do novo (aproximando-se do chiste, desde que encontre um interlocutor por meio do seu relato).

Voz, canto, melodia

> Eh....ustedes, los que cantan. Ustedes, que celebram el silencio al esculpir el vacío com la voz. De dónde viene la sonrisa? De dónde viene la dicha? [...]. Y además, Cual es el rostro de mi voz? (Ariel, p. 147)

A música, *sagrado descanso* nas palavras de A. Ariel, pressupõe que nos deixemos escapar ao sentido, possibilitando que "nasça da vertigem essa *qualidade da linguagem*". Mais além da fantasia e do relato, diz o autor, a música está aberta ao mistério (p. 145)[2].

Aqui, trata-se de considerar o papel do que chamaremos os sensíveis – a música, o canto, a voz, o afago, o embalo, o ritmo – no adormecimento.

Qual a função do elemento melódico e do cantar na prática do acalanto?

Entre os estudiosos, o acalanto, "uma das mais encantadoras manifestações das carícias maternas", é tido como uma melodia muito simples, "uma das formas rudimentares do canto", cuja constante seria a "monotonia melódica, a frase longa e chorosa" (L. Gomes, R. Almeida, V. de Melo, respectivamente; *apud* Jorge, p. 131). O ritmo é considerado o elemento fundamental da melodia.

---

[2] Tradução minha

Lorca observou que o sono pode ser induzido pela pura monotonia melódica – associando monotonia e repetição:

> No hacia falta ninguna que la canción tuviese texto. El sueño acude con ritmo solo y la vibración de la voz sobre ese ritmo. La canción de cuna perfecta sería la repetición de las notas entre si, alargando su duración y afecto. Pero la madre no quiere ser fascinadora de serpientes, aúnque en el fondo emplee la misma técnica. (*apud* Jorge, p. 184)

A repetição alternada de duas notas musicais bastaria para definir o acalanto, em um efeito que poderia lembrar a cadência de uma cadeira de balanço ou rede, o jogo de balançar a criança pelos braços e pernas, etc. A melodia pareceria, então, reproduzir o embalo que a acompanha (Jorge, p. 123).

F. Fernandes reconhece uma "influência específica dos temas e do ritmo das cantigas de ninar, no condicionamento e na organização de hábitos motores... de acordo com a idade da criança", na qual o embalo participa (*apud* Jorge, p. 185).

As funções, portanto, do embalo e do canto (conjunto melodia e texto) seriam equivalentes, reiterando-se, reforçando-se mutuamente.

Vimos acima a importância das tonalidades da voz no contar histórias – o mesmo valendo, obviamente, para a entoação das canções de ninar ou dos sussurros balbuciados no contato com o bebê. Importância de uma atividade pulsional rítmica, como diz Fédida a propósito do modo e da significação que tomam na relação mãe-filho a sequência mamada-dormir.

Para Ariel, quem canta "celebra o silêncio, esculpindo o vazio com a voz": voz materna esculpindo o psiquismo primitivo do bebê – cujo paradigma é o vazio ou o sono – celebrando um silêncio anterior ao significado das palavras? O autor segue evocando a emergência do sorriso, da palavra e associando a voz ao rosto que a "emoldura".

Por outro lado, ao solicitar o aparelho respiratório para a emissão vocal, o canto não deixa de ser respiração – inspiração de ar e sua expiração vocalizada. Embora a *respiração* seja do ponto de vista fisiológico uma função vital autônoma, ela se altera respondendo aos afetos e à ansiedade.

O ritmo e a tonalidade, no canto, expressariam portanto o estado anímico de quem canta, modulando seu nível de ansiedade; neste sentido, o canto, como "expressão pela sonoridade vocalizada", aproxima-se de outras "expirações" expressivas que são, por exemplo, o riso e o choro. Assim como em certas técnicas de relaxamento deve-se primeiramente encontrar o ritmo respiratório do outro e reproduzi-lo, para só então reduzi-lo gradativamente, no acalanto algo semelhante se transmite pelo embalo, pelo afago, e pelo canto (Jorge, p. 192). Estamos mais uma vez nos referindo a esta ritmação pulsional impressa na criança, que Fédida menciona a propósito da nutrição (de leite, palavras e metáforas).

Sobre o acalanto, A. C. Jorge escreve:

> [...] em sua melodia e na voz que o canta, seu ritmo é quase lento, e progressivamente mais lento até o adormecimento infantil; há uma doçura triste, e uma tristeza sem arrebatamento; o tom é um pouco mais alto que o habitual dessa voz no falar, produzindo como uma suavização, ao contrário do efeito trágico que se obtém com um tom mais baixo... a voz efetua um prolongamento ao final de cada verso, mas sem virtuosismo... a voz como que vai 'morrendo' a cada verso, renascendo apenas audível a cada novo verso, num ciclo repetitivo, mas não automatizado ou monótono; o essencial da voz é que é sussurrante, como se participasse algo íntimo, um segredo. (p. 188)

Assinala ainda que é o verbo entoar que aparece associado às cantigas de ninar, no lugar de cantar ou cantarolar. O significado de entoar é fazer soar, cantando; iniciar ou dar um tom ao canto; ou ainda, *dar direção a, dirigir, encaminhar cantando*. Ao lado das acepções mais conhecidas, encontra-se para cantarolar e cantar os significados de *burlar e encantar*, respectivamente.

Mas, no acalanto, o cantar se repete, insiste pela repetição. Pela canção algo procura solução, conclui a autora. Uma fórmula de encantamento? Mauss e Lévi-Strauss abordaram uma função de encantamento do canto, especificado, porém, pelo texto e não pela melodia (p. 189).

A autora encaminha a questão por meio de um estudo sobre a canção de Chico Buarque, no qual a função de encantamento é convocada pela melodia – aqui, um elemento dionisíaco –, criando um tempo mágico, de retorno a uma situação não presente (não necessariamente factual, como a infância, por exemplo) que porta o signo da utopia, um não lugar abrigado do sofrimento. Mas não se trata de uma suspensão no tempo, e sim de um instrumento e produto de mudança – quer seja entendido como queda das barreiras individuais ou como mudança histórica. A canção, portanto, longe de representar uma negação maníaca, participa antes da elaboração dos lutos e da criação do novo (pp. 189-191)[3].

Não se canta, portanto, só para repetir, mas para tentar elaborar. O canto, como o conto oralmente narrado, não se repete de modo idêntico, elementos diferenciais (parcialidades) se insinuam e se introduzem a cada vez, produzindo repetições diferenciais. Isto não se dá pelos significantes verbais, mas "pela vivência musical, pelos significantes que a linguagem musical formula, pelas cadeias que estabelece e a solução que apresenta em sua estrutura" (p. 191); ambos, canto e conto, como expressões orais, pressupõem um ouvinte, se dirigem a um outro a quem se pretende afetar.

Didier-Weill escreve:

---
[3] O estudo é de Adélia Bezerra de Meneses (2000) e se apoia especificamente na canção *Agora Falando Sério*.

A vocação para tornar-se humano nos é originalmente transmitida por uma voz que não nos passa a fala sem nos passar, ao mesmo tempo, sua música: a música dessa 'sonata materna' é recebida pelo bebê como um canto que, de saída, transmite uma dupla vocação: *está ouvindo a continuidade de minhas vogais e a descontinuidade significante das minhas consoantes?* (p. 9, grifos meus)

O autor pretende didaticamente abordar a invocação musical como separada da invocação significante, já presente na criança que articula o seu *Fort-Da*.

Podemos dizer que o bebê é marcado e ritmado por esta *sonata materna* – inscrita ao nível da pulsão – de vocação dupla, e sob este influxo irá adentrar um mundo marcado pela continuidade e a descontinuidade. Para o autor, a descontinuidade refere-se ao campo da lei, que discrimina as coisas (bem-mal, antes-depois, etc.) – campo, acrescentemos, do tempo sucessivo e do julgamento, da atribuição de valor, que Freud afirmava preceder o julgamento de existência. O mundo do contínuo, este o encontramos "no instante que soar a música": súbito hiato nos limites espaço-temporais, não estruturado nem submetido à ordem nem à lei da fala.

A linguagem é, portanto, habitada por essa contradição interna: de um lado, transmitida pela lei simbólica que se funda na escansão da palavra que transmite o sentido do código; de outro, transmissão de uma subversão dessa lei, pois a pura continuidade sonora da voz materna tende a abolir a descontinuidade que torna o sentido inteligível.

> [...] a música só se desenvolve com o tempo, sem precisar portanto solicitar a consistência do eu que é espacialmente estruturado. (p. 15)

Em Ariel, encontramos:

> Só a música – esse canto – se emancipa uma vez mais do espaço, para inventar o tempo. A música é uma reserva de tempo (para o homem). (p. 144)

A música seria capaz de operar no sujeito uma metamorfose, à medida que pode tocar o sujeito ("escutá-lo") apesar do desconhecimento do eu; quem responde à música é o sujeito do inconsciente. O sujeito – profundamente ouvido pela música – é então arrancado de sua latência em um transporte siderante que faz *desaparecer o campo da demanda de amor*, campo onde o eu busca, sempre insatisfatoriamente, suas garantias de existência (Didier-Weill, p. 12).

O impacto da música não seria portanto o de uma rememoração, mas da comemoração do "tempo mítico desse começo absoluto pelo qual um 'real', tendo se submetido ao significante, adveio como primeira coisa humana [...], no nível da qual *aquilo que era absolutamente exterior – a música da voz materna – encontrou o lugar absolutamente íntimo onde as notas poderão dançar*"(p. 16, grifos meus).

Em Lévi-Strauss, que fala da existência em cada sujeito de um conjunto de sons que, "como um ímã, atrai o sentido", o autor encontra uma metáfora desta *pulsão invocante* – aquela que Lacan definiu como "a experiência mais próxima do inconsciente" – que emerge nos tempos originários em que este advém, "quando o puro som musical da voz materna é interpretado e recebido como sentido pelo ouvinte original que é o *infans*" (pp. 10 e 150).

É portanto através do que o som musical tem de assemântico, muito antes da transmissão do significado, que se faz a passagem mais originária do simbólico humanizador, por intermédio da voz materna, cuja sonoridade situa-se como mediação entre o que a precede e o que a sucede: as heranças culturais e familiares e seu caldo afetivo, e o inconsciente incipiente da criança receptora do som.

Apoiado em um trabalho sobre o autismo no qual uma mãe falava de seu filho com "uma voz de cabeça"(During, *apud* Didier-Weill), pergunta-se se a própria forclusão não pode ser induzida em um recém-nascido quando a voz materna é desprovida de musicalidade, "desse sopro profundo que, quando veste a fala, atribui-lhe uma musicalidade" (p. 28).

Segundo o autor, são três os conflitos transmitidos pela voz materna. Primeiramente, antes do som das palavras escandidas, a criança ouve uma voz que se emancipa do sentido dado pelas leis da fala, que é pura continuidade de som musical. Talvez mesmo quando aceda à descontinuidade dos fonemas e palavras permaneça essa ascendência originária da "pura sonoridade materna".

Também procurou distinguir o que é transmitido pela harmonia da voz daquilo que o é por sua melodia. A harmonia se dá a ouvir "pela lira de Apolo", a dimensão sincrônica dos acordes perfeitos que exclui a dissonância. A melodia refere-se à dimensão diacrônica, "tempo da flauta de Dionísio" (p. 155). Por último, considera o conflito semântico transmitido pela voz dessa diva que é a mãe: entre voz de anjo e encarnação sexuada (p. 157).

M.-C. Lasnik-Penot (1997), para pensar a transmissão da língua materna que permitiria à criança aceder à fala, parte de trabalhos que distinguem duas ordens de línguas. Por um lado, a língua da relação dual, o registro alienante da *melopeia* – as vocalizações "portadoras do bem-querer sem lei da mãe". A este se opõe o registro da língua materna, capaz de operar um corte necessário que separa da mãe, deixando advir o sujeito ao instaurar uma instância terceira que permite o acesso ao simbólico.

A autora assinala que o registro da melopeia prevalece na comunicação mãe-bebê: quando a mãe ou qualquer pessoa em situação de maternagem se dirige ao bebê, imprime automaticamente certas modificações à cadeia sonora de seu enunciado, indispensáveis para que o sensório do bebê possa perceber e registrar os sons a ele dirigidos. Sem essas alterações a cadeia sonora do enunciado do adulto permaneceria inaudível para o bebê[4].

A ausência desse estilo peculiar da fala que se dirige à criança determina que esta permaneça fora ou aquém de qualquer discurso, como testemunham os casos de certas crianças autistas, que manifestam uma surdez específica à voz humana, reagindo a outros ruídos. Outras, cujo prognóstico é considerado melhor, são capazes de reproduzir a cadeia melódica da fala materna, porém sem nenhuma cesura ou espaçamento capaz de garantir uma significação.

Os estudos sobre a melopeia materna mostram que caracteristicamente comporta um alongamento do tempo das cesuras entre as palavras – "como se, desde o início, a mãe se dedicasse a estabelecer os cortes permitindo a significação surgir" (p. 37).

A autora conclui que não cabe distinguir dois planos separados da língua ou papéis antagônicos entre duas línguas distintas – mas um *duplo registro* incluído em qualquer língua. O registro da significação, no qual a língua opera como corte, não prescinde da necessidade da alienação na melopeia materna, ambos os registros sendo obrigatórios para que o bebê possa receber uma mensagem.

---

[4] Casos descritos em que a mãe se dirigia ao filho como se fosse um adulto, aquele mostrava, por suas reações, não poder sustentar o discurso materno – que por sua vez esgotava-se rapidamente.

Cadência, balanço, embalo: recursos motores no adormecimento

Dolto (1984) observa que as mães africanas não utilizam o embalo ou canções de ninar para adormecerem seus filhos, provavelmente porque estes são carregados o tempo todo junto aos seus corpos, durante seus afazeres e repouso – "respiram e apalpam constantemente suas mães, que os mantêm estreitados no interior de suas roupas [...] e o bebê tem suas mãozinhas constantemente sobre o seio da mãe". Em um filme, notou uma criancinha que, dormindo, tinha sua mão em um processo de alucinar um seio imaginário que ela fazia o gesto de apalpar. Entre nós, um bebê chuparia sua língua, o punho ou o polegar, imitando o sugar do seio (p. 218).

Os sentidos sutis do bebê percebem a distância a presença da mãe. No início, o olfato e a audição – "pulsões passivas" segundo a autora – desempenham um papel predominante: o ritmo dos passos da mãe que se aproxima e seu odor. A criança ocidental, por já não ser carregada junto ao corpo da mãe, teria de desenvolver uma acuidade muito maior dos sentidos, experimentando, em contrapartida, mais momentos de mal-estar relacionados à ausência da mãe (pp. 219-220).

O ritmo pendular do embalo e das canções de ninar seriam um substituto do movimento do corpo da mãe em seus ritmos e atividades? Ou do descompasso entre as batidas do coração da mãe e o do bebê, ainda no útero? Bebês nascidos prematuramente e mantidos em incubadoras têm uma mortalidade menor se são colocados a ouvir a reprodução da batida de um coração adulto. Seria a audição do coração materno já uma linguística para o feto? – pergunta-se a autora. Conclui que *o ritmo seria, ao lado do olfato, "a sensação mais nodal para a segurança do recém-nascido, e será para ele o referencial de sua primeira relação autentificadora humana"* (p. 222, grifos meus).

O embalo, como a chupeta, são considerados pela psicossomática técnicas motoras usadas pela mãe para que o bebê se acalme, libertando-se do excesso de excitações para entrar no sono ou continuar dormindo. Trata-se no embalo de um investimento de corpo inteiro que equivale à função do olhar no narcisismo primário, reunindo os pedaços do corpo ao mesmo tempo que efetua os investimentos colaterais de que nos fala Bleichmar (1994). Aqui a mãe desempenha um papel que depois será atribuído ao sonho, pois o bebê deverá adquirir, com o tempo, a capacidade de alucinar o embalo (Fain, *apud* Castro, 1998). Quanto ao uso da chupeta, o excesso de excitações seria absorvido nesse prazer localizado e oral (uma zona erógena privilegiada nessa etapa). O afago pode ser entendido de modo semelhante – no nível dos investimentos colaterais de Bleichmar (1994) –, desde que se considere a distância do privilégio que a boca e a mucosa oral representam frente a outras partes do corpo.

Estudos da psicomotricidade atestam que além da função essencial que desempenham o contato íntimo e o prazer erótico compartilhado por mãe e bebê – presentes também nos elementos do afago e do aconchego – haveria um papel do movimento ritmado atuando sobre o desenvolvimento do equilíbrio (Jorge, p. 193).

O sentido sinestésico – para Cohen um dos "sentidos menores"– é muito preciso, percebendo movimentos ínfimos de braços e pernas. Músculos e articulações apresentam "receptores internos que correspondem a estímulos internos pouco conhecidos" permitindo sensações de autolocalização e de movimento autopropulsor. A sensibilidade para a pressão é grande na ponta dos dedos e diminui progressivamente em direção aos ombros. A tontura em virtude do movimento seria produzida pela estimulação contínua do sentido vestibular. Acerca da propriopercepção vestibular, afirma que "o sentido do movimento é sensível a mudanças de velocidade da cabeça (aceleração e desaceleração), mas é insensível a uma velocidade constante". A criança necessitaria de estimulação vestibular precoce para o desenvolvimento psicomotor, já que o desenvolvimento do aparelho vestibular é anatomicamente precoce (já presente em fetos pequenos); a mielinização do nervo acústico é a primeira (fetos de 4 meses), enquanto a do nervo ótico só se completa pouco antes do nascimento. Baseado neste tipo de fundamentação, Newcomb recomendou a prioridade de balanços e gangorras para escolas maternais (*apud* Jorge, p. 194).

A partir do século XVIII se inicia no ocidente um movimento de caráter racionalista que critica a prática do embalo. Na Europa ele cai em desuso desde 1920, e na década de 50 é praticado às escondidas dos puericultores, enquanto em culturas "primitivas" se mantém nas rotinas domésticas em proximidade corporal mãe-filho. A prática teria declinado definitivamente com a mudança dos hábitos e móveis domésticos: a rede e a cadeira de balanço dão lugar a móveis mais confortáveis e menores, e o aparecimento do rádio, cinema e TV representam um contexto em que o prazer corporal e a noção de corpo próprio são substituídos por outros "divertimentos domésticos", principalmente aquele de "uma imagem externa na qual o sujeito se aliena" (Jorge, p. 195).

Em reação ao desuso da prática do embalo na década de 50 surgiram estudos sobre seu papel no desenvolvimento do bebê, entre os quais se destacam o de Guitton-Vergara. Basicamente, esses estudos confirmam a ideia de que das primeiras trocas com a mãe resulta a erotização do corpo como um todo, não restrita a uma zona, com a consequente humanização da criança. O embalo favoreceria a formação do objeto total-mãe, sua falta podendo reforçar a imagem fragmentada em objetos parciais. Relacionam ainda o prazer que a criança sente em ser embalada com a possibilidade de mais tarde poder desempenhar este papel, proporcionando prazer a um outro nas relações sexuais. Adultos não embalados tenderiam a um relacionamento autoerótico, mesmo através de um parceiro (*apud* Jorge, p. 196).

Outros trabalhos procuraram associar o balanço corporal observado em crianças institucionalizadas com a falta de embalo na primeira infância, e este chegou mesmo a ser terapêutica de escolha para certos problemas psicossomáticos e psicomotores da criança. De um modo geral, as conclusões apontariam para uma equivalência entre equilíbrio físico e psíquico, balanço e embalo (p. 198).

Dolto, na década de 80, perguntava-se se os jovens que se entregavam freneticamente ao ritmo do *jazz* não dariam testemunho acerca de uma época em que as mães já não portavam seus bebês carregados junto ao seu corpo. Hoje, com razões suplementares, podemos indagar por exemplo as *raves* que embalam jovens ao ritmo da música *techno*, sem dispensar o facilitador que as drogas representam. Aqui a música e a droga, assim como a massa, a multidão, parecem desempenhar um papel encantatório, em uma experiência próxima à hipnose. Alienação, perda de si ou procura de uma consistência existencial qualquer em um embalo coletivo? Poderíamos entrever aqui os vestígios de uma manifestação semi-ritualística na qual se procura, pela ordem da sensação, algo que escape de um mundo supersignificado pelas imagens e seus enunciados imperativos?

O rosto materno

Finalmente, acrescentemos à cena ritual do acalanto a presença do rosto – a mãe que amamenta ou entoa a cantiga de ninar é também um rosto e sua mímica. Veremos adiante, com Spitz, que o *insight* desse rosto associado à satisfação no momento da mamada é considerado um dos primeiros pontos organizadores da vida psíquica.

Zygouris: "Se o seio, metáfora ao mesmo tempo da fome do corpo e da fome de amor, pode ser considerado como o ponto zero da interiorização do mundo, a humanização propriamente dita se faz pelo rosto do outro e seu domínio sobre a imagem de si" (1999, p. 147).

Ariel pergunta-se: *qual é o rosto de minha voz?*

Terminemos com essa estranha-familiar aproximação entre voz e rosto, o rosto "branco" dos sonhos de Green, e suas possíveis ressonâncias com os "restos auditivos" de que será feito o superego:

> O canto é distância, um estranho instrumento. Os lábios são às vezes 'um adentro' que abre uma trilha para que o rosto se desoculte ao apresentar-se. As caras são aquilo que nos diferencia no social. [...] O rosto e não a cara é o que o canto aproxima quando funda distâncias. (Ariel, p. 147)

E ainda, com Didier-Weill, comparando o efeito da voz do analista àquela "que pode transfigurar a cara do recém--nascido em rosto impelido a responder à invocação ouvida por um sorriso originário" (p. 17157).

O caráter ritual das práticas de adormecimento: encantamento, hipnose e linguagem

Se o texto do acalanto é, como vimos, uma narrativa sintética, condensada, que tem valor de elaboração, privilegiar no ritual de adormecimento da criança o texto – do acalanto ou do conto – deixa de certa forma em aberto a questão da palavra ritual e sua função "encantatória" – palavra "hipnótica" na sua função de adormecimento e geração de sonhos.

"A adequação da palavra do conto, engajada nos mitos, ao adormecimento é culturalmente acidental ou psicologicamente circunstancial?", pergunta-se Fédida, indicando apenas que se sua potência é a de engendrar um espaço interior, este não deveria ser concebido como um espaço psicológico. Neste caso, o conto se reduziria, analogamente, "a uma função imagética cujo suporte representativo seria aquele de um texto implícito ou não." As imagens do conto, ao contrário, participariam das imagens originárias do mito, extensivas da palavra que os engendra.

> A palavra não tem aqui outro fim que seu júbilo. Se o conto comporta um caminho – uma trilha na floresta –, o traço que o figura será apagado assim como a palavra do conto. É preciso contar de novo para refazer o traço contido no segredo do silêncio da palavra. Mas o engendramento do traço é criação de acontecimento. *O conto*

não comporta jamais imagens senão as palavras recitadas, como o ritual de certas fórmulas verbais cuja repetição é esperada tem a função e capacidade tomar ao seu encargo ao nominar certos conteúdos fantasmáticos inconscientes. (pp. 165-166, grifos meus)

Encantamento, hipnose, influência e sugestão: nos encontramos novamente com o primeiro Freud, que assinalou a força da sugestão tanto na indução do sono como do estado hipnótico.

Para Chaim Katz (1994) o que Freud aprende com o hipnotismo de Charcot (ultrapassando o hipnotismo catártico de Breuer) é que o psíquico pode agir sobre um corpo que não é nem o anatômico nem o simbólico, mas o que chama de *corpo efetivo* – um corpo erógeno que não deixa, entretanto, de se mover também pela autoconservação ou pulsões de vida:

> O hipnotismo ensinou Freud acerca da influência do anímico sobre o fisiológico e vice-versa, *influências mútuas pensadas na teoria das pulsões*. [...] A psicanálise se afirma entre vida e desejo [...]. A sugestão move os corpos e a vida.

A transferência e seus efeitos de sugestão e persuasão são, então, "capacidades do corpo", um corpo fisiológico que responde à autoconservação mas que "se revela transitário, deslocável, lugar onde as forças podem se deslocar de um ponto a outro – modelo do corpo erógeno". Parece-nos encontrar aqui um outro modo de pensar as articulações psiquismo-corpo, constituídas na relação com o outro.

No hipnotismo como na telepatia (como negar que a mãe, nos inícios, comunica-se por telepatia com seu bebê?) importa considerar que são "tipos de comunicações diretas entre psiquismos e corpos" (p. 74 e seguintes). Se o sono é induzido pela magia da sugestão, a mãe-hipnose é aquela que por sua "influência" pulsional direta alcança nos inícios, diminuir os ritmos do corpo e do psiquismo incipiente do bebê, conduzindo-o ao sono e seus potenciais oníricos.

Para Freud, no entanto, a eficácia da sugestão não depende somente das qualidades do hipnotizador, senão, fundamentalmente, do psiquismo de quem a recebe (um primado da autossugestão, segundo Katz): a criança maior – para dizer o mínimo – estará em uma posição mais ativa frente a deixar-se ou não levar pelo "encantamento" materno. Freud escreveu, ainda em 1888: "o termo 'sugestão' tem o mesmo significado que o despertar recíproco de estados psíquicos segundo as leis da associação"(*apud* Katz, 76).

Por outro lado, ao fazer adormecer a criança a mãe recorre a práticas convencionais, apoiadas em uma tradição – intergeracional e cultural. Desse ponto de vista é interessante acompanhar como, do ponto de vista antropológico, são definidas as práticas rituais e seu valor "mágico".

Todos os rituais e práticas sagradas privilegiam a repetição – seu efeito, catártico e encantatório, participa do efeito de elaboração de uma passagem. Do mesmo modo a repetição se presentifica nos rituais de adormecimento, seja no ritmo monótono do embalo ou da melodia, seja na escolha privilegiada das mesmas canções ou histórias.

Para Mauss, entre as condições que definem a magia e ritos mágicos, encontra-se, em primeiro lugar, a repetição: tem de ser fatos da tradição, acreditados como tais, sua forma sendo transmissível e sancionada pelo grupo. Por isso, práticas supersticiosas individuais, como a de neuróticos, não são mágicas no sentido estrito (Jorge, pp. 218-219).

Os ritos definem-se pelas condições de sua realização: isolamento e segredo são sinais da natureza íntima do rito mágico. Exigem ainda condições determinadas para sua realização, como a hora (amanhecer, anoitecer), a data (lua, mês, estação), lugares (encruzilhadas, cemitérios, matas, etc.)... Devem, além disso, ser eficazes, criadoras, um "fazer": os termos "coisa feita" ou "trabalho", usados entre nós, encontram correspondências em várias línguas modernas ou antigas (p. 219).

Existem ritos orais e manuais (simbólicos, simpáticos, etc.), o termo *encantamento* sendo sinônimo de rito oral. Todo encantamento seria uma fórmula, presente também nos ritos manuais, nos quais tudo é determinado com precisão, emprestando-lhe um caráter que vai além da expressão de uma emoção individual – "os encantamentos são feitos em uma linguagem especial, a linguagem dos deuses, dos espíritos, da magia"; e a "a estranheza e a bizarria dos ritos manuais correspondem aos enigmas e balbucios dos ritos orais" (p. 219).

O rito é, então, uma espécie de linguagem, e, como tal, opera por leis de contiguidade (a parte vale pelo todo), similaridade (próxima à noção de símbolo, a imagem é definida por sua função de tornar presente uma pessoa), e contraste (o semelhante afugenta o semelhante, criando o contrário). As três leis, segundo Mauss, operam segundo a expressão de desejos (p. 220).

O pensamento metafórico opera tanto no mito como na linguagem; segundo Cassirer isto permite estabelecer relações entre metáfora e magia. Apoderar-se de uma parte define um poder sobre um todo: deste ponto de vista, a metáfora teria uma eficácia mágica (simbólica) na qual "a transferência característica da reflexão lógica equivaleria à identidade característica do pensar mágico. Pelo princípio da equivalência, conteúdos diferentes para a percepção sensorial imediata e mesmo para a reflexão lógica podem ser tratados como iguais na linguagem." Embora a linguagem não obedeça apenas ao mito (nela opera também o logos), esse poder figurador original da palavra se conserva (p. 221).

Mauss observa que mesmo rituais mágicos manuais não são mudos, pois ali o gesto é signo e linguagem, palavras e atos equivalem-se: "só por sua voz, por seu sopro, ou mesmo por um desejo, um mágico cria, destrói, dirige, expulsa – faz todas as coisas" (p. 193).

Entre índios brasileiros, para quem a pintura corporal é um forte meio de sustentação da identidade e do papel do indivíduo perante a coletividade, são as mães que pintam o corpo de seus bebês, em um gesto ritual que se confunde com uma prática de adormecimento:

> Pintar o bebê é manifestação de carinho e interesse da mãe pelo filho, e as mães Xikrin passam horas a fio pintando seus rebentos quando estes estão dormindo ou simplesmente deitados, quietinhos [...]. A pintura das crianças é uma atividade individual [...] a mãe possui total liberdade na escolha do desenho. (Vidal, p. 32)

A partir de certa idade, as crianças já não são pintadas conforme o desejo e criatividade de suas mães, a decoração dos seus corpos devendo obedecer a um outro código de obrigações. Não sabemos se durante esta pintura que acaricia e marca os corpos enquanto faz dormir é acompanhada de cantos ou palavras, mas é evidente que se constitui ela mesma, neste contexto, uma linguagem que deve, entretanto, mudar com o crescimento da criança, abrindo-se para o coletivo, o social, o mundo-fora-da-mãe.

A mãe não quer ser encantadora de serpentes, disse Lorca, mas pratica uma técnica semelhante, em uma relação em que há encantamento vivido pelo par dual, referido à ilusão de completude para ambos. Entretanto "o acalanto não é um puro encantamento, nem a criança um objeto passivo de um ato mágico destinado a fazê-la adormecer; é antes um instrumento de natureza linguística que possibilita a ambos, mãe e filho, a elaboração através dos signos que lá se representam" (p. 107).

"A interdição é o limite ao qual a magia chega" – a interdição pela qual se proíbe e pune não está ausente naquilo que define o caráter mágico através da eficácia simbólica (Mauss, *apud* Jorge, p. 220).

A função paterna e o dormir

> Qual o meio mais certo que o próprio sonho para interditar o acesso ao umbigo do sonho onde se perpetua o liame da criança a sua mãe? (Pontalis, 1977, p. 41)

"A interdição é o limite ao qual a magia chega": a cena idílica da mãe acalentando seu bebê deve, no entanto, se encaminhar para uma resolução, um desenlace, que implica o adormecimento do bebê, liberando a mãe para outros papéis e relações.

Fédida: "O conto como o mito contém o *segredo* de um saber que desafia a memória e o *interdito* onde o homem acha aquilo que precisa para conhecer quem ele é e como ele é, numa palavra: aquela que lhe inscreve genealogicamente numa ordem de mundo e sua identidade" (p. 164, grifos meus).

Segredo e interdito: *segredo* do mundo materno maravilhoso, dos prazeres sensuais que unem mãe e filho na calada da noite, segredo da completude que cada um representa no desejo do outro; *interdito* que a mãe deve portar, ao mesmo tempo, permitindo-o reger os limites desse momento lógico – limites referidos, digamos assim, às leis ordinárias do dia e suas restrições.

Para Florestan Fernandes, por seu caráter lúdico, o acalanto tende a eliminar as barreiras da rotina diária que separa mãe e criança, alimentando em ambas a ilusão de serem "parceiros do mesmo jogo". Mas o texto do acalanto viria promover "a interação de ambos em um terreno moral, fazendo-os compartilhar de interesses comuns e niveladores, que não se formariam no setor das compensações puramente emocionais, oferecidas pelo embalo mecânico" (*apud* Jorge, p. 110).

Desse ponto de vista, o texto seria o elemento do acalanto – em oposição ao embalo, o afago, o canto – que assegura que o jogo em que estão engajados ludicamente mãe e criança seja inserido nas leis sociais que regem as relações. Trata-se de representar simbolicamente o sentido desse jogo: um juntar corpos, em um encontro físico, íntimo, erótico – para separá-los (Jorge, p. 110). Pode-se então dizer que *o perigo que o acalanto esconjura é tanto a castração como a possibilidade da consumação do incesto, que aprisionaria a criança na sexualidade da mãe.*

O sono da criança libera a mãe para outros papéis e relações: opera aí o desejo de um terceiro. Se o texto do acalanto exalta o narcisismo infantil: "menino bonito, menino bom, queridinho da mamãe", ele comporta, ao lado da exaltação narcísica, uma outra linha de sugestão que introduz sob forma velada ou não, um terceiro na relação mãe-filho, frequentemente por meio de um perigo ou ameaça. Trata-se, portanto, do tema da *perda da prioridade libidinal da criança aos olhos da mãe*, mesmo que no texto o "perigo" seja denegado (como "mamãe está contente": fique contente também) (pp. 112-115). Podem, então, referir-se a um irmãozinho, ao pai, ao trabalho da mãe, a entes míticos responsáveis pela separação ou castigos ou ainda introduzir elementos sadomasoquistas: cortar, ferir, bater, queimar, facas, etc. (pp. 117 e 123). A arbitrariedade e a dubiedade de certos elementos míticos, como vimos, pode chegar a indeterminação, nos acalantos aterrorizantes.

Para a autora, o significado da ameaça ou perigo é que a mãe em relação dual com a criança não lhe pertence, mas a um Outro, já que ela também é referida à Lei: a presença do pai, mesmo quando elidida no texto do acalanto, é, no entanto, onipresente como Lei da interdição do incesto. Á questão da presença paterna seria então crucial nos acalantos – explícita, apenas sugerida, ou ainda elidida: pode aparecer, como vimos, como figura indeterminada e temida, mas também sob a forma de um ente protetor, de alguém que pode até matar para proteger a criança, como companheiro que apoia a mãe, ou alguém cuja chegada modifica a situação – o pai, que "já veio" ou "vai chegar".

Mas podemos perguntar-nos se a cara assustadora – oculta, informe, potencialmente horrenda – do boi da cara preta, do tutu, da Cuca, refere-se à mãe má que frustra ou ao pai terrível do segundo tempo do Édipo, que separa. No seu valor de ameaça de castração vivida com horror, ambos se equivalem em sua antecedência lógica à castração simbólica.

Laplanche refere-se a uma "mãe suficientemente má", "aquela que dá origem à pulsão de morte [...], capaz de subverter o vivente de natureza e efracioná-lo, mediante a sedução originária, pelas linhas da sexualidade que se inscrevem a partir da instalação do objeto-fonte excitante da pulsão", acrescentando que ela se encontra intimamente relacionada à mãe suficientemente boa, capaz de criar a ilusão e desiludir paulatinamente a criança. Conclui que "esta mãe que Winnicott define como capaz de gerar as condições de ilusão – desilusão não pode ser concebida senão como sendo inscrita em uma ordem que a pauta e determina, mãe que atravessa o lactante com seu amor, mas que já foi 'atravessada pela castração', à medida que é capaz de recusar-se à satisfação ilimitada"(*apud* Bleichmar, 1994, pp. 39 e 40).

A rigor, portanto, não há função materna sem referência a um terceiro; desta perspectiva podemos acrescentar que a mãe "suficientemente boa" é aquela que porta em si a referência à lei da interdição do incesto, fruto de sua elaboração "suficientemente boa" do complexo de Édipo. Esta contradição de base na posição materna se encena no gesto de adormecer seu filho: acolhê-lo junto ao corpo para dele poder separar-se...

Bergér postulou uma função materna sempre dupla e contraditória. É preciso *fundar a função* na criança, por meio do investimento narcísico e da nomeação de certas necessidades, mas é preciso também que a mãe possa *se deixar ultrapassar pelo funcionamento da função na criança*. Tal possibilidade da mãe se deixar surpreender e experimentar com certo encantamento as conquistas de autonomia da criança – função de testemunho próxima à função do terceiro no mecanismo do chiste – é fundamental para seu desenvolvimento, permitindo a passagem à triangulação edípica e suas consequências. Na formulação de Lasnik-Penot, esse desdobramento da função materna *"um dia se chamará pai"*, isto é, diz respeito à própria referência da mãe a uma lei "paterna" à qual ambos, ela mesma e a criança, estão submetidas (*apud* Ganhito, 1998, p. 94).

Do ponto de vista inter-relacional isso implica que a mãe "aponte", "faça sinal" em direção a um terceiro significado positivamente a partir do reconhecimento de sua própria falta (Penot, 1992). Isso abre toda a questão, fundamental diante das transformações da família nas condições contemporâneas, da *presença de um "pai real" e sua pulsionalidade, em oposição a uma função paterna reduzida a uma abstração.*

Para ater-nos aos autores que viemos acompanhando, vimos Dolto, por exemplo, valorizar a possibilidade de que o pai real por sua presença – gesto e palavra – venha fazer um corte mãe-filho no caso de a dupla resistir ao desenlace que o sono da criança representa.

Bleichmar, quanto ao "tipo de pai" que os primeiros tempos da constituição do sujeito requerem, afirma que este não é ainda o pai "interditor" (ainda que seus pré-requisitos intervenham mesmo antes do nascimento da criança por sua presença no espírito da mãe), mas aquele capaz de sustentar a mãe na sua posição – que não é só de mãe –, oferecendo "um polo sexual capaz de produzir uma derivação da sedução 'sobrante', quer dizer, de 'drenar' libido materna"(p. 45).

Kreisler aponta a "carência paterna" como um dos grandes fatores contemporâneos ligados ao desenvolvimento de patologias graves relacionadas às falhas da função onírica. A clínica e a reflexão acerca da atualidade e seus valores nos permitem conceber essa carência tanto evocando a figura do pai impotente para servir de suporte de um corte efetivo, encarnando outro polo para as identificações, como por intermédio da queda mais genérica dos valores simbólicos sustentados por uma Lei (paterna) compartilhada – porém é preciso considerar, ainda, o peso da *ausência real do pai* em certas configurações que a própria célula familiar vai assumindo em nossos dias.

Por fim, ao fato de que a instalação do jogo simbólico pelo jogo ausência-presença da mãe não seja indiferente à triangulação que a presença paterna e sua qualidade instaura desde o início, acrescentemos que a passagem pelo Édipo entendido no sentido freudiano – estágio de desenvolvimento da libido que res-significa as etapas anteriores – culmina na instalação do superego "paterno" pelas identificações parciais com seus respectivos emblemas. É a instauração e o funcionamento dessa instância o que estabiliza a instalação dos mecanismos simbólicos relacionados ao modelo do sonho, o psiquismo passando a funcionar prioritariamente sob esse regime (o que não impede que ele deixe atrás de si, inexoravelmente, "restos" que escapam a essa organização). É por esse viés que podemos entender essa *função do sonho como interditor do acesso ou do encontro com o umbigo do sonho* – a permanência incestuosa da ligação com a mãe, e seus efeitos correlativos de gozo e terror.

A afirmação de Ferenczi quanto ao lugar do hipnotizador de que este pode induzir o sono – o estado hipnótico – tanto por uma postura dita materna, pela ternura, como pelo tom autoritário, ameaçador, dito paterno, assume aqui um *valor de estrutura*, uma e outra posição sendo insuficiente para a constituição tanto do sono como do sujeito[5].

Se o sonho é materno por excelência, remetendo em última instância ao corpo da mãe por meio do seu umbigo,

---

[5] É curioso, senão inquietante, lembrar que o autor inferiu essa formulação do fato de que o adestramento bem-sucedido de um animal selvagem se deva ao uso, por parte do domador, de uma postura ameaçadora e violenta alternada com um tom conciliatório, consolador (Pereira, 1999). Voltaremos a essa questão, já presente nas formas de indução da hipnose propostas por Ferenczi e avalizadas também por Freud (cap. 1), no estudo do fracasso onírico-simbólico e suas relações com o terror (cap. 5).

pode-se dizer que sua interpretação é algo da ordem paterna (distância da imagem do sonho, que se desvanece). Todavia, ela se inicia antes mesmo do relato e sua colocação em palavras, com a própria formação do sonho, "por definição tradução, figuração do que já está inscrito, distanciando o inominável" (Pontalis, 1977, p. 37)[6].

À formação do superego corresponde ainda a instauração dos ideais, a função paterna estando ligada àquilo que no sujeito poderá movê-lo em direção aos projetos e suas condições de realização em um mundo ordenado por leis que ultrapassam a ambos; é desta perspectiva que se pode dizer que a mãe "funda" o sono e o sonho, mas é um pai quem nos ensina a sonhar no mundo.

---

[6] Referência à citação de Pontalis com que escolhi abrir esta seção, cf. acima.

3.

CONSIDERAÇÕES GERAIS SOBRE O SONO

Psicofisiologia do sono

O sono é um estado psicofisiológico regularmente necessário à nossa espécie, na maioria das culturas relegado à noite. Passamos cerca de um terço do tempo de nossa vida dormindo.

O sono e o fenômeno do adormecimento foram objeto de importantes trabalhos neurofisiológicos e eletroencefalográficos no adulto e no bebê, seu maior interesse, segundo Fédida, sendo o de oferecer um novo registro de debate entre a fisiologia e a psicanálise – ao contrário de manter o impasse do problema do sonho. Estas relações, assim como a patologia do sono, sua farmacologia, e a clínica do bebê – por colocar sempre em jogo os problemas do sono, da alimentação e da função da mãe – interessam ao psicanalista, que pode alargar suas reflexões sobre as condições e o processo do adormecimento nas suas relações com o sonho e o psíquico como um todo.

Dolto (1952) coloca a questão de o sono ser uma suspensão ou uma atividade, posicionando-se afinal a favor da hipótese da sono-atividade, apoiando-se na existência de um centro do sono localizado no cérebro e a própria atividade complexa, especial e necessária para "entrar" no sono.

Experiências mostram que animais impedidos de dormir apresentam graves alterações de comportamento e alterações metabólicas potencialmente mortais. Relatos de casos extremos em que seres humanos estiveram muito tempo privados de sono (patologias, tortura, etc.) parecem comprovar estes mesmos efeitos. Pode-se afirmar, então, que o sono é uma necessidade básica para a sobrevivência, tanto quanto a nutrição, o que é reforçado pelo fato de que a criança pequena dorme bem se come bem, e vice-versa (Dolto, 1952). Por outro lado, o ser humano pode suportar longos períodos de jejum sem manifestar alterações psíquicas significativas, enquanto a partir da quarta noite de insônia apresenta sinais de alterações psíquicas funcionais: déficit de atenção, memória e controle emocional (Ranña, 2000).

Jouvet considera o sono como um mecanismo de regulação do organismo, respondendo pela manutenção do seu equilíbrio físico-químico e pela recuperação da energia despendida durante a vigília. Além disso, no início da vida, teria uma função de maturação do sistema fisiológico, em especial do sistema nervoso (*apud* Volich, p. 123).

No sono, toda a atividade sensorial permanece, exceto a visão. A atividade motora está fortemente inibida. Os estímulos e o ambiente permanecem sendo percebidos, mas a reação a eles depende de uma elaboração diferente daquela de vigília, a saber, a elaboração onírica. Esta, a partir dos restos diurnos, estímulos externos e proprioceptivos, se dá pelo processo primário de satisfação alucinatório- fantasmática do desejo (Jorge, p. 89).

O estado de sono caracteriza-se por uma sensível diminuição das atividades vitais – circulatória, respiratória e motora. É caracterizado por uma atividade cerebral particular, em que se alternam períodos denominados REM e os períodos denominados NREM.

O sono REM, também chamado sono rápido ou paradoxal, corresponde à atividade onírica e se caracteriza por uma atividade de movimentos oculares rápidos e um relaxamento muscular completo (atonia muscular). O traçado das ondas cerebrais, nesta fase do sono, se assemelha com o estado de vigília (Volich, p. 123). O sono NREM, também chamado lento, profundo ou ortodoxo, é composto de quatro fases ou estágios – do 1 ao 4 – sucessivos no tempo. Em um documentário recente, um médico comparava didaticamente a evolução do sono lento a um elevador subterrâneo que descia andares – os "estágios" – cada vez mais profundos de inconsciência. As duas fases do sono – sono lento e o sono rápido – constituem um ciclo cuja duração é de cerca de 90 minutos, que se repetirá 5 ou 6 vezes por noite[1].

---
[1] A descoberta do sono REM deu-se em 1953, impulsionando a pesquisa sobre o sono – o conhecimento da arquitetura do sono permitiu construir as hipóteses quanto ao seu significado, funções e ontogênese.

Pontalis observa que as características neurofisiológicas do sonho paradoxal – os movimentos oculares rápidos – confirmam experimentalmente o primado do visível ligado à exigência de figurabilidade, ambos característicos do sonho: *no sonho, o sujeito como que está "vendo"* – o que é reforçado pelo dado de que o sonho corresponda a uma fase de despertar (ou vigília) comparado ao sono profundo (1977, p. 27).

J. McDougall (1992) assinala que Freud intuiu que, ao sonhar, o sujeito não está realmente dormindo, antecipando as descobertas dos neurobiologistas em 50 anos: o sono e o sonhar seriam dois estados distintos do ponto de vista psicológico, mas também biológico.

> [...] os sonhos dizem respeito ao sonhador, só enquanto ele não estiver dormindo, entretanto, revelam ao mesmo tempo as características do sono em si. (Freud, *apud* Mc Dougall, p. 147)

Kreisler e Soulé (*apud* Fédida, 1977) distinguem o adormecimento e o sono como duas funções fisiológicas e dois estágios libidinais possíveis, aos quais correspondem patologias específicas que demandam condutas terapêuticas – principalmente medicamentosas – distintas. Para Fédida, apesar do interesse em especificar o estado libidinal de adormecimento, não é o caso de separá-lo radicalmente do estado de sono, à medida que são estados que mantêm *relação* com funções fisiológicas sem por isso se constituírem como funções do ponto de vista da psicanálise.

Pontalis relativiza a *oposição sono-sonho* sugerida pelos trabalhos neurofisiológicos, considerando não apenas o fato de que são, de certa forma, interdependentes – o sonho protege o sono, mas o sono permite sonhar – mas também porque o objetivo de ambos se interpenetram, concernindo às várias formas da regressão. A psicossomática valoriza esse aspecto complementar ao referir-se a um *sistema ou função sono-sonho*.

Para Kreisler (1999), do ponto de vista do estudo dos distúrbios do sono, neurofisiologia e psicologia não são contraditórias nem incompatíveis, mas complementares. Por exemplo, a neurofisiologia isolada nos faria considerar o sonambulismo e o sonho como fenômenos totalmente estranhos um ao outro, enquanto o estudo psicodinâmico permite aproximações.

Segundo Gaillard, em um período de 24 horas ("nictêmero") atravessamos diferentes estados de vigília e sono, caracterizados por uma duração, um comportamento e variações psicológicas.

Acordados, mantemos contato com o mundo exterior recebendo estímulos pelos canais sensoriais processados pelo cérebro e agimos por intermédio de gestos (ação motora) ou da expressão verbal. No sono, os canais sensoriais são parcialmente cortados – fechamos os olhos – mas mantemos aberto um canal de alerta, a audição, embora seu limiar de percepção aumente. O fato de que o cérebro mantenha, no sono, sua capacidade de reagir aos estímulos sensoriais suscetíveis de advertir a aproximação de um perigo é o que distingue este estado do *coma* ou da *anestesia geral*.

Na vigília, temos a consciência de existir, o que desaparece no sono "para reaparecer de forma particular durante o sonho" (p. 8). O autor divide a vigília em dois estados diferentes: *a vigília ativa e a sonolência*. Na sonolência, o estado de vigília clara cede a um entorpecimento no qual a percepção se torna mais vaga, e os gestos, mais lentos e raros. A capacidade de atenção e memorização diminuem e as reações tornam-se amortecidas, podendo chegar à inadequação. A sonolência, que pode ocorrer durante o dia, é também o estado que precede o sono, caracterizando o processo de adormecimento.

No momento do adormecimento pode ocorrer o que chama de visões do *semi-sono*, tradicionalmente "alucinações hipnagógicas", que ocasionalmente se organizam "num cenário semelhante ao do sonho". São consideradas pelo autor uma forma de pensamento visual que substitui o pensamento verbal característico da vigília. O autor não informa se o registro de sonolência, que é característico também do adormecer, é modificado pela ocorrência dessas visões, o que permitiria pensar suas diferenças, e não somente semelhanças com o sonho: devaneios e fantasias também se organizam em um cenário semelhante ao sonho; por outro lado, caberia pensar as aproximações entre essas "visões" e as alucinações verdadeiras.

Como a maior parte das funções do organismo, a vigília e o sono têm uma organização circadiana, obedecendo a um ritmo ou periodicidade de 24 horas. Os ritmos circadianos, explica o autor, respondem, por um lado, a uma espécie de relógio biológico (interno), e, por outro, a sincronizadores externos. O núcleo supraquiasmático na base do cérebro é considerado nosso "cronômetro interno", pulsando em uma periodicidade de cerca de 25 horas. Ele muda progressivamente a velocidade de acordo com a alternância dia-noite caso a hora não for constantemente acertada pelos sinais-ambiente (sincronizadores externos). Nas sociedades primitivas, os principais sinais foram a alternância entre luz e escuridão; o advento da iluminação artificial promoveu os sinais sociais ao primeiro plano, imprimindo o ritmo da atividade humana sobretudo pelos horários de trabalho. Um sujeito em situação de isolamento, fora do tempo social, privado de informação sobre as horas do dia, passaria a ter seu sono governado exclusivamente por seu ritmo endógeno, e a periodicidade repouso-atividade perderia progressivamente sua relação com o nictêmero normal.

O sono é também em sua organização interna marcado por um efeito circadiano. *A fase paradoxal é escassa no início da noite, aumentando conforme se aproxima o amanhecer.* Além disso, o sono responde também a um ritmo chamado ultradiurno, determinado pelos episódios de fase paradoxal, cuja periodicidade é muito mais curta que 24 horas.

A fase paradoxal ocorre em episódios, depois de um sono lento de duração cada vez mais curta; as fases paradoxais tornam-se mais longas progressivamente no decorrer da noite, podendo chegar a 45 minutos no seu final. Segundo Gaillard, elas determinam os ciclos do sono e respondem a variações individuais, reproduzindo-se noite após noite com fidelidade; o número de ciclos por noite é, em média, quatro a cinco. Esse caráter rítmico do sono desaparece se a fase paradoxal é suprimida por meios farmacológicos.

A fase 4, estágio do sono lento com maior atividade *delta*, segue uma organização temporal oposta: abundante nas primeiras duas ou três horas do sono, ausente próxima ao amanhecer. Sua duração depende da duração da vigília que precede o sono – quanto mais longa a vigília, maior a fase 4. Isso permite dizer que o *sono é preparado na vigília*, que exerce uma "pressão" sobre o sono que solicita uma função de recuperação do cérebro: "a necessidade da fase 4 se acumula durante a vigília e se descarrega durante o sono. Essa função é frequentemente alterada na insônia crônica" (p. 17).

Acredita-se hoje que o cérebro possui estruturas de sono e de vigília, ou seja, que os ciclos vigília-sono sejam determinados por uma complexa interação entre vários centros cerebrais que constituem *sistemas de ativação e de desativação*. Por isso, o sono não pode ser entendido como simplesmente o contrário da vigília: na insônia crônica, os sistemas de vigília estão excessivamente ativos e, além disso, há anomalias nos mecanismos do sono; resulta um desequilíbrio expresso pela ideia de que "o insone dorme estando muito acordado"(pp. 25-30). O mediador mais importante relacionado à indução do sono é a *serotonina* (pp. 30-33).

Do ponto de vista dos registros sonográficos, a alteração mais frequente na insônia crônica é a fragmentação do sono, mas também podem ocorrer um adormecimento retardado, vigília prolongada durante a noite, ausência das fases 3 e 4 e um aumento da fase paradoxal. Várias anomalias podem estar associadas. O sono em si mesmo pode, às vezes, ser normal apesar das alterações do balanço vigília-sono ou uma fragmentação. Outros sinais, como a persistência da atividade beta excessiva no EEG, sugerem *que o cérebro não se desativa normalmente na hora de adormecer*: é o que os insones testemunham quando dizem que "nunca dormem de verdade".

A cafeína e outros estimulantes provocam alterações de registro semelhantes à dos insones. Isso sugere que *um sistema de vigília excessivamente ativo* impede a ativação normal dos mecanismos do sono, sem alterar sua organização. A estimulação excessiva do sistema de vigília pode diminuir as fases 3 e 4, mas a cafeína reduz a fase 4 seguida de recuperação, mostrando que não interfere na fase 4. A *estimulação excessiva da vigília impede o sono*, provavelmente por mecanismo indireto – caso do sujeito que dorme bem, mas ocasionalmente não consegue pegar no sono por causa de um estado de excitação.

Supõe-se que a diminuição das fases 3 e 4 – caracterizadas pelas ondas delta – da insônia crônica resulte de outro mecanismo, cujos pressupostos derivam das noções de fisiologia dos estados de vigília. A região pré-ótica, na base do cérebro, está envolvida na produção de ondas delta. Essa pequena zona do cérebro tem um papel crítico em um dos principais sistemas hipnógenos, mediado pela serotonina. Acredita-se que sua perturbação funcional esteja associada à diminuição das ondas delta, traduzida na ausência de fases 3 e 4 em algumas insônias crônicas (p. 95).

A serotonina exerce sua ação hipnógena durante a vigília, e não durante o sono, o que reforça a hipótese paradoxal de que *o sono é "preparado" durante a vigília*. Se os insones estão demasiadamente acordados, poderia se supor que preparassem seu sono na mesma proporção. Como isso não acontece, acredita-se que o mecanismo de preparação do sono durante a vigília está perturbado nas insônias relacionadas à ausência das fases 3-4 – uma indicação suplementar da alteração do funcionamento da região pré-ótica. Gaillard acredita que os distúrbios funcionais ligados à insônia crônica incluem estruturas subcorticais cuja perturbação estaria ligada ao mesmo tempo à hipervigília e problemas emocionais.

Os registros do sono

Os estados de vigília e de sono se caracterizam por uma combinatória de sinais fisiológicos que podem hoje ser registrados e medidos, esta sendo a principal contribuição da tecnologia médica para o entendimento do sono e suas alterações.

Três sinais fisiológicos essenciais caracterizam os estágios do sono e da vigília: a atividade elétrica do cérebro, os movimentos oculares e a atividade muscular.

A atividade elétrica cerebral ou eletroencefalograma (EEG) consiste na soma das descargas e flutuações da carga elétrica do conjunto das células nervosas cerebrais. Essa informação é recolhida por eletrodos posicionados no crânio, sob a forma de variações do potencial elétrico, sendo então amplificada por um eletroencefalógrafo. Os dados são depois digitados, convertidos em números e computadorizados. Aparecerão em uma tela ou papel sob a forma de ondas, avaliadas em sua amplitude e frequência.

Os movimentos dos olhos também apresentam variações de potencial elétrico (eletroculograma) captadas por eletrodos posicionados nas pálpebras.

A contração dos músculos causam outro sinal elétrico (eletromiograma), recolhido por eletrodos colocados na mandíbula. Esses sinais serão amplificados e digitados de forma semelhante à atividade elétrica cerebral.

A respiração e o ritmo cardíaco não se prestam para definir os estados do sono, mas são registrados em razão de sua importância relativa, no confronto com outros sinais. Por exemplo, podem ocorrer apneia ou arritmias cardíacas durante o sono.

A *polissonografia* é o registro simultâneo de distintos sinais fisiológicos durante o período de sono ou do ciclo sono-vigília de forma contínua; os dados recolhidos são analisados por um programa capaz de determinar o estado de vigília e de sono a cada minuto.

Em geral é realizada em laboratório (e não em casa), o que assegura, segundo os médicos, condições padronizadas, principalmente quanto ao ruído ambiente. Concede-se ao sujeito uma noite de adaptação com a cama, quarto e o laboratório, pretendendo-se com isso minimizar a influência da mudança de ambiente.

Os registros são realizados durante duas ou três noites seguidas para levar em conta a variabilidade normal do sono. Medicamentos que agem sobre a organização do sono e suas fases – hipnóticos, antidepressivos ou tranquilizantes – são suspensos pelo menos dez dias antes dos registros. Pela manhã, o paciente responde a um questionário acerca de suas impressões sobre a noite anterior, comparando-a com seu sono habitual.

Acredita-se que os resultados dos registros do sono em laboratório sejam confiáveis e reprodutíveis, permitindo caracterizar precisamente a forma da insônia, sua intensidade e ocorrência na organização do sono.

A *atividade cerebral da vigília* caracteriza-se por ritmos rápidos de baixa amplitude. Os olhos apresentam movimentos rápidos que refletem as mudanças do olhar e a atividade muscular é intensa. Na *sonolência* a atividade elétrica cerebral se reduz, tornando-se mais lenta e de amplitude um pouco maior. Os movimentos oculares também tornam-se mais lentos, indicando um descomprometimento da percepção e o tônus muscular diminui. Este estado faz parte do processo de adormecimento e dura alguns minutos; é chamado de fase 1 do sono.

Vimos que o sono se subdivide em dois estados diferentes: o sono lento e o sono paradoxal. Para Gaillard, o *sono lento* ou *ortodoxo* se distingue de outros estados de vigilância (a vigília, a sonolência e o sono paradoxal) pela presença de ondas muito lentas na atividade elétrica cerebral, chamadas *ondas delta*. Subdivide-se nas fases 2, 3 e 4, que se distinguem entre si pela intensidade da atividade delta – rara e intermitente na fase 2, maior na fase 3, quase contínua e de grande amplitude na fase 4. Não há movimentos oculares no sono lento, e o tonus muscular, embora muito fraco, não é completamente abolido.

O *sono paradoxal* não apresenta atividade delta, mas, sim, uma atividade cerebral semelhante à da fase 1 (sonolência ou adormecimento). Há movimentos oculares rápidos e lentos, e o tônus muscular está completamente abolido, relaxado, em um estado próximo à paralisia. Esta, porém, não é contínua: ocorrem breves atividades musculares durante intervalos de tempo que se traduzem em movimentos do corpo.

Embora no sono paradoxal o sujeito pareça profundamente adormecido e tenha seu corpo paralisado, seu cérebro está muito ativo – *essa atividade constituiria o substrato do sonho*. Considera-se que durante cerca de 85% desta fase se produza uma atividade onírica da qual o sujeito é capaz de lembrar--se se despertado neste período. Mas, apesar de o sonho produzir-se na fase paradoxal, não se encontra uma coincidência estreita entre a abundância de sonhos e a duração da fase, que, ao contrário da lembrança de sonhos, varia pouco individualmente.

O *hipnograma* é o registro mais sintético do sono no período de uma noite, um gráfico em escala que representa a sucessão de fases em função do tempo. Oferece, assim, um retrato imediato da estrutura do sono e suas alterações. Os diferentes componentes do sono são transformados em valores numéricos, distinguindo-se assim, além do sono lento e paradoxal, o balanço vigília-sono, a continuidade ou fragmentação do sono, etc.

Chama-se *balanço vigília-sono* a distribuição da vigília e do sono ao longo do registro. É avaliado pelo período de sono (intervalo de tempo entre o adormecer e o despertar final), pela duração do total da vigília e, por fim, do adormecer (fase 1).

Latência do sono é a duração que separa o momento em que o sujeito se dispõe a dormir (início do registro) e o momento em que adormece efetivamente. O *índice de eficácia* é a relação entre o tempo de sono e o tempo passado na cama (valor ideal = 1; na insônia completa seria zero).

O *sono lento* é avaliado pelas durações das fases 2, 3 e 4 e sua latência (intervalo de tempo entre o adormecimento e sua primeira ocorrência).

O *sono paradoxal*, responsável pela organização do sono, é medido por sua duração total e por sua latência. O intervalo de tempo que separa o adormecer e o fim do primeiro episódio da fase paradoxal define o primeiro ciclo do sono. Os ciclos seguintes correspondem aos intervalos entre o fim de uma fase paradoxal e o fim do estágio seguinte. A organização do sono, portanto, é medida essencialmente pelo número de ciclos e sua duração.

Ainda que se refira a um "sono ideal" que não comportaria nenhum episódio de vigília interiormente, normalmente ocorrem vigílias transitórias (de um a dois minutos). O registro desses períodos de vigília no sono medem a *fragmentação do sono* em relação ao seu caráter de recuperação. Por exemplo, serão mais frequentes e mais duradouros na insônia crônica. Avalia-se também o dado de que as vigílias se distribuam difusamente pela duração do sono ou se concentrem no sono lento ou paradoxal. O dado de que interrompam sistematicamente as fases paradoxais é considerado significativo. O número de transições de uma fase a outra indica a *estabilidade do sono*.

Sono fisiológico e sono libidinal

O sono realiza uma descontração, sensível na mímica de recuperação daquele que dorme como também depois do sono. Freud trouxe a ideia de que vivemos num mundo difícil de suportar, e que por isso nos refugiamos no sono para fugir às dificuldades e cansaços que ele nos impõe. Dormir comporta, então, uma dimensão de regressão cotidiana pela qual podemos revigorar-nos em nosso próprio interior, em uma espécie de "re-ritmação", de "re-segurança" que Freud remete à segurança intrauterina (Dolto, 1952, pp. 92 e 93).

Para Fain, há dois esquemas de sono infantil. No primeiro, a criança pode experimentar um sentimento de satisfação e de fusão com a mãe, sendo levada a um estado libidinal de bem-estar próximo ao que Freud chamou de narcisismo primário. No segundo modelo, o sono é precedido de um episódio doloroso, de frustração ou tensão, durante o qual o bebê adormece em estado de esgotamento. Este seria um sono puramente fisiológico, enquanto o primeiro vem "profundamente impregnado de elementos libidinais e narcísicos" (*apud* McDougall, 1989).

Do mesmo modo, Spitz distinguiu dois tipos de sono: o sono fisiológico e sono libidinal. O sono fisiológico só ocorre a partir de um esgotamento físico, enquanto o sono libidinal, que conduziria à sensação de fusão com a mãe, é adquirido por meio de um contato suficientemente bom com ela. Pode-se didaticamente correlacionar o sono fisiológico com o sono lento, e o sono paradoxal com o sono libidinal (*apud* Castro).

Muitos distúrbios do sono, como veremos, podem ser interpretados como uma impossibilidade de adentrar o sono libidinal: a criança ou o adulto adormece em função da fadiga, mas, não podendo encontrar o sono libidinizado, desperta. Não somente a insônia, mas as cólicas do bebê e o sonambulismo, por exemplo, podem ser compreendidos a partir dessa perspectiva, que não é outra senão a consideração do sonho no seu papel de guardião do sono – a qualidade de seu "fracasso", pontual, parcial ou mais constitutivo determinando vários tipos de perturbações do sono.

Sabe-se que os padrões de sono mudam drasticamente da infância até a adolescência. O recém-nascido dorme cerca de 80% do tempo, o sono do bebê diminuindo progressivamente com o desenvolvimento. Observa-se ainda, paralelamente, a diminuição do tempo proporcional do sono REM: nos cinco primeiros meses representa 40% do total do sono; dos 3 aos 5 anos, cerca de 20%, ou seja, já próximo ao padrão de sono do adulto. O padrão de sono mantém-se estável na vida adulta, mas sua eficiência declina na velhice, ficando por exemplo mais sensível a rupturas de tempo e espaço.

Para Rubens Volich, as transformações do ciclo vigília-sono e dos ritmos sono-sonho ao longo do desenvolvimento podem ser entendidas como indicadores de que a atividade neurológica que corresponde à atividade onírica pode exercer a função de proteção do psiquismo – e até do organismo – ainda incipiente para manejar estimulações excessivas a que está submetido, externas ou internas. A regressão sono-sonho é mais frequente e longa nos períodos iniciais da vida, indicando que a constituição gradativa do sistema de para-excitações e do próprio aparelho psíquico vem substituir gradativamente a atividade correspondente ao ciclo sono-sonho (pp. 123-124).

Falar em sistema de para-excitações equivale a falar em envelope libidinal, em superfície egoica: o eu, constituído simultaneamente à constituição do narcisismo, terá como tarefa principal uma preocupação com a segurança, com a auto-conservação, com a estabilidade da imagem egoica, e se servirá das sensações de angústia como sinal de alarme contra perigos que ameacem sua integridade (Freire Costa, p. 159). Pode-se compreender, então, que o sono-sonho tenha a função de proteção de um certo capital narcísico. Para muitos autores, uma das razões da importância de o sono ser fundamental é o fato de tornar-se rapidamente um sistema de autorregulação do narcisismo:

> [...] uma das primeiras passagens do somático ao psíquico será a "libidinização" do sono. Essa operação só pode ser efetuada pela mãe e a criança, culminando num investimento narcisista primário. Para retomar a noção de pré-forma fisiológica dos mecanismos mentais, introduzida por Spitz, parece que essa libidinização do sono prefigura o que virá a ser ulteriormente a regulação do amor-próprio. (Fain, *apud* Castro)

Não se sabe se todos sonhamos, mas, sim, que todos temos o sono paradoxal, função na qual o sonho se apoia e se constitui. O que os distúrbios do sono testemunham é que nem todo o sono paradoxal é povoado ou constituído por sonhos. Pode-se dizer que nem todos desenvolvem do mesmo modo a capacidade de elaboração onírica (Castro, 1998). Embora o bebê ao nascer já disponha do sono paradoxal, será necessário todo um desenvolvimento psíquico para que adquira a capacidade de sonhar – esse desenvolvimento parece depender da libidinização do sono pela mãe, que, à maneira das pulsões, passa de função (instinto) puramente biológico para algo que comporta também um registro psíquico. Dessa operação surge a possibilidade de alucinação e os traços de memória, condições necessárias para a formação dos sonhos e sua função de equilíbrio no jogo satisfações-frustrações das necessidades do bebê (McDougall, 1989).

Sono e atividade motora

O sono exclui a motricidade voluntária, fortemente inibida quando adormecemos. Freud insistiu no significado desta inibição no que concerne à capacidade de sonhar, já que a ação inibida é um dos fatores que permitiriam certos conteúdos inconscientes inquietantes se manifestarem nos sonhos como "realização de desejos", pela influência da censura. Freud nunca se afastou da ideia de que estes desejos eram de ordem sexual – desejos sexuais infantis e recalcados.

O progresso nos registros sonográficos vieram confirmar a intuição freudiana que opunha atividade onírica e atividade motora, mostrando que na fase paradoxal, ligada à produção de sonhos, a atividade motora diminui em comparação ao sono lento, sendo praticamente abolida, enquanto a atividade cerebral mostra um registro de atividade semelhante à sonolência.

A psicossomática considera a motricidade, ao lado da desordem somática, como a segunda grande via da expressão corporal na psicopatologia infantil. A intensidade da expressão motora estaria associada a condições de privação ou frustração precoce, sendo tanto mais presente na expressão clínica quanto mais graves estas condições.

Segundo Kreisler (1999), a *instabilidade* é a forma mais disseminada dos distúrbios com expressão motora na criança, sendo indicativa de falhas na instauração da atividade fantasmática e onírica típicas do que chamou "estrutura comportamental". Este modo de estruturação psíquica seria caracterizada por: a) um enganche ininterrupto com os objetos exteriores, o ambiente, *"como se a percepção imediata das coisas, alimentada pelo factual, sugerisse representações instantaneamente postas em ação"*; b) a necessidade imperiosa desse modo de funcionamento, como demonstram certas reações violentas em crianças, quando da tentativa de interrupção dos jogos, denotando um mal-estar insuportável.

Neste tipo de manifestação motora há movimento incessante, mas não agitação desordenada; trata-se do desenrolar de uma sequência de atividades internamente coerentes que se sucedem ininterruptamente. O qualificativo "comportamental' pretende diferenciar esse tipo de atividade de uma "colocação em cena" de processos inconscientes; trata-se de uma atividade fora de qualquer simbolização e qualquer mecanismo neurótico. Seriam traços análogos, guardadas as proporções de idade, ao funcionamento operatório do adulto, no qual o sujeito, na falta de uma espessura interna, procura garantir um equilíbrio por apoio no mundo externo – "o sujeito se agarra às coisas, situações e pessoas como a "auxiliares de um ego insuficiente". Em termos de sua gênese, devem ser diferenciados dos distúrbios motores com valor expressivo – por exemplo, tiques que respondem a uma estruturação obsessiva, a agitação ansiosa, a atividade maníaca defensiva a uma depressão subjacente (Kreisler, 1999).

Jouvet mostrou que o córtex cerebral está permanentemente submetido à alternância de atividade entre circuitos descendentes, na maioria serotoninérgicos (favoráveis ao sono) e circuitos ascendentes, noradrenérgicos (inibidores do sono). Quando as influências noradrenérgicas são proporcionalmente maiores, ocorre o sono interrompido, com a recuperação do tônus muscular; a vigília propriamente dita ocorre quando os circuitos descendentes estão inibidos. Se estes se apresentam apenas parcialmente inibidos, o despertar não é possível e o sono continua com o tônus muscular parcialmente recuperado, podendo ocorrer à atividade motora. Por isso, o sonambulismo, por exemplo, é considerado um problema do despertar.

Bleichmar (1994), a respeito da ideia, comum entre neurologistas, de que uma hipercinesia pode se desenvolver a partir de insônias precoces do bebê (justificando a administração imediata de medicamentos), afirma que esta não é *causada* pela insônia, mas que ambas respondem, na estruturação psíquica precoce, "a uma falha dos investimentos colaterais, depois das ligações egoicas, efeito de um déficit na narcisação primária". Assinala ainda o engano, bastante comum, no considerar um antecedente como causa, em um tipo de raciocínio que se norteia pela mera sequência temporal dos achados clínicos (p. 44).

A autora está preocupada em definir as falhas da função materna em seus pré-requisitos estruturantes – mas é significativo que o caso que provoca suas reflexões (e ao mesmo tempo as ilustram) é um caso de transtorno precoce do sono, em um bebê de 5 semanas que segundo os pais "não dormia nada", passando de fato vinte das 24 horas do dia acordado (pp. 10 e 32 e seguintes).

Os investimentos colaterais, que se dão por meio dos cuidados primários no corpo do bebê, são aqueles que permitirão *a posteriori* uma rede de ligações para a excitação residual efeito do investimento sexual no bebê:

> Imaginemos [...] o bebê no momento da lactação: o seio, objeto do apaziguamento da necessidade, irrompe, ao mesmo tempo, como objeto sexual traumático, excitante, pulsante. O remanescente excitatório, produto desse encontro, deverá encontrar uma via de descarga por meio de um *investimento colateral de representações* (vias de facilitação conexas). O autoerotismo, sucção da mão, da chupeta, cumpre uma função de ligação, organizadora da excitação que sobra. [...] No momento da amamentação, a mãe [...] capaz de investir narcisicamente o bebê e não apenas de propiciar a introdução de quantidades sexuais pontuais, não ligadas, acariciará as mãozinhas, sustentará a cabeça com delicadeza, acomodará as pernas da cria, gerando a partir disso vias colaterais de ligação da Qn que ingressa[2]. (pp. 25 e seguintes)

Assim, uma mesma energia, no psiquismo incipiente, encontra modos de ligação distribuídos por investimentos colaterais variados. Mas há certos requisitos para que eles se propiciem, do lado da mãe, o primeiro sendo que porte no seu inconsciente representações desejantes, potencialmente autoeróticas, capazes de transmitir uma corrente libidinal que "penetre" traumaticamente o bebê com um afluxo excitatório. Este, porém, precisa encontrar vias de evacuação. Para que esse fluxo pulsional intrusivo encontre ligação por

---
[2] Substituí a palavra bico por chupeta, mais usada em nosso meio.

vias colaterais é necessário que o bebê adquira no interior do narcisismo materno uma representação totalizante – que suas representações ego-narcísicas pré-conscientes lhe permitam ver seu bebê como um todo, um "ser humano". A libido desligada e intrusiva será, então, ligada por vias colaterais, mediante o narcisismo estruturante que o vínculo amoroso propicia, possibilitando a instalação de uma rede de ligações, um conjunto de representações mediadoras capaz de fornecer uma base de sustentação para a instalação do recalque primário.

Deve-se considerar, então, a possibilidade da mãe na qual "falham as constelações narcisísticas" no momento em que deve exercer os cuidados primários de seu bebê: falha estrutural, efeito de um fracasso, na mãe, do narcisismo e do eu (o que a impede ocupar o lugar de objeto materno narcisante) ou falha circunstancial por uma depressão que retira libido narcisista do objeto. Essa mãe ainda realiza as funções sexualizantes primárias que instalam a pulsão: do lado do sexual não ligado, da intrusão erógena, da "sedução originária" de Laplanche, se efetuam os investimentos que constituem uma "zona erógena apoiada em um objeto sexual, *mas que não é, no entanto* [...], *objeto de amor.*" Mas o olhar dessa mãe (ou por estar ausente ou autoeroticamente centrado na relação boca-mamilo) não verá uma totalidade que pudesse instalar uma representação de base para a posterior constituição do eu como "transposição totalizante da superfície corporal".

Os bracinhos ficarão interpostos de forma obstaculizante, as pernas ficarão dependuradas de qualquer jeito, a cabeça não se encaixará no braço. Não haverá carícias sem sustentação da mão materna que permita a constituição dos 'investimentos colaterais'. A energia [...] traumaticamente desencadeada não encontrará vias para derivar-se desde o princípio do prazer. Estaremos em um mais aquém do princípio do prazer, derivação lineal das quantidades que ingressam, como uma interrupção desprazerosa massiva sem possibilidade de regulação. (p. 32)

Entre os casos que provocaram essa produção teórica encontramos, como vimos, uma insônia severa precoce, mas aqui interessa sublinhar que assim como para a hipercinesia a noção dos investimentos colaterais e suas falhas interessa a todos os distúrbios do sono nos quais a atividade motora toma o lugar que seria o da elaboração onírica (que depende da instalação dessa rede inicial de ligações anterior ao recalque): o sonambulismo, o bruxismo, o sonilóquio, por exemplo[3].

Por fim, lembremos que a oposição entre motricidade e sono-sonho remete às próprias razões do dispositivo e ritual da psicanálise, o "enquadre" analítico. Este, por sua organização, recobre grande parte do pulsional "reduzindo ao silêncio as expressões do corpo erótico, sedutor e

---

[3] Distúrbios que serão examinados no cap.5.

transgressor, e os atos de destruição em proveito da palavra, único elemento das pulsões de vida deixadas livres". Assim, a palavra pode ser impulsionada para a liberdade na medida mesmo em que o corpo é reduzido ao repouso. A restrição de um corpo para o agir, portanto, permitiria a constituição de um território abrigado que favorece no analista e no analisando o exercício da livre associação, fazendo da sessão um espaço potencial para sonhar (Zygouris, 1999, p. 18).

O sono como defesa

O desejo do eu de dormir ressignificado com a formulação do narcisismo sugere uma retirada do mundo com valor de regeneração e realimentação "interior", protegido das excitações e solicitações externas. A formulação do sonho como guardião do sono estende essa noção, incluindo a função de filtro e anteparo da elaboração onírica para os estímulos internos que poderiam perturbar aquele que dorme.

Fédida apoiando-se, por um lado, na ideia freudiana do sono como retorno ao estado de narcisismo e suas analogias com o luto e a hipocondria e, por outro, na clínica da depressão, formula a ideia do sono como defesa de um espaço psíquico tão primitivo quanto fundamental. Delouya (1999) assinala que aqui se desenha uma concepção de aparelho psíquico cuja função primária é a defesa, visando conter, espaçar e dar forma aos fluxos internos ou externos – o que se aproxima dos desenvolvimentos freudianos da segunda tópica[4].

Trata-se da ideia de uma *depressividade fundamental da psique*, tomada no sentido físico da palavra depressão: vão, concavidade ou recuo – um lugar e um tempo para o acontecer psíquico, continente ou vazio que é condição de criação do intervalo, da temporalidade, da linguagem e do brincar. Essa "invisível forma de base, aquilo que se situa no *negativo* do psiquismo" – vazio que se encontra em relação direta com o vazio depressivo – seria instituído no e pelo ambiente de origem, por intermédio do outro primordial (p. 10).

Assim pode-se pensar o sono como este vazio que é o "protótipo depressivo do espaço psíquico: *"É esta região, do sono, o enquadre narcísico primário para constituir o sonhar e para a instauração autoerótica do mundo fantasmático, do psiquismo"* (p. 13). No sono como na depressão, trata-se "de uma posição econômica que concerne a uma *organização narcísica do vazio* segundo uma determinação própria para a inalterabilidade tópica da psique."(Fédida, *apud* Delouya, p. 9) O sono – como espécie de depressão "normal", cotidiana – pode, então, ser tomado como modelo desse fundo sobre o qual vem a se mover a própria psique: espécie de tecido de base, lugar "vazio" e plano, porém condição de instalação dos conteúdos e de seu movimento em uma dinâmica temporal – as imagens do sonho desenrolando-se visualmente

---
[4] Em introdução do autor ao livro Depressão com textos escolhidos de Fédida.

contra a tela branca de fundo que é o sono, as fantasias agitando o tempo parado da psique.

O sono na psicossomática

O sono veio a constituir-se como um dos pilares da psicossomática, já que evidencia diretamente uma situação em que a falha de uma função psíquica – o sonhar, na sua função de "guardião do sono" – afeta diretamente uma função vital – o dormir, causando o despertar (Gurfinkel, 1998).

Dissemos que o conceito de neuroses atuais, que Freud opunha às psiconeuroses, constitui o ponto de partida dos desenvolvimentos posteriores da psicossomática; vimos também que distúrbios do sono como o terror noturno e a insônia figuravam como um dos sintomas "somáticos" dos mais importantes nas neuroses atuais.

Freud caracterizou as neuroses atuais pelo caráter "atual" do fator etiológico, pelo predomínio da sintomatologia somática (em detrimento da psíquica), pela não satisfação da libido como causa precipitante do sintoma e pela transformação direta desta causa em angústia, sem uma mediação simbólica pelo recalque. Na concepção freudiana, portanto, haveria dois modos diferentes de processamento da excitação psíquica: a transformação direta em angústia (caso dos sintomas "somáticos" ou não simbólicos) ou pela mediação simbólica (caso dos sintomas "psíquicos"). O termo "atual" deve, então, ser tomado em termos de uma atualidade no tempo que indica por um lado a ausência das mediações em jogo na formação dos sintomas neuróticos stricto sensu (em especial o deslocamento e a condensação, característicos dos processos primários) e, por outro, da instalação da clivagem pelo recalque com a constituição de um inconsciente (Ferraz, 1997).

A afirmação freudiana de que os sintomas "somáticos" das neuroses atuais não se devem a um retorno do recalcado infantil tem assim o valor de uma abertura para pensar mecanismos de defesa diferentes do recalque e, ainda, para a hipótese de que a elaboração psíquica insuficiente favoreça que a excitação não representável possa derivar para o plano somático.

A psicossomática consolidou-se na década de 70 com Pierre Marty à frente da Escola Psicossomática de Paris. A ele se atribui a construção de uma prática e teoria psicossomáticas a partir da psicanálise. Marty introduziria mais tarde (1991) o conceito de *mentalização*, uma espécie de medida dos recursos do aparelho psíquico, concernentes à qualidade e quantidade de suas representações. Uma boa mentalização protegeria o corpo das descargas de excitação, na medida em que esta pode encontrar abrigo nas representações do pré-consciente. Pode-se, então, falar, nas somatizações, da insuficiência ou indisponibilidade das representações pré-conscientes[5].

---

[5] Não nos deteremos aqui a explorar as várias objeções ou limites que a psicanálise confronta aos pressupostos psicossomáticos. Mencionemos apenas que eles podem grosseiramente ser agrupados de um lado, como

Para Gurfinkel (1998), Marty basicamente estendeu a noção freudiana de pontos de fixação na etiologia das neuroses para os distúrbios psicossomáticos, incluindo a possibilidade de processos progressivos e regressivos para além do psicossexual, chegando às funções somáticas. Quando os pontos de fixação psíquicos são falhos, em uma organização psíquica precária, o *processo regressivo pode avançar até atingir o soma*.

Por seus próprios pressupostos, a psicossomática dirigiu-se para o campo das relações mãe-bebê, momento da estruturação das defesas específicas, diferentes da defesa neurótica por excelência, o recalque. Além disso, a própria sintomatologia nesta idade evidencia as questões em torno das relações psico-soma, uma vez que as vicissitudes das relações precoces entre a criança e os pais repercutem necessariamente sobre as funções vitais do bebê, em particular seu sono e sua alimentação – as grandes funções de base.

O estudo dos distúrbios do sono no bebê e na criança possibilitaram surpreender situações em que a função psíquica (representada pelo sonhar, pela atividade onírica) *falha*

---

crítica à possibilidade mesma da energia psíquica transformar-se em um fato somático qualquer, diferente da conversão; a outra grande via, ao contrário, recusa o dualismo psico-soma sob o argumento de que este teria sido superado com a própria invenção da psicanálise, a partir do conceito de pulsão, no qual psíquico e orgânico encontram-se indissoluvelmente amalgamados. Aqui nos limitamos a dialogar com um saber que tematiza o sono e seus distúrbios a partir de uma prática clínica, naquilo que me pareceu passível de interesse para um alargamento da reflexão psicanalítica a esse respeito.

dentro do próprio sono, sendo substituída pela ação motora — caso do sonambulismo — ou pela *descarga direta sob a forma de angústia* — no despertar ou no terror noturno, por exemplo.

A atividade onírica exerceria um papel de proteção do psiquismo e do organismo em um momento em que o sujeito ainda não possui recursos para lidar com a estimulação excessiva a que está exposto — de fora e de dentro —, a regressão promovida pelo ciclo sono-sonho sendo justamente mais frequente e longa neste período inicial. A constituição gradativa do para-excitações da criança com o desenvolvimento do aparelho psíquico substitui paulatinamente essa atividade desempenhada exclusivamente pelo ciclo sono-sonho, em um momento em que ela ainda é dependente do meio para exercer a função de para-excitações.

Desse campo de investigações formulou-se a hipótese, bastante central na psicossomática atual, de que a mãe, nos primeiros tempos, desempenha a função de *para-excitação do bebê, suas falhas nessa função tendo o impacto de traumatismo da primeira infância* (McDougall, *apud* Ferraz, 1997).

Essa função materna de para-excitação diz respeito direta e primeiramente à função da mãe como "guardiã do sono": a mãe que "filtra", faz anteparo para as excitações que atingem o bebê — vindas do próprio bebê, mas também dela própria —, é a mãe que permite que o sono do bebê se estabeleça e dure, sob sua "proteção".

Kreisler (1999) sublinha que "o sono falha no seu papel de guardião quando a mãe falha na sua função anaclítica de para-excitação e de apoio da função hípnica". Soulé complementa este ponto de vista valorizando a função fisiológica do adormecimento: "há libidinização do adormecimento graças ao papel da mãe, de início, como mais tarde de uma "rêverie" autoerótica" (*apud* Fédida, 1977).

Fain assinalou o caráter paradigmático, mas também estruturante do sistema sono-sonho na economia psicossomática: "Se os traços mnésicos existem desde o início, eles só adquirem progressivamente um valor representativo, através da regressão eficaz [sono-sonho]" (*apud* Volich, 2000, p. 123).

As conclusões destes estudos corroboraram a ideia de sintomas e estruturas psíquicas diferentes da neurose e da psicose, nos quais predomina uma falha nos processos de simbolização. Seriam pacientes, por um lado, impossibilitados de recalcar representações dolorosas e, por outro, "incapazes de projetar esses sentimentos, de maneira delirante, sobre a representação de outras pessoas" (McDougall, *apud* Ferraz, 1997). As representações carregadas de afeto seriam, então, "ejetadas brutalmente" do campo consciente, as palavras deixando de exercer a função de ligação pulsional e de proteção para a excitação. Restaria uma palavra "vazia" de afeto, que lembra o pensamento operatório (Marty, *apud* Ferraz, 1997): pensamento consciente que "manifesta-se sem vínculo orgânico com uma atividade fantasmática de nível apreciável e *reproduz e ilustra a ação*" (grifos meus)[6].

---

[6] Aqui caberia indagar em que medida este tipo de defesa diferente do recalque não poderia ser aproximada da recusa, a Verleugnung freudiana.

Kreisler (1999) lembra que a relação entre sono e estrutura comportamental, ilustrada pelo exemplo do sonambulismo, é uma questão histórica na psicossomática. A primeira comunicação sobre o pensamento operatório afirmava o papel do sonho não apenas na proteção do sono, mas no próprio equilíbrio da personalidade (Fain e David *apud* Kreisler, 1999). Os sonhos dos pacientes operatórios eram inexistentes ou então empobrecidos, reduzidos à reprodução sem modificações de lembranças da vida diurna – evidenciando a carência do trabalho de elaboração onírica.

Castro resume as conclusões dos estudos psicossomáticos sobre o sono-sonho:

- as mentalizações, a constituição do pré-consciente e da capacidade de elaboração onírica constituem-se pela relação com a mãe;
- inicialmente a função de guardião do sono, posteriormente atribuída aos sonhos, é exercida pela mãe por intermédio de cuidados suficientemente bons.
- o estudo do sonambulismo e do terror noturno mostrou que existem falhas na constituição dos sonhos, o que teve consequências para a psicanálise e a psicossomática da criança, pois anteriormente se atribuía a esses distúrbios as mesmas características da histeria e do pesadelo, próprios da neurose.
- atribui-se aos atendimentos conjuntos mãe-bebê um valor preventivo quanto ao desenvolvimento de

sérios distúrbios da segunda infância e da vida adulta, em sujeitos considerados propensos a somatizações graves.

Gurfinkel (1998) propõe pensar o campo da psicossomática a partir do conceito de regressão, considerando a hipótese (introduzida no "mais além") de *uma regressão que possa atingir a própria libidinização das funções vitais no processo de constituição das pulsões sexuais*. Se estas se constituem por "apoio" nas funções autoconservativas, pode-se pensar em uma regressão tão violenta pela qual a sexualidade retornasse ao universo somático. Sugere que este tipo de processo regressivo implicaria uma transformação do âmbito do desejo para o da necessidade, e ainda um possível trânsito entre pulsões sexuais e pulsões autoconservativas.

No trabalho de Winnicott, assinala o resgate do universo autoconservativo, "no sentido ampliado de tudo aquilo que implica cuidado corporal e psíquico: *holding* (sustentação física e psíquica, 'colo') e *handling* (manejo, desde alimentar e trocar as fraldas até sorrir e falar com o bebê aflito)", de modo a favorecer uma aproximação entre psicanálise e psicossomática (p. 57).

O autor considera, apoiado nas concepções psicossomáticas, que disso podemos derivar que o sonho – como guardião do sono – é também uma espécie de guardião de uma economia psicossomática equilibrada, uma vez que dormir é uma atividade vital para a saúde do organismo. Tanto o retorno ao narcisismo como modelo do sono, quanto a tendência da pulsão de morte de "retorno ao inorgânico", aqui, são compreendidos como regressões para um aquém do psíquico, que alcança o soma – o organismo como um todo.

Desse modo, pode-se entender o *desejo de dormir* do eu como "uma necessidade relacionada com as funções vitais, já que o eu não é nada mais que o representante da autoconservação do indivíduo (Freud denomina as pulsões de autoconservação de 'pulsões do eu')". Por isso, conclui o autor, o estudo do dormir complementa o estudo do sonhar: uma teoria do sonho não pode reduzir-se ao estritamente psíquico em virtude de suas relações estreitas com o sono – por sua vez, diretamente implicado com a autoconservação do organismo e a regulação das funções vitais.

Para Delouya (2000), o movimento que Freud consolida com A Interpretação dos Sonhos, configurando o psíquico "em torno do sonho, do desejo e da linguagem – do sentido", afasta Freud dos modelos funcionais e econômicos do aparelho psíquico. Temas psicopatológicos associados ao universo econômico, como a depressão, a enxaqueca, a letargia, a astenia, a miastenia e a neurastenia, e distúrbios do funcionamento sexual, ou seja, toda a classe das neuroses atuais, que Freud separa das psiconeuroses –, são afastados de suas preocupações: com elas não estamos mais no terreno psíquico, pelo menos para Freud. A discussão acerca do lugar das neuroses atuais – denominadas, hoje, de doenças psicossomáticas – dentro da psicanálise fica em suspenso até que a segunda tópica e seus desdobramentos nos autores pós-freudianos [...] viessem deixar entrever "... os elos [entre a depressão] com aquilo que se apresenta como a estase somática da economia psíquica" (p. 17).

4.

"Meu filho não dorme"

"As noites são o reflexo dos dias" (R. Debray)

A ritmação sono-vigília é talvez a primeira função fisiológica submetida a uma organização desde o nascimento do bebê, como o serão também a alimentação e os controles esfincterianos (Ranña, 2000). Como vimos, esses são processos marcados diretamente pela pulsionalidade dos pais na relação com a criança, em especial a da mãe em suas trocas com o bebê.

Os distúrbios do sono aparecem, então, necessariamente no curso do desenvolvimento de toda criança pequena e podem se revestir de variadas formas. Tudo o que tange à constituição progressiva do aparelho psíquico e o seu desenvolvimento repercute necessariamente sobre "as grandes funções de base" que são o sono e a alimentação.

Rosine Debray (1988) posiciona-se contrariamente a uma classificação nosográfica que retirasse o valor de uma aproximação clínica, caso a caso, que permita avaliar um distúrbio dentro da economia psicossomática (ou narcísica, se preferirmos) do bebê e de sua família, em um determinado momento. As várias manifestações do sono não teriam, por exemplo, o mesmo valor conforme sejam continuados ou eventuais. Perturbações pontuais, excepcionais, podem ter o significado de um apelo ou expressão de uma situação especial de desamparo. Além disso, o caráter ruidoso ou espetacular do sintoma não seria em si mesmo um sinal de gravidade.

As variações individuais devem ser consideradas, pois há crianças que dormem muito, ou, ao contrário, muito pouco. Organizações defensivas apoiadas em uma hipersônia são frequentes, embora habitualmente sejam bem toleradas pelo meio, ao contrário da criança que se satisfaz com pouco sono.

Há quadros da segunda infância marcados por uma organização insuficiente do aparelho psíquico que se estabelecem por uma *"não integração dos ritmos"*, impedindo uma alternância vigília-sono satisfatória. Este seria o caso de certas crianças autistas, que se entregam à noite às mesmas atividades estereotipadas e ruidosas que as ocupam de dia. Crianças superdotadas tendem a apresentar pouca necessidade de sono, às vezes solicitando de seu meio um ritmo extenuante.

Ranña (2000) propõe pensar os distúrbios do sono de bebês e crianças em relação com os problemas atravessados nas várias etapas da constituição subjetiva – a insônia vindo a ocupar a posição de primeiro distúrbio funcional, seguida pelas cólicas, a anorexia e os vômitos, e a encoprese e a enurese, podendo ainda compor com estes um conjunto sindrômico.

Como viemos constatando até aqui, a qualidade do sono depende de como são atendidos os aspectos psíquicos da criança durante o dia, principalmente na relação com a mãe. Sobretudo, trata-se de *como a ausência da mãe é negociada com a criança, no sentido de que esta possa sentir-se reassegurada de um fundo de presença.*

Vimos que o sono não é contínuo durante o período de uma noite; nos bebês, como nos adultos, ocorrem períodos de vigília mais ou menos claros. Para Debray, *os distúrbios do sono se instalam em função de como o bebê poderá negociar estes momentos de vigília noturna.*

Em um contexto geral tranquilo – o que é da ordem da experiência de satisfação compensa a frustração – a retomada do sono pode se dar mediante uma pequena atividade autoerótica de substituição, por exemplo a sucção, pois sentir e ver o objeto amado já não é uma necessidade imperiosa.

Há, no entanto, casos em que o despertar irrompe brutalmente, do mesmo modo que o sono se instalou sob o impacto de um brusco esgotamento consecutivo a um episódio de agitação – o choro e gritos são, então, retomados instantaneamente, abrindo a via para um episódio de insônia ansiosa.

A autora lembra que os impulsos pulsionais renascem de modo contínuo, demandando um longo e delicado trabalho para contê-los e torná-los toleráveis. A tolerância do bebê à separação em relação aos objetos privilegiados que são o pai e a mãe concerne à sua habilidade de administrar os momentos de vigília da noite. Seria fundamental, portanto, favorecer momentos de espera, durante o dia, para que o bebê possa organizar estratégias de espera cada vez mais complexas e, assim, mais duradouras, povoando e alargando o tempo entre a reaparição de suas necessidades e desejos e a sua satisfação. Respostas muito imediatas a qualquer demanda do bebê (a mãe excessivamente presente) pode impedir o desenvolvimento dessas estratégias de espera, mantendo-o na dependência de seus objetos privilegiados; estes, por sua vez, passam a estar à mercê das exigências imperiosas do bebê.

> São as vicissitudes desses arranjos, em certa medida impossíveis, que bebês insones e suas mães testemunham. (Debray, 1988, pp. 51-52)

O sono como índice precoce da atividade psíquica

Para Joyce McDougall (1989), a capacidade que a criança tem ou não de adormecer e de conservar seu sono desvela o protótipo mais antigo de sua atividade psíquica. O ciclo vigília-sono poderia ser considerado um indicador sutil das primeiras fases do desenvolvimento, suas modalidades proporcionando uma ilustração preciosa do funcionamento psíquico na criança pequena.

Embora, no início da vida, o sono e o despertar estejam intimamente ligados às necessidades biológicas – a fome desperta e a saciedade alimentar induz o sono –, o adormecimento e principalmente a possibilidade de continuar dormindo precisam ser libidinalmente investidos para o bebê, para que a entrada no sono e sua duração possam ser vivenciados com sensações interiores de bem-estar, indicando assim que podem desempenhar sua função de realimentação e recuperação narcísicas. Se ao bebê só é dada a ocasião de cair no sono em um estado de abandono e angústia, os distúrbios do sono constituirão um risco potencial.

Acredita-se que o lactente exprima seus estados psíquicos de modo psicossomático, à medida que não domina outras formas de elaboração e comunicação. Os sinais mais primitivos seriam as alterações de funções vitais – a respiração, a alimentação, a digestão e a evacuação e o sono. Os distúrbios do sono estariam, portanto, entre as manifestações psicossomáticas do bebê, muitos autores admitindo que distúrbios graves e precoces possam vir a comprometer o desenvolvimento ulterior da criança, tanto na vertente psíquica quanto na somática. Os distúrbios do sono precoces são considerados pelos pesquisadores como modelo de toda patologia psicossomática do início da infância (Fain, Kreisler, Soulé, 1974, *apud* McDougall, 1989).

Certo descompasso na comunicação entre o bebê e a mãe se manifesta inevitavelmente nos primeiros meses de vida. São os "arranjos impossíveis" de que nos fala Debray. Embora saibamos que quaisquer que sejam esses "arranjos" eles não deixam de trazer consequências – isso não está ausente da existência neurótica –, notemos que McDougall está interessada em situações muito mais complexas, potencialmente mais graves.

Nos inícios é constitutivo para o bebê que a mãe o experiencie como um prolongamento narcísico de si mesma, em uma relação fusional que lhe permite interpretar seus estados de sofrimento e decidir o que necessita. Porém, há mães que inconscientemente permanecem vivenciando seus filhos como partes suas, às vezes muito além da infância, deixando *pouco intervalo, pouco espaço psíquico potencial* entre mãe e filho –, a mãe sendo dominada pela necessidade ansiosa de controlar os pensamentos, emoções e fantasias de seu filho. A criança a quem falta esse espaço vital ao longo da infância pode encontrar dificuldades para mais tarde organizar sua própria realidade psíquica, se proteger de situações ameaçadoras ou de dor psíquica – em suma, para *realizar por si mesma as funções maternantes, que em condições normais o sujeito torna-se capaz de realizar sozinho* (p. 88).

Acredita-se que é a qualidade do investimento narcísico da mãe o que determina a qualidade do sono de seu bebê.

Se a internalização do universo fusional mãe-bebê falha, as necessidades fisiológicas do bebê não têm condições de ligar-se libidinalmente no seu psiquismo, comprometendo seu funcionamento. A questão essencial quanto à insônia muito precoce seria entender por que certas crianças parecem incapazes de internalizar o papel da mãe como "guardiã do sono".

Para a autora, o bebê que só consegue dormir enquanto é embalado pela mãe não foi capaz de construir uma imagem interna de mãe que lhe permitisse conciliar normalmente o sono após a mamada.

Essa construção exige que a própria mãe tenha constituído um mundo interno que lhe permita por um lado fundir-se narcisicamente com seu bebê durante o aleitamento, mas também que possa desejar que o bebê a dispense durante um certo tempo, oferecendo a ocasião para que ele desenvolva seu próprio mundo fantasístico. Isso implica que a mãe possa revestir de importância outros aspectos de sua vida adulta: sexual, profissional, doméstico, etc.

Dois tipos distintos de relação mãe-bebê podem estar na base dos distúrbios graves do sono: um investimento narcísico transbordante, que leva a uma superestimulação e excitação constantes, ou, então, um interesse insuficiente pelo bebê, impondo a este privações de difícil elaboração. Pode ocorrer uma alternância entre as duas posições, mergulhando o bebê em um estado de confusão.

Em consequência, o bebê se vê compelido a procurar sem descanso no mundo exterior a fonte de satisfação libidinal e narcísica que deveria se instalar em seu mundo psíquico. Nestes casos, o ciclo repetitivo de choros, choramingos e agitação só se rompe se a mãe retoma o bebê no colo e o embala. A energia psíquica expressa na atividade desesperada em busca do objeto tem um efeito desorganizador no desenvolvimento, tanto no plano psicológico quanto no somático. Ainda neste registro devem ser compreendidas a associação distúrbios do sono-hipercinesia ou de apoio na motricidade.

Valorizar o sono

Dolto pergunta-se acerca das *condições do adormecimento* da criança – necessárias para que o sono se instale, se conserve e termine –, considerando suas perturbações como consequência da não observância de alguma destas condições. Em um discurso dirigido à mãe ou aos pais sob a forma de recomendações, termina por estabelecer as bases para uma espécie de "higiene do sono" baseada em concepções psicanalíticas sobre a constituição e o desenvolvimento do sujeito, sugerindo, desse modo, o lugar ocupado nesse processo pelo dormir e o sonhar[1].

---

[1] Trata-se de artigo publicado originalmente na revista *L'École des Parents*, da associação de mesmo nome, em Paris, na qual Dolto colaborou regularmente. A associação pretendia educar os pais na transmissão de valores para

Podemos adiantar que a noção de ritmação (pulsional) da criança proporcionada pela possibilidade, também pulsional, de a mãe oferecer-se como presença asseguradora para o desenvolvimento das capacidades de autonomia da criança, é central no conjunto das considerações da autora.

Assim, valoriza, em primeiro lugar, a calma do ambiente. Considera que a criança adormecida encontra-se mais vulnerável à atmosfera afetiva que a circunda, do mesmo modo que é mais fácil sugestionar um sujeito dormindo, sob hipnose. No caso de discussões, por exemplo, não tem como tentar compreender as razões do conflito, sofrendo passivamente as tensões, "principalmente antes dos três anos e se quem discute são os adultos de quem depende afetivamente". Pela mesma razão, o bebê e a criança pequena não devem dormir no quarto dos pais: crianças não devem ser as testemunhas despertas ou adormecidas da vida conjugal dos pais *"num ambiente em que lhes é imposto compartilhar, sob hipnose, emoções que superam em intensidade... suas possibilidades de ressonância e que, artificialmente, as excitam no plano do desenvolvimento afetivo e sensual* [...] *em virtude na sua idade"* (p. 95).

Se uma criança dorme mal, deve-se perguntar primeiramente quem está ansioso à sua volta e, na medida do

---

seus filhos. "Higiene" (do sono, alimentar, etc.) é o termo médico para o conjunto das condições a serem seguidas – em geral referente aos hábitos do sujeito – para o "bom funcionamento" de uma função; assim sendo, pode ter um valor de "tratamento" ou de prevenção de distúrbios (do sono, obesidade, etc.).

possível, limitar-lhe o contato. Se é a própria mãe que está ou é ansiosa, deve-se criar a situação mais calma possível enquanto a criança dorme, colocando-a em outro quarto, por exemplo.

Para Dolto, a condição essencial para pegar no sono é estar em segurança consigo mesmo, e para o bebê e a criança pequena, isto é o mesmo que estar em segurança com sua mãe. É raro, então, que a criança criada com segurança de dia acorde ou chore muito durante a noite. Para isso deve ser habituada cedo ao fato de que a mãe não é só dela, mas também de outros, principalmente do pai, à noite – isto faz parte das leis que regem a vida afetiva da criança em nossa cultura, e a criança o aceita com facilidade se a mãe não estiver angustiada. Toda pessoa afetivamente boa para a mãe é sentida pela criança como igualmente boa – o que vale para babás e empregadas, avós, e o próprio pai. A criança adormecerá bem nos braços de quem a mãe puder de fato "entregá-la".

A criança pode ser "distraída" – excessivamente sensível aos movimentos exteriores – para comer tanto como para dormir. Não são, segundo a autora, casos patológicos, mas, sim, crianças que carecem de calma, já que estão "à espreita de tudo que se passa em casa, e isso vem da mãe, pois se a mãe ficar inteiramente voltada para o filho enquanto ele dorme, este não ficará distraído". Para adormecê-lo, é necessária a presença atenta e concentrada da mãe, ocupada em dar-lhe a segurança necessária à vinda ao sono e seu estabelecimento.

Quando a criança tem alguma dor, mesmo as comuns (dores de dente, cólicas), a mãe é sentida como *"eu-má--mãe"*, *"eu-insegurança"*, sendo preciso, então, que arque com a segurança do exterior. É preciso que seja particularmente atenciosa nestes momentos: lhe falará, entoará uma canção de ninar, imprimirá um gesto ritmado ao berço. *"A criança que sofre um mal-estar ou sofrimento precisa sentir-se reunida por um laço afetivo, físico e sensorial, como esse pequeno acalanto ritmado pela voz materna, que lhe torna mais acessível a volta à segurança intrauterina de que necessita."* O temor das tentativas de chantagem com a mãe pela criança só se tornam repetitivas ou incontroláveis se a mãe sente-se insegura ou culpada quanto ao que oferece ao seu filho. No entanto, "irritar-se ou repreender a criança a pretexto de infundir-lhe segurança, impedi-la de traduzir sua necessidade ou vontade natural de trazer a mãe para si só a gravaria sua insegurança [...], distúrbios graves podem ocorrer mais tarde em crianças completamente desritmadas por perigos fisiológicos sem carinhos maternais ou repreendidas porque a mãe não tendo o tempo de cuidar delas não podia aguentar a culpa e a pena ao ouvi-las chorar" (pp. 96-97).

Do início do andar até a idade do pensamento refletido (5-7 anos), a atividade muscular passa a reger a vida da criança, e o sono pode, então, ser vivido como uma suspensão da atividade à qual a criança tenta recusar: não quer mais dormir, ou teme cair no sono, e se o adulto a manda dormir, experimenta isso como uma frustração. Nesse caso, é preciso preparar o sono com mais cuidados: vestir o pijama, dizer-lhe boa-noite várias vezes, ou deixá-la brincar dizendo que se deite quando cansada, pois dormirá tranquilamente. Se o sono está demorando demais, pode ser o pai a vir dizer que agora acabou, que a mamãe precisa descansar. A *identificação com o adulto que dorme* ajuda a criança a valorizar o sono e a adormecer com segurança (p. 99).

O medo da escuridão pode perturbar o adormecimento e a qualidade do sono das crianças; pode-se tentar ajudá-la a vencer seu temor da noite habituando-a à escuridão: brincar de esconde-esconde ou cobra-cega, de dia, com a mãe; "assim a criança assimilará a noite à sua mãe e à segurança que ela significa". Uma luzinha no quarto que possa manejar ou a presença de bichinhos e bonecas pode ajudar: "se recria a situação mãe-filho: protegem-se mutuamente. É um objeto de transferência que faz com que não se sinta sozinha" (p. 99).

> [...] meu coração bate na velocidade do mar para a lua encantaras ondas dos mares estão muito fortes começou a chover estou na minha cama dormindo o meu sono na minha caminha com meus bichinhos de pelúcia [...] meu cobertor é de lã de carneiro que a mamãe comprou minha melhor boneca chama Amiguinha a da minha irmã chama Amigona [...] não consigo dormir porque estou com pesadelo. Já é meia-noite então eu vou dormir na cama da minha mãe vou ler meu livro na noite, na escuridão [...]. gosto do Brasil / então eu moro no Brasil minhas melhores

melhores amigas chamam: Alice, Júlia, Nina, Marina G., Marina Se Gabriel que é meu melhor amigo O galo já cantou Vou acordar e tomar café. ("A *velocidade dos mares*", Tamara, 6 anos)

Quanto aos pesadelos, são comuns em certas fases do desenvolvimento e são também um meio de elaborar fantasias. É importante que a criança saiba que todo mundo os tem, principalmente quando se é pequeno. Pode-se favorecer atividades elaborativas como desenhar ou escrever sobre o que causa medo. "Por meio disto ela pode dar um nome e uma forma à sua angústia. Desenhando seus pesadelos, os domina."(p. 103) Contar sonhos ou pesadelos é aprender que se pode falar deles, mas o adulto deve ouvi-los sem os julgar, aceitando os juízos que a própria criança proponha. Muitos sonhos provocam sentimentos de culpa, como os sonhos de morte dos pais, mas, como lembra a autora, a criança tem de passar por sonhos de ausência dos pais para poder prescindir deles e ganhar autonomia. Quanto à criança agitada por terrores noturnos, considera inútil acordá-la, pois o trabalho de infundir segurança é feito durante o dia, cotidianamente.

Os jogos ritmados representam uma técnica para adquirir segurança; entre eles, Dolto inclui a masturbação. Como os adultos, que em momentos de perigo podem instintivamente agarrar-se aos órgãos genitais, a criança fecha-se em si mesma, para resguardar-se e proteger-se. As reprimendas e punições à masturbação são consideradas prejudiciais; mais tarde, "essa proibição materna pode causar distúrbios obsessivos por causa da força mágica de todos os hábitos adquiridos entre 2 e 5 anos, antes que haja uma razão sensível, intuitivamente, para a criança valorizar o impedimento" (p. 100).

Sendo a segurança o fator fundamental para o adormecimento da criança e, se nos inícios, ela é proporcionada pelo meio, há que se valorizar o sono e o descanso e não impô-lo como um castigo. Pode-se entoar uma canção de ninar ou contar histórias simples, apaziguantes, a ênfase não devendo recair na culpa e no castigo; do mesmo modo não se deve recapitular as faltas do dia ou as inquietudes da criança, seus fracassos e dificuldades.

Para a conservação do sono, ruídos e luzes podem ser prejudiciais, mesmo quando a criança parece não lhes prestar atenção: TV, rádio, gritos. O barulho da vida lúdica de outras crianças não tem inconveniente se o ambiente afetivo for bom, não perturba a criança em sua vida inconsciente. As luzes, principalmente as intermitentes, como as de anúncios luminosos, TV e computadores, suscitam fantasias e podem interferir com o sono.

Finalmente, deve-se atribuir importância ao despertar de qualidade e dar tempo para que ele aconteça. O despertar pode ser lento e rabugento, em suma, penoso para muitas crianças. A autora considera que esses estados de semi-despertar são do sono e não da vigília. A criança leva 10 minutos para despertar, e esse prolongamento do sono tende a ser mais demorado se a criança teme o que a espera na vida desperta. Deve-se, então, dar-lhe tempo para sair desse torpor e não arrancá-la de sua defesa com repreensões que só aumentariam o desprazer com que é vivido o despertar.

Provocar despertares prematuros pode quebrar o ritmo da criança, criando-se um círculo vicioso, pois, segundo a autora, a criança despertada "em contrarritmo" tem mais dificuldade para adormecer. A criança vai cada vez mais carecendo de sono, e os distúrbios vão se agravando.

Certas crianças despertam cedo por seu ritmo natural. Outras podem preferir essa hora matinal como um momento de sossego, "ninguém por perto". Se a criança aprende que não tem o direito de acordar pode dormir demais ou mergulhar em um "torpor acompanhado de fantasias". Embora aparentemente isto não atrapalhe o adulto e possa representar uma tentativa dela de ficar de bem com ele, a autora considera que esta é uma situação que pode induzir regressões importantes. "Porque os pais acharam que era preciso obrigar a criança dormir, ficará sempre meio adormecida. Eles a forçam a entrar num retraimento prudente, que muitos guardam por toda vida [...] se depois de repente ela é colocada em circunstâncias extraordinárias [...], eles se dão conta que era hiperativa e não o tinham percebido. [...] Foi o educador que pouco a pouco fizera seu papel de entorpecimento." (p. 108)

O sono agitado

O sono agitado indica momentos da história do sujeito em que a elaboração psíquica está mais intensa. Como se sabe, esta elaboração se refere às ansiedades derivadas das vicissitudes da libido.

O sono infantil costuma ser perturbado por volta dos oito meses de vida. O oitavo mês é a época do aparecimento da angústia frente ao estranho: o bebê manifesta prazer em ver a mãe, pai ou adultos próximos, mas, ao contrário do que fazia até aqui, demonstra inquietação diante de rostos estranhos. Este fenômeno é considerado um indicador da relação de objeto, fase essencial do desenvolvimento afetivo e também de uma articulação na organização mental. É nesta idade também que se inicia a fala das primeiras sílabas, com suas consequências para o estabelecimento da castração simbólica pela função linguística, segundo Jorge (1988).

Fain, a partir de Spitz, postulou que a angústia diante do estranho responde a um mecanismo psíquico relativamente complexo, uma espécie de protótipo do mecanismo fóbico. A fobia é um mecanismo defensivo que visa projetar sobre um objeto externo o mal-estar ou a angústia, visando possibilitar um certo apaziguamento do sujeito. A projeção do conflito sobre o rosto estranho seria um deslocamento da impressão da experiência desprazerosa vivida anteriormente no contato com a mãe frustrante. Em contrapartida, a visão do rosto familiar é ligada à mãe gratificante, a "boa mãe".

Portanto, a angústia do estranho seria uma fobia organizadora dos afetos e do pensamento (apud Kreisler, 1999)[2].

Doumic (apud Kreisler, 1999) distingue nas insônias de segundo ano a *insônia ansiosa, a insônia barulhenta da criança em conflito com a mãe e a insônia alegre do excitado*. Kreisler (1999) considera fundamental diferenciar as insônias de agitação das insônias de angústia. Nas primeiras, mais graves, pode-se surpreender a "síndrome da criança vazia", que abordaremos adiante.

Entre os 2 e 4 anos o sono, pode ser muito agitado, ainda mais que aos oito meses. Nesta época ocorre uma intensificação da vida fantasística, por causa de uma série de características dessa etapa do desenvolvimento libidinal: "1. A experiência de mundo interno adquirida pelo controle esfincteriano (equivalência pênis-fezes-dinheiro); 2. A descoberta da diferença anatômica entre os sexos, e o despertar da curiosidade sexual; 3. A maior ambivalência amor-ódio, dada a simbolização do Édipo." A tentativa de elaboração dos conflitos relacionados a estas experiências seria responsável pelos distúrbios do sono nessa idade (Jorge, p. 88).

Dolto admite que o período edipiano, que localiza entre 4 e 7 anos, seja particularmente sujeito aos pesadelos.

---

[2] A ausência completa de angústia diante do estranho deve, segundo o autor, ser tomada como um sintoma de alerta significativo, mas com sentido diverso conforme o quadro clínico, por exemplo anorexia, mericismo, asma, etc. Na criança vazia, ela faria parte da atonia afetiva global.

Ocorrem a partir de um resto de tensão da atividade diurna, plena de inquietações nesta época, que permanece durante o sono. Então, "como já não tem limites, assume formas muito fantasísticas. São projeções da agressividade oral (lobos, leões) quando a criança é pequena; depois projeções da agressividade captadora (ladrões de crianças) e fálica (revólveres, fuzis) no período seguinte; no momento do Complexo de Édipo e na puberdade são os perigos para as pessoas dos pais, os sonhos de morte, de perigos de assassinato ou violação, de crimes de que se é injustamente acusado"(1952, p. 103).

Debray (1988) considera que o aparecimento dos pesadelos indica que a criança já tem à sua disposição os meios de tentar lidar psiquicamente com as típicas angústias desta etapa do desenvolvimento, a ausência deles o que deve ser tomado como inquietante no conjunto das características da criança.

Sono de defesa

Dolto (1952) faz referência ao que chamarei um "sono de defesa": o sono como fuga ou refúgio diante de uma situação vivida como desprazerosa ou ameaçadora. Lembra, como exemplo, que, durante a ocupação nazista, na França, todos dormiam no metrô.

Crianças bem pequenas deixadas com uma pessoa de quem não gostam ou não conhecem podem dormir durante todo o tempo. Aqui teríamos "uma reação na forma de inibição", um sono "passivamente agressivo contra o meio exterior, no qual a criança se fecha acreditando que dele nada virá de bom". A reclusão e a sonolência na adolescência, como veremos, pode ser entendida como sono de defesa (p. 92).

Muitas hipersônias em adultos ou crianças podem ter este significado. Comumente é melhor tolerada pelo sujeito e pelo meio do que a insônia, podendo chegar a passar despercebida. Pode ocorrer nas depressões, embora menos frequentemente que as insônias. Também pode estar presente alternando-se com noites ou períodos de insônia ou de atividade exacerbada.

Cair no sono não deixa de ser um modo de não passar ao ato, se isto for considerado perigoso ou indesejável pelo sujeito. Não poderíamos aqui deixar de mencionar aquelas situações em que um paciente adormece durante sua sessão, ou às vezes sessões inteiras, em uma radicalização de um fechamento mais sutil e também mais comum, que é o silêncio.

Se é verdade que o contexto pode evidenciar, neste sono, uma fuga ou mesmo um ataque ao enquadre – destinado justamente a favorecer a palavra, o fluxo de ideias –, devemos ao mesmo tempo reconhecer o possível valor positivo de uma defesa. Vimos como esta "retração", este encapsulamento presente tanto no sono como na depressão pode ter o significado de uma proteção – a única possível – de um espaço psíquico ameaçado de desmoronamento. Neste caso, há que se perguntar porque o paciente sente a necessidade de que, no espaço transferencial, alguém vele dessa maneira o seu sono ou o seu silêncio.

O sono na adolescência

Os médicos consideram que no período da adolescência a necessidade de sono tende a aumentar de 8 para até 10 horas diárias, sendo, portanto, maior que a de um adulto. Ao mesmo tempo, tende a ocorrer nessa mesma faixa etária um "atraso de fase do sono", isto é, o sono tende a chegar mais tarde à noite (meia-noite, uma hora) e o despertar mais tarde, de manhã (10h da manhã). Como os compromissos e interesses sociais também emergem com força, obrigando-o a acordar mais cedo e dormir tarde, o adolescente tende a dormir menos do que precisaria. Entre as consequências da falta de sono estariam a sonolência diurna, a depressão, a irritabilidade, dificuldades de concentração e memória, e suas consequências e limitações à criatividade (Silva, 2000).

A adolescência é uma fase de mudanças grandes e rápidas, caracterizada por períodos de passividade e de letargia que podem alternar-se com a atividade frenética chegando ao comportamento perigoso – seja isso um modo de provar-se a si próprio, seja para descarregar tensões internas. Para

Bettelheim (1995), essa alternância é expressa em certos contos de fadas, por exemplo, quando o herói parte em busca de aventuras e subitamente é paralisado pelo sono ou transformado em algum objeto inanimado por algum encantamento – estátua, pedra, etc. Ou essa sequência pode aparecer invertida – o herói não faz nada até a adolescência, aprendendo passivamente, até a hora de partir e realizar feitos para se desenvolver, tornar-se ele mesmo.

Assim, o conto A Bela Adormecida e seus similares enfatizariam a concentração demorada e tranquila necessária nesta fase da vida, o que explicaria a universalidade de uma história que fala de um longo período de sono no começo da puberdade. O ensinamento que aparentemente remete à passividade – estar dormindo em vida – na verdade leva em conta os processos de vital importância que se processam internamente neste período, limitando a energia para a ação orientada para o exterior. Por isso, contos que têm como tópico central um período de passividade por meio do sono permitiriam ao adolescente compreender que durante os períodos "inativos" as coisas continuam a acontecer.

No período que precede a chegada da primeira menstruação as meninas tendem a mostrar-se passivas, sonolentas, refugiadas dentro de si. Os meninos experimentam um período de lassidão e ensimesmamento durante o período que antecede a chegada da maturação sexual. Esse período de inatividade do início da puberdade é seguido por uma fase de atividade que compensa a anterior. O adolescente irá procurar demonstrar masculinidade e feminilidade, e o fará às vezes de forma perigosa, na medida mesma, diz o autor, que o desenvolvimento está de fato atravessado de perigos, em um processo em que o adolescente perde a inocência prévia – renunciar à segurança da infância, controlar ansiedades e tendências violentas, aprender a conhecer a si próprio.

"A Bela Adormecida" abrigaria, então, uma mensagem importante para a sociedade atual – na qual os jovens e seus pais temem o desenvolvimento calmo, predominando a crença na ação e no pragmatismo, em que só fazendo coisas se atingem objetivos. Mas um período longo de calma, contemplação, de concentração sobre o eu é necessário e pode favorecer realizações ulteriores. Essa retração elaborativa, "curativa" sobre o eu não deixa de remeter ao mecanismo do trabalho de luto, tal como descrito por Freud, ou à própria função regenerativa do sono.

Outro ponto essencial no conto A Bela Adormecida seria que o período de sono profundo, semelhante à morte, precede o encontro do parceiro amoroso. A reclusão narcisista do adolescente é necessária, desde que relativa – como no conto, o mundo inteiro à sua volta dorme, deixa de existir e de viver enquanto ele não abrir os olhos para ver. O conto fala de espera, suspensão, latência: os pais da Bela esperaram muito por um filho, e ela esperará pelo príncipe e pela iniciação sexual em um sono tranquilo que é o eufemismo da morte anunciada pela bruxa invejosa.

A curiosidade adolescente encerra perigos, mas também é inexorável: o sangue derramado no fuso do tear refere-se à menarca e ao defloramento (p. 265).

As cólicas do primeiro trimestre

Para Debray (1988), as cólicas idiopáticas do primeiro trimestre, que compreende como uma "dificuldade de ficar sozinho no período de uma noite" são encontradas atualmente em quase todo recém-nascido, mesmo que a sintomatologia não chegue a se instalar de modo estável. Reitera que as cólicas têm sido atribuídas ao hiperinvestimento materno muito ansioso do recém-nascido, que pode deixá-lo em um "estado de hipervigilância" que pode se traduzir tanto por meio da cólica como por despertares noturnos frequentes.

No caso de um hiperinvestimento ansioso demais do bebê pela mãe, os gritos do bebê podem funcionar como um meio de descarga de uma tensão excessiva. O fato de que esse distúrbio funcional não ocorra em instituições corrobora a hipótese de que decorre de um hiperinvestimento no bebê por uma mãe presente além do suficiente.

Os episódios de cólica ocorrem em geral no fim do dia; o bebê chora, grita e se contorce sem causa aparente ou adormece para em seguida acordar gritando, às vezes durante horas, os ruídos na barriga podendo favorecer a interpretação dos gritos como de dor abdominal por causa de cólicas.

A criança adormeceria, em um primeiro momento, por causa do esgotamento físico, no sono chamado fisiológico, mas ao adentrar o sono libidinal, equivalente ao sono paradoxal, desperta. Soulé, (1981, *apud* Castro) compara o acordar do bebê com cólica ao despertar dos sonhos da neurose traumática em adultos. Ambos seriam invadidos por um excesso de excitações – nos dois casos estas ultrapassariam a capacidade do psiquismo de elaborá-las (Castro, 1998).

Muitos autores entendem que a "economia psicossomática" da mãe engloba a do bebê nos primeiros tempos. A mãe funcionaria nestes inícios como um verdadeiro *sistema de para-excitação* para o bebê, filtrando tanto as estimulações externas como as do mundo interno – do bebê e também do seu próprio.

Se o sistema de para-excitações materno encontra-se prestes a se exaurir ou está parcialmente exaurido, produz-se a sintomatologia psicossomática do bebê, transitória ou duradoura, conforme o caso. Debray observa, no entanto, que o fato de que a regulação bebê-meio se dê por meio de uma sintomatologia psicossomática passageira pareceria "inevitável, senão desejável".

Considera que qualquer que seja a causa da cólica, "objetiva" ou não, trata-se sempre de um estado de agitação ansiosa, que, uma vez intensificada, solicita uma intervenção do meio. Em geral, essa situação tende a se acalmar até os três meses de idade ou mesmo antes; excepcionalmente, o quadro se intensifica dando lugar à sintomatologia dos gritos paroxísticos (berros e choro incessantes, desorganizadores, acompanhados de agitação motora).

O terceiro mês de vida é a ocasião da formação do primeiro ponto organizador de Spitz: a criança consegue estabelecer a conexão entre uma imagem – a parte do rosto materno constituída pela gestalt olhos-nariz-boca – com as satisfações experimentadas enquanto observava essa imagem, na amamentação. Seria a organização desses primeiros traços de memória visual o que vem a permitir a formação dos sonhos, compostos de imagens. As cólicas cedem quando o bebê estabelece esse primeiro ponto organizador, pelo fato de ter adquirido uma possibilidade de autorregulação interna (Castro, 1998).

A observação mostra que o episódio de cólica cede mediante dois recursos: o uso da chupeta, que permite uma descarga da excitação por intermédio do prazer localizado, oral; ou do embalo, um investimento no corpo inteiro do bebê, favorecendo o retorno ao narcisismo primário.

S. Bleichmar (1994) considera a chupeta como um antecessor importante do objeto transicional:

> Diferente do dedo, não constitui uma parte do corpo próprio, sempre à disposição da criança. Em tal medida, sendo um objeto autoerótico, abre-se, ao mesmo tempo, sobre o horizonte dos objetos perdíveis e reencontráveis;

sendo outorgado pelo outro humano, assim como o seio, pode ser considerado um precursor do objetal sobre cujo horizonte se instala. (p. 14)

Os motivos de uma criança não aceitar a chupeta seriam ou que a mãe a oferece de modo ambivalente quanto ao valor que este objeto "alheio e de puro gozo" possa ter para o seu filho ou porque o dedo está sempre à disposição da criança, a chupeta não se tornando um precursor do "objeto transicional": algo alheio ao próprio corpo e ao corpo da mãe, que comece a constituir um suporte de mediações e intercâmbios. Pode ser que nem a mãe, nem em consequência a criança tolerem algo que se interponha entre ambas, o seio, representante privilegiado da mãe, mantendo-se na qualidade de "único objeto nutrício e de gozo", excluindo a entrada de um mediador (p. 155).

As técnicas do embalo e da chupeta são usadas pela mãe para que o bebê se acalme e continue dormindo, libertando-se do excesso de excitações. A mãe, aí, está funcionando como uma *mãe calmante*, a que exerce, em um primeiro momento, o papel que depois será atribuído ao sono. Note-se que as técnicas utilizadas para dar continuidade ao sono são motoras – o embalo e a chupeta. Elas desempenham nesse momento a função que será, mais tarde, substituída pelos sonhos. O bebê deverá adquirir, com o tempo, a *capacidade de alucinar o embalo*. Fain compara este fato ao que se passa fisiologicamente no domínio do sistema nervoso autônomo, por ocasião da aquisição dos sistemas de autorregulação, regulação esta, nos inícios, dependente do meio circundante. A clínica de distúrbios precoces, nos quais a função de "guardião do sono" permanece a cargo do meio ambiente, evidenciaria uma dificuldade na aquisição dessa função mental de autorregulação (Fain, *apud* Castro).

A cólica, como a insônia, é considerada como um distúrbio da organização do sono. As insônias teriam um prognóstico mais desfavorável que a cólica, principalmente as muito graves e/ou muito precoces. Para Fain, estas últimas constituem um núcleo de base que permanecerá como ponto fraco na estrutura de personalidade.

A *insônia infantil*

Segundo Debray, pode-se falar em insônias infantis primárias e secundárias. A insônia primária não pode ser considerada como tal antes dos dois meses de idade, pois o sono é habitualmente irregular no período inicial da vida. Fala-se em insônia primária quando o sono permanece muito perturbado nestes inícios sem que se identifiquem períodos mais calmos. Considera, distanciando-se de outros autores da psicossomática, que as consequências dessa sintomatologia para a criança podem ou não ser graves, conforme o caso e seu contexto afetivo.

A autora chama a atenção para a repercussão que a falta de sono do bebê pode causar nos pais, eles também submetidos a uma privação do sono à beira do intolerável. Se a situação persiste, por exemplo até o segundo ano de vida, o meio familiar, em especial a mãe, pode encontrar-se em um estado de esgotamento físico e psíquico. Situações de crise instaladas modificariam necessariamente a personalidade dos adultos confrontados com ela, sendo, portanto, prematuro que se impute às características dos pais observadas nas primeiras consultas um valor de explicação causal para os distúrbios do sono da criança.

O desencadeamento deste tipo de sintomatologia produziria, então, inevitavelmente, distúrbios secundários que muitas vezes terminam por contribuir na sua manutenção. Muitas vezes o que acontece é que as características pessoais da mãe e do pai se acentuem e se agravem, mas é possível também o surgimento de manifestações não habituais que desaparecerão com a solução da crise. Critica então a posição de que certas tipologias, nos pais, produzam diretamente uma sintomatologia determinada nas crianças – ao contrário, "a complexidade que preside a regulação da economia psicossomática individual permite tipos de expressão psicossomática variados, testemunhados pelo bebê" (p. 50). Segundo sua experiência, tanto nas insônias primárias como nas secundárias, o bebê pode se apresentar menos afetado que seus pais, mostrando que perturbações no estabelecimento dos ritmos diurnos e noturnos podem não ter grande repercussão no seu desenvolvimento geral.

A insônia secundária manifesta-se de modo bastante diferenciado quanto à insônia primária. São bebês ou crianças pequenas, frequentemente no curso do segundo ano de vida, que após terem estabelecido uma organização adequada do sono noturno subitamente desenvolvem insônias "estrondosas" que podem às vezes evocar o terror noturno.

Ao fim do segundo ano de vida ou no terceiro ano, sonhos do tipo pesadelo podem desencadear tais crises de terror, como o relato da própria criança testemunha. A progressão do conflito edípico demanda, por parte da criança, a organização das moções pulsionais (principalmente as agressivas) com respeito às figuras parentais, que vai produzir, com o desenvolvimento do aparelho psíquico, a expressão onírica. Nos casos considerados favoráveis, esta pode ser retomada, ao despertar, em um trabalho elaborativo verbalizado. Mas a autora assinala que isso implica uma possibilidade de tomar distância e de expressão verbal bastante sofisticada. O trabalho de distinguir imagens terroríficas do sonho ou pesadelo das fantasias diurnas, de despojá-las do caráter de realidade que as torna assustadoras, requer uma capacidade de tolerância à angústia que poucas crianças pequenas já desenvolveram. As respostas habituais a este tipo de sensação de medo é, então, a desorganização manifesta no choro ou gritos ou então uma fuga fóbica atuada – a criança foge e esconde-se da imagem assustadora (como pode acontecer com figuras impressas, imagens de TV, etc.).

O aparecimento de sonhos sob a forma de pesadelos deve, portanto, ser tomado como um sinal favorável, considerando a intensidade dos afetos com que a criança pequena tem de se haver – eles testemunham a instauração de uma organização capaz de tentar uma tradução, na cena psíquica, da intensidade pulsional comum nessa etapa. Ao contrário, a ausência de qualquer produção onírica deve ser tomada como inquietante, podendo sinalizar certa falha na organização psíquica. O aparecimento do terror noturno, como qualquer sinal ou sintoma, deve ser portanto apreciado no contexto geral das características da criança.

No caso da insônia secundária, segundo a autora, a problemática se organiza mais frequentemente em torno da expressão de angústias de abandono e separação, e não da projeção de agressividade para o exterior. Assim, tanto como para as insônias primárias, na insônia secundária se expressa um estado em que o sistema de para-excitação da criança está transbordado ou em vias de se transbordar – o que equivale a estar insuficientemente contido no sistema de para-excitação materno e paterno. Isto pode ainda traduzir uma situação pontual, transitória ou um estado continuado, somente a avaliação do contexto mais geral podendo indicar o tipo de intervenção a ser considerado (p. 68 e seguintes).

A *insônia severa precoce*

A insônia infantil é um fenômeno comum, mas quando grave manifesta-se já nas primeiras semanas de vida, os bebês não podendo dormir mais que três ou quatro horas por dia. Muitas podem apresentar concomitantemente descargas motoras nas quais às vezes se ferem fisicamente (por exemplo, bater a cabeça no berço).

Desde o nascimento existem as condições neurobiológicas que regem a atividade alucinatória, sendo possível detectar as fases REM do sono mesmo no feto. A insônia infantil grave, portanto, pode ser considerada um sinal de que o bebê não é capaz de efetuar a retirada do mundo libidinal e narcísico, ato para o qual está biologicamente capacitado. Se problemas orgânicos ou ambientais puderem ser descartados, provavelmente estamos diante de um caso patológico de relação mãe-bebê (McDougall, 1992).

Se, na economia da mãe, o bebê está destinado a ser somente o seu objeto de gratificação libidinal e narcísica haverá graves riscos de distúrbios desde o início da vida e de desorganizações no estágio posterior da maturação dos fenômenos transicionais. Deste modo se constituiria uma predisposição futura, na vida adulta, à criação de "objetos transicionais patológicos" ou "objetos transitórios" que poderão tomar a forma de substâncias ou relacionamentos com que se mantém uma relação de dependência adicta. Estes seriam investidos em um esforço de representar a mãe da infância para o sujeito – tentativa de aplacar a dor psíquica pelo preenchimento mágico do vazio de "um mundo interior vacante da representação internalizada de uma instância maternal reconfortante, restaurando [através da droga ou da relação adicta], fugazmente, o ideal diádico primitivo." A economia psíquica aditiva pode estar associada a uma predisposição psicossomática, ambas as tendências tendo origens similares (p. 88)[3].

A criança vazia

Léon Kreisler (1999), respeitado especialista da psicossomática da infância na atualidade, inclui os distúrbios do sono como uma das manifestações mais significativas do ponto de vista do "prognóstico" psicológico e somático da criança. Kreisler propõe, para além das manifestações sintomatológicas que constituem a queixa trazida pelos pais, um "diagnóstico estrutural" do funcionamento da criança e em especial da díade mãe-criança.

"A expressão somática é uma, entre várias, das formas que a cena clínica da patologia adota. A duas outras principais são, por um lado, o comportamento e, por outro, a via psíquica

---

[3] No caso com que ilustramos o tema do sono e da morte (cap. 2), relatado pela autora neste mesmo artigo, a paciente apresentava, além da insônia, um alcoolismo incipiente desde a infância, crises de eczemas e depressão; na infância teve crises de asma e alergias alimentares.

por uma expressão mentalizada – neurótica, por exemplo. A qualidade das resistências físicas de um sujeito em relação às agressões depende em grande medida da solidez de sua constituição mental; a desorganização das defesas psíquicas traz consigo a das defesas biológicas [...], noção [que] cria a preocupação de discernir estruturas vulneráveis, propícias à desorganização somática. Na impossibilidade de conseguir operar um restabelecimento por meio de uma elaboração mental, tais sujeitos caem numa desordem somática." (pp. 16-17)

A clínica psicossomática da primeira idade, até os anos sessenta, confrontara-se com uma patologia puramente funcional, deixando crer que a psiquiatria do lactente seria essencialmente o estudo de seus transtornos funcionais, cuja descrição contribuiu para fundar a psicopatologia da primeira idade. Hoje, segundo Kreisler, pode-se afirmar que *os transtornos funcionais traduzem a vertente conflitiva* da psicopatologia precoce, sendo a outra a *da privação, o vazio relacional passando ao primeiro plano*[4].

---

[4] Considera-se que as duas obras fundamentais na psicossomática da criança são A criança e seu corpo (Kreisler, Fain e Soulé,1981) e A nova criança da psicossomática (Kreisler, 1999). A primeira abordou, entre os distúrbios do sono, a cólica do primeiro trimestre e a insônia. Os aportes mais recentes sobre distúrbios do sono provêm do estudo dos distúrbios funcionais precoces mais graves, que por sua intensidade e duração poderiam levar às somatizações da segunda infância ou até a morte. A obra considerada fundamental para esses desenvolvimentos é A nova criança da desordem psicossomática, de Kreisler, pediatra do IPSO, influenciado pela teoria de Marty. Os distúrbios do sono estudados foram principalmente o sonambulismo, o terror noturno e o nanismo, mas, sobretudo, se introduz um

Dentre as estruturas suscetíveis de desenvolver grave patologia psicossomática e que frequentemente desenvolvem distúrbios do sono destaca o que chama de "síndrome do comportamento vazio da criança pequena".

São crianças que portam graves falhas em sua organização mental em uma conjuntura de carências afetivas severas. Convidam, segundo o autor, ao desenvolvimento de uma "vertente somática da patologia da privação", ou seja, o campo de uma patologia psicossomática da privação no qual predomina o "desgaste das capacidades de elaboração fantasística e onírica". Estes casos resultariam de condições afetivas inadequadas, contínuas e prolongadas: permanência de uma relação vazia ou de circunstâncias marcadas pela descontinuidade – rupturas reiteradas da relação entre a criança e sua família, comum nas condições socioculturais contemporâneas.

Os elementos considerados essenciais da síndrome do comportamento vazio são:

1. As crianças mostram-se totalmente tomadas pelas coisas e situações concretas, suas condutas sendo induzidas pelo ambiente perceptivo motor, fora do imaginário: as atividades lúdicas não são infiltradas pela fantasia inconsciente. Os distúrbios

---

pensamento em que a classificação já não se dá pelo tipo de distúrbio, mas, sim, por tipos de funcionamento mentais infantis propensos à somatização (Castro, 1998).

do comportamento não estão necessariamente presentes, mas pode-se dizer que a própria vida é organizada em torno do comportamento.
2. Observa-se uma atonia afetiva global, cujos indícios seriam:
- indiferenciação da relação de objeto: aceitação anônima de parceiros, englobados na mesma indiferença ou reduzidos a coisas, objetos lúdicos.
- ausência da inquietude diante do estranho – indício importante da indiferenciação objetal (no presente ou na história do 1º. ano).
- pobreza ou ausência de atividades autoeróticas e transacionais.
3. O reconhecimento da síndrome é difícil antes dos 2 anos de idade, pois é necessário certo grau de autonomia do funcionamento psíquico para que a síndrome possa ser detectada.
4. Na evolução, assinala-se a reversibilidade pelo tratamento e/ou mudanças das condições ambientais. Sem intervenções, há risco de cristalização e instalação de uma neurose de comportamento.
5. O diagnóstico diferencial seria com a psicose infantil e a depressão das crianças pequenas, com as quais guarda traços semelhantes. A diferença fundamental estaria na evolução e nas circunstâncias de aparecimento do quadro. Kreisler relaciona a depressão com condições relacionais novas que cortam a trajetória

de um desenvolvimento, resultando de uma relação subitamente esvaziada de sua positividade afetiva (por exemplo, em consequência de um luto ou depressão na mãe). É considerada um dos principais fatores de desorganização psicossomática – uma depressão "fria", sem a sintomatologia espetacular da depressão clássica. A síndrome do comportamento vazio, ao contrário, desenrola-se longamente, enquanto permanecem os fatores patógenos, sendo expressão de uma falha na organização mental. Ambos os quadros são frequentes, mas reversíveis, demonstrando "o extraordinário potencial de recuperação da criança pequena" (pp. 134-135).

6. As características encontradas na base do comportamento vazio da criança pequena se assemelham, guardadas as diferenças próprias a cada idade, com o funcionamento comportamental das crianças maiores acometidas de terror noturno ou sonambulismo, e, em última análise, à neurose de comportamento do adulto. Mas Kreisler adverte que problemas designados sob um mesmo diagnóstico – como a insônia e a anorexia – na verdade correspondem a distúrbios muito diferentes conforme acometam o sujeito na primeira ou segunda idade, na adolescência ou na vida adulta.

Como ilustração do pensamento do autor, resumi o caso de uma menininha de 18 meses com distúrbios do sono precoces que recebeu o diagnóstico estrutural de "criança vazia":

Nunca dormira uma noite inteira desde a maternidade; custa a adormecer e então acorda a cada 2 ou 3 horas, uma vez acordada, entretida com atividades lúdicas agitadas, recusa-se a deitar. Na cama, luta contra o sono, até cair adormecida; logo tudo recomeça: acorda repentinamente, com balbúrdia, sai da cama pulando as grades, "titubeante como uma sonâmbula", e brinca até cair esgotada, vencida pelo sono. Os vários medicamentos não ajudaram; o único meio de acalmá-la é dar-lhe de beber, então brinca até adormecer.

A mãe se diz uma "pilha de nervos" por não encontrar o descanso e o ritmo habitual, além disso mostra-se exasperada com o recurso ao psicólogo, que sente como um fracasso pessoal: sua demanda concerne menos ao mal-estar da filha que ao seu próprio incômodo.

Na entrevista conjunta com a mãe observa-se na criança uma hiperatividade intensa, de tipo peculiar: as atividades lúdicas se sucedem rapidamente, sem cessar, a criança mostrando-se totalmente tomada por elas.

Impressiona na menina a frieza emocional: "as pessoas presentes são abarcadas, anonimamente, por seu olhar gelado". Não sorri nem ilumina o rosto em nenhum momento; não parece ligada a nada e ninguém, nem à mãe, que por sua vez não faz um único gesto em direção à filha. A mãe enfatiza espontaneamente que ela nunca chupou o dedo, e, de fato, não se observam atividades autoeróticas ou transicionais. Não manifesta nenhuma angústia, de dia ou de noite. Só saía de sua indiferença se sua atividade fosse impedida; então manifestava cólera e impaciência fugazes e sem lágrimas.

É irmã de um menino de 5 anos que "não deu trabalho". A mãe soube da gravidez em uma verificação do DIU, tendo gargalhado na cara do médico que garantira a segurança do método contraceptivo. Foi uma gravidez difícil, ao contrário da primeira, a mãe dizendo-se chocada por "ter sido pega de surpresa": "ninguém deve decidir por mim." Descreve-se como ativa e organizada: "não tenho problemas e não gosto de tê-los". Opõe a sua calma à ansiedade do marido.

Apesar de tudo percebe-se na mãe um movimento depressivo, embora o atribua à fadiga. Soube-se que mantinha seus filhos fechados no quarto a não ser para as refeições, a saída sendo barrada por uma tela translúcida que permitia vigiá-las. Mostra-se espantada ao ser perguntada sobre a reação das crianças – não se queixam e isso evita bagunça, que detesta. Os horários são rígidos e organizados em função de suas atividades; os cuidados são reduzidos "a uma materialidade em que nada falta, senão a circulação afetiva".

A relação da menina com a mãe foi inicialmente marcada por longos períodos de solidão e curtos momentos de contato, nos quais esta lhe proporcionava cuidados intensos do tipo estimulação para "ensiná-la a ser independente". Quando aprendeu andar, foi relegada ao quarto das crianças de dia, e afastada dos pais durante a noite.

Kreisler considera esta uma insônia de agitação, que se diferencia *da insônia de angústia*, mais comum – trata-se de uma *necessidade de apoiar-se nas coisas e nas ações*. Esta instabilidade é espetacular, incomparável com a hiperatividade de excitação comum aos 2 anos, e diferente da agitação maníaca e da psicose, pois trata-se de "uma série de ações bem adaptadas à realidade, sem emergências arcaicas inquietantes".

O sono seria experimentado como perda de controle e por isso é rejeitado, sendo encontrado apenas no esgotamento, jamais no relaxamento. Há aspectos que lembram o sonambulismo, *os sintomas sugerindo o comprometimento profundo da função onírica*: "todo seu comportamento se desenrola como se estivesse privado de infiltração libidinal e fantasística, como se as representações alimentadas pelas percepções passassem imediatamente para a ação." O uso prolongado de medicamentos provavelmente levou a um efeito paradoxal, já que o sono medicamentoso é amputado de parte importante das fases REM.

A mãe desempenha uma *função materna de tipo "operatório"*, na vacuidade afetiva – uma "relação branca", determinando *sérias perturbações no universo narcísico primário*. A mãe mostra um funcionamento – "de que não tem consciência e não sofre" – que infiltra o conjunto da personalidade, estando ausentes os movimentos pulsionais e ativos das neuroses clássicas. "A vida é organizada pela necessidade de independência e dominação – alçadas ao estatuto de princípio –, pela intolerância à sujeição e por descompensações depressivas pelo fracasso do controle." Nesse contexto a "falha" do DIU tem consequências "típicas": a surpresa da gravidez é suficiente para marcá-la com o selo do fracasso, a criança nascendo sob o signo da perda de controle. A fragilidade da *neurose de caráter*, sujeita à desorganização, aparece na tendência a estados de fadiga depressiva quando seu funcionamento habitual fica impedido (pp. 123 e 124).

As terapias conjuntas mãe-bebês

A maioria dos autores defende a indicação de terapias conjuntas mãe-bebê em caso de distúrbios do sono graves e precoces – uma consequência lógica do fato de que esses distúrbios são considerados quase que unanimemente como um desacerto, mais ou menos "grave", da relação mãe-bebê.

Debray (1988) é uma entusiasta deste tipo de abordagem, às vezes de forma continuada. Mas caberia ao terapeuta ajustar-se às características da tríade pai-mãe-bebê para engajá-los em uma psicoterapia conjunta, suscitando neles o desejo deste trabalho. Não deixa de insistir na dificuldade e delicadeza desta empreitada para o terapeuta, embora as condições particulares nas quais esses tratamentos se instauram habitualmente – estado de crise aguda em função da sintomatologia do bebê – permitam "uma ancoragem transferencial e contratransferencial de saída firme." A crise pode constituir-se, então, no ponto decisivo que poderia lançar na aventura psicoterápica sujeitos que não se inclinariam a isto em outras circunstâncias: "beneficia desde o início o trunfo considerável constituído pelo bebê". Decorre que os limites destes tratamentos deve-se imputar em certa medida aos limites pessoais dos terapeutas, ou do pediatra que deveria formular sua indicação (pp. 160 e 162).

Para a autora, muitas vezes estas crises são oportunidade para um engajamento em um tratamento psicanalítico que potencialmente pode levar a transformações efetivas na mãe, principalmente, abrindo para a criança a perspectiva de um desenvolvimento psíquico ulterior mais favorável:

> O tempo que segue a vinda ao mundo de uma criança pode aparecer como um período estruturalmente muito favorável para remanejamentos internos [...] suscitados pela gravidez e pelo parto, e depois pelo caráter intensamente pulsional do bebê. Isto ocasiona não somente o risco de crises agudas, mas também a possibilidade, sobretudo através do trabalho psicanalítico, de obter a superação de posições pré-conscientes ou inconscientes anteriores que podiam parecer inabaláveis.(p. 163)

Embora não haja contraindicações para tratamentos conjuntos pais-bebês atingidos por distúrbios do sono (ou outros distúrbios psicossomáticos precoces), "trata-se para o terapêuta de ajustar-se ao máximo às características da economia psicossomática da mãe e do bebê [...] e de não trazer senão o que vai poder ser efetivamente aceito ao seio da díade ou da tríade pai/mãe/bebê [...]; esforço-me para que nenhuma manifestação intempestiva de minha parte venha perturbar ativamente a relação transferencial que se esboça." Refere-se a condutas ativas do tipo chamar o pai; ao contrário, aceita acolher em sessão os que manifestam o desejo de vir, em geral motivados pela mãe (p. 67).

Quanto ao trabalho com a mãe, escreve: "proíbo-me toda conduta pedagógica ativa em relação à mãe, que não procuro em absoluto tornar uma mãe terapeuta segundo a fórmula de M. Soulé (1982). Assim, respondo [...] a seus pedidos sob um modo antes de tudo psicanalítico [...] centrado [...] nas variações inconscientes que presidem o investimento necessariamente ambivalente segundo os momentos de seu filho"(p. 68).

Para bebês e crianças pequenas com insônias primárias, a preocupação do terapeuta deveria ser a de poder ser investido "como *um terceiro que vai favorecer no bebê mecanismos de espera que lhe permitam se acalmar durante o dia para poder em seguida se acalmar também à noite*"(grifos meus). Para isto pode-se lançar mão de técnicas que procuram instaurar um jogo elaborativo em torno das noções complementares presente/ausente, visível/invisível, esconder/mostrar. Qualquer suporte proposto pela mãe ou pela criança pode ser usado com este fim: jogar o "Cadê?... Achou!" com brinquedos ou a própria criança, trabalhar diante do espelho no qual o terapeuta aparece e desaparece, etc.

> Trata-se, em suma, de ajudá-lo a reter em si uma imagem suficientemente estável que remeta [...] à permanência do objeto, para que o objeto amado ausente não lhe apareça de imediato como perdido, o que desencadeia seu estado de desamparo. (p. 68)

A utilização destas técnicas diante da mãe ou dos pais pode ter efeitos elaborativos sobre eles, às vezes possibilitando que retomem este tipo de brincadeiras com seus filhos fora das sessões. O lugar do terapeuta, assim, pode ser fonte de novas identificações para os pais.

Mais adiante, o trabalho de colocação em palavras dos afetos e comportamentos da criança vai valorizar e possibilitar o investimento do mundo do pensamento. Por intermédio do material lúdico e das histórias de livros contados pelo terapeuta, de início, e depois pela criança, pode-se enfatizar "os aspectos fobogênicos e dramatizados que provocam medo e prazer. Este trabalho verbalizado em torno das posições fóbicas da criança é, com efeito, a mais segura garantia para permitir-lhe povoar os momentos de solidão, em particular se ela acorda novamente durante a noite"(p. 68).

Silvia Bleichmar (1994) considera a abordagem do casal de pais e seu bebê, ou da mãe e do bebê, coerente com uma perspectiva que considere o inconsciente como não existente desde os inícios da vida, mas como produto da cultura fundado na relação com o semelhante.

Pensar a fundação do inconsciente como não mítica, mas real, dada na relação com um outro também real, coloca a questão da transferência e da contratransferência na interpretação de pais quando estes trazem uma questão quanto à sua criança. Bleichmar evoca Bion ao insistir em que analistas de crianças possam ser capazes de "encarnar" uma atitude que proponha e possibilite a geração do pensamento, favorecendo a elaboração por uma função de *revérie*. "O rosto solene, inclusive punitivo, com o qual às vezes se recebe a angústia dos pais, devolve – em espelho e, em função da posição transferencial, incrementados – os aspectos punitivos de um ego ideal submetido às capturas mais brutais do narcisismo em jogo." Seria, então, danoso que se confundisse a abstinência analítica, exercida no registro da acolhida benevolente (Laplanche) e a suspensão de todo julgamento moral com "a impassibilidade e com o silêncio acusatório, que só levam a uma apropriação do outro mediante o exercício de um poder" (p. 43).

Se o inconsciente não é dado desde o início, mas fundado na relação com o semelhante, como considerar as perturbações do sono (ou qualquer outra) muito precoces, aquelas que se manifestam antes da constituição definitiva de uma tópica? Ou aquelas que se manifestam em sujeitos cuja tópica não se instituiu completamente, afetando o comércio entre os diversos sistemas psíquicos?

Sintoma ou transtorno[5]?

Escreve Silvia Bleichmar (1994):

> Quando encontramos um transtorno muito precoce na constituição psíquica, esta constituição, considerada enquanto real, e não como mítica, concebida enquanto tempos de fundação do inconsciente, deve ser exaustivamente revisada. [...] A própria definição de *transtorno* inscreve-se em uma proposta [...] na qual diferencio, seguindo uma perspectiva freudiana, entre *sintoma*, enquanto formação do inconsciente, produto transicional entre os sistemas psíquicos, efeito de uma não lograda

---

[5] A noção de "transtorno", aqui, de forma alguma se confunde com a conotação do termo no contexto médico (categoria psicopatológica por agrupamento de sintomas). Na verdade, ao contemplar além de um momento do desenvolvimento certas condições psicopatológicas que se referem a um "aquém" da neurose e do recalque, a noção estaria mais próxima de alguns "distúrbios" estudados pela psicossomática. Justamente para evitar a ainda imprecisa nomenclatura do campo da psicopatologia do sono, preferi muitas vezes usar simplesmente a expressão "perturbações" do sono, propositalmente mais vaga

> satisfação pulsional, *e algo de outra ordem*, algo que não pode ser considerado como tal em sentido estrito, na medida em que o pleno comércio entre os sistemas psíquicos não está operando – seja por sua não constituição [...] seja por seu fracasso, parcial ou total. (p. 10)

Assim, pergunta-se de que modo o psíquico pode ser definido se não considerarmos a perturbação do dormir como sintoma, formação de compromisso, efeito do recalcamento funcionando no interior da tópica constituída. Haveria duas opções, que sustentam uma tensão no campo da clínica com crianças: ou expressa uma fantasia inconsciente que perturba o lactente na relação com o objeto ou é algo puramente somático, explicado no plano biológico. Para a autora, estes dois polos definidos entre interpretação e medicação, são ambos insatisfatórios, embora implicando modos diferentes de conceber a constituição psíquica.

Se o inconsciente não é existente desde as origens, mas efeito de uma operação que o funda por meio do recalcamento originário – que oferecerá um lugar definitivo às representações inscritas nos primeiros tempos da sexualização do bebê –, coloca-se o problema de definir *que tipo de inscrições psíquicas seriam estas inscrições precoces que não são inconscientes em sentido estrito (metapsicológico)*. Para que haja inconsciente é necessário que a clivagem psíquica tenha ocorrido, sendo ele o efeito da diferenciação deste outro sistema que é o pré-consciente-consciente. A partir daí será regido pela legalidade do processo primário e sustentado no interior do aparelho psíquico pelo recalcamento.

Propõe, então, a estreita inter-relação entre o psiquismo infantil incipiente e o inconsciente materno: o transtorno do sono pode ser considerado efeito de uma perturbação no vínculo primordial com a mãe; mas, o problema que se coloca é uma interrogação acerca das vias de passagem e as premissas metapsicológicas – do psiquismo materno e da criança – para que se constitua uma perturbação deste tipo.

Seria preciso diferenciar entre constituição do inconsciente, efeito do recalcamento originário, e as inscrições sobre as quais este recalcamento se estabelece. Sobretudo interessa pensar como se dá a instalação do autoerotismo e da economia libidinal antes que isto se estruture. Aqui caberia "formular, para os primeiros tempos de vida – nos quais as inscrições sexualizantes que dão origem à pulsão já se instauraram, mas cuja fixação ao inconsciente ainda não ocorreu porque o recalcamento ainda não está operando –, seguindo os modelos freudianos das formas de circulação libidinal, *um Mais aquém do princípio do prazer*"(p. 11).

De certo modo a diferenciação proposta por Bleichmar entre sintoma e transtorno encontra ressonâncias com a formulação psicossomática que diferencia entre sintoma mentalizado (o sintoma das neuroses de transferência, expressão simbólica efeito de um compromisso entre instâncias) e as manifestações comportamentais e somáticas, decorrentes justamente de uma falha na simbolização. Sem nos ocuparmos, neste momento, das distâncias decisivas acerca da própria constituição do psiquismo nas duas formulações, valorizamos aqui a consideração – importante na compreensão e na clínica de muitas perturbações do sono – de que a ideia de sintoma, em seu sentido metapsicológico estrito, não recobre todas as manifestações psicopatológicas do sono. A relevância desta observação inscreve-se na problemática clínica do manejo da interpretação – válida para conteúdos recalcados expressos simbolicamente, e da construção – ali onde se trata de inscrever, fazer marca, de algo que não encontra ainda um registro propriamente psíquico, entendido como parte do inconsciente instaurado pelo recalque.

5.

O SONO SEM SONHOS:
O FRACASSO DA FUNÇÃO ONÍRICA

> Quando saudamos, num tratamento, como sendo um acontecimento psíquico, o advento ou o retorno da capacidade de sonhar [...] não é apenas porque vemos nisso uma oportunidade, para nosso paciente, de entrar em contato com aspectos recalcados ou clivados de sua pessoa. É porque pressentimos que essa capacidade oferece uma possibilidade de suscitar nele um outro regime de pensamento. (Pontalis, p. 47)

Se consideramos a proposição freudiana de que os sonhos têm importante função elaborativa na vida mental, como pensar as consequências de que esta função falte – temporariamente ou não? O que determina que alguns tenham uma vida onírica rica – os sonhos são lembrados e valorizados como parte, ainda que enigmática, da vida do sujeito – enquanto outros "sonham pouco", nunca se lembram de seus sonhos, ou então demonstram não se deixarem afetar pelos próprios sonhos – seja pela via do prazer ou da estranheza? Que dizer de pacientes cujos sonhos se reduzem à reprodução de fragmentos das vivências diurnas, sem dar sinal de uma infiltração fantasística qualquer?

Assim como na insônia grave e precoce, outros distúrbios do sono parecem estar relacionados com o prejuízo da função onírica e fantasística – dos processos de simbolização que o sujeito tem a seu dispor. O sonho sendo "a via régia para o inconsciente", o trabalho do sonho, suas qualidades e suas "falhas" constituem um instrumento precioso do funcionamento psíquico do sujeito.

Uma primeira situação que fala de um relativo – pontual – "fracasso" na elaboração onírica é a situação, bastante comum, do *pesadelo*, ou do *sonho de angústia*. O sonho, no seu próprio decurso, falha na sua função de guardião do sono e o sujeito desperta: a censura que se opõe à satisfação do desejo, forçando a deformação dos elementos do sonho, não foi suficiente – algo do recalcado aparece reconhecível e sobrevém à angústia.

Mas o fracasso do sonho pode não ser contingência pontual, e sim um funcionamento que marque toda uma fase de vida, uma situação psíquica – por exemplo, uma depressão. Durante uma análise, o analista está atento a estas variações da vida onírica, em quantidade e qualidade, pois são indicativos preciosos do funcionamento mais geral do paciente.

Em situações ainda mais radicais, a função onírica pode estar comprometida desde o próprio modo que o sujeito pôde se estruturar. Quando o sonhar fracassa, a atividade motora no próprio sono pode tomar seu lugar, como no sonambulismo; ou um ataque de angústia sem nome, sem imagens nem lembranças, toma a criança no meio da noite – o terror noturno. Finalmente, em circunstâncias extremas, a criança pode simplesmente parar de crescer por falta de sono, no nanismo psicológico.

Estas últimas são situações situadas num *aquém do primeiro modelo dos sonhos de Freud*. Freud concebeu, de início, um aparelho psíquico coerente com a clínica que praticava – adultos neuróticos, que irá sofrendo revisões à medida que evolui seu trabalho clínico-teórico. Neste processo, o exame das psicoses com a introdução do conceito de narcisismo, a constatação da compulsão à repetição e a formulação da pulsão de morte seriam pontos de virada fundamentais. Este percurso, nota Gurfinkel (1997), não deixa de *ser uma lenta e progressiva construção de uma metapsicologia que passa a incluir os limites da simbolização.*

A incapacidade de sonhar em Freud

O autor evidencia o que chama "os quatro pontos sem nó" da primeira teoria freudiana sobre os sonhos, pontos que interrogam os limites do modelo de aparelho psíquico da Interpretação dos Sonhos:

1) os *sonhos de comodidade*, nos quais o desejo "atual" se expressa quase diretamente no sonho, sem deformações, semelhante aos sonhos de crianças, indicando uma falta ou ausência da elaboração onírica. Os sonhos de comodidade realizariam desejos derivados das pulsões de conservação, ligados à ordem da necessidade. Contudo, segundo Freud, justamente o que caracteriza os sonhos é a realização de um desejo sexual e infantil recalcado disfarçado pela deformação onírica. Neste caso, então, trata-se apenas de uma não necessidade de deformação ou faltariam meios expressivos para uma verdadeira elaboração onírica?
2) os *sonhos de angústia*, que trataremos em seguida.
3) os *aportes à teoria do sonho com a introdução do narcisismo*, examinados acima[1].
4) os *sonhos traumáticos*, cujo exame levou à formulação da pulsão de morte. O sonho já não é necessariamente uma realização de desejos, nem o princípio do prazer, o soberano na vida mental. Em situações extremas (traumatismos violentos) a realização alucinatória de desejos é preterida por uma função primitiva do psiquismo que busca, através de processos de ligação,

---

[1] Cf. cap. 1.

dar vazão ao excesso de excitação intolerável, não processável pelo psiquismo. Estamos no campo do fracasso dos processos de simbolização (pp. 61-65).

A questão de uma "incapacidade de sonhar no mais além", no desenvolvimento da teoria freudiana após 1920, foi examinada por Pontalis (1990). Acompanhando o movimento de Freud diante dos sonhos traumáticos, pergunta-se:

> Por que, durante noites seguidas, essas pessoas repetem o mesmo sonho penoso, *revivem em sonho*, ao passo que durante o dia não pensam no acontecimento que tanto as atingiu? *Acordam aterrorizadas*, e na noite seguinte tudo recomeça. Decididamente, isso não combina com uma teoria do sonho como realização do desejo. Não há nada que seja redutível ao caso dos sonhos acompanhados de angústia, pois então pode-se supor um conflito de desejos. Não, *o sonhador vai diretamente ao ponto, sem desvio: precipita-se no espanto, no horror*. (p. 33, grifos meus)

Freud é levado a admitir que a função do sonho está aqui "desviada de seus fins". O caráter repetitivo do sonho traumático sugere a necessidade de condições prévias à instauração do sonho como satisfação do desejo; a capacidade de sonhar demandaria que "uma outra tarefa esteja cumprida antes"(Freud, 1920).

Para Pontalis é a essa questão que toda a especulação do "Mais além" é dedicada. O sonho não pode cumprir sua função de ligação sem que uma espécie de pré-ligação seja estabelecida; em outras palavras, o processo do sonho não pode funcionar segundo sua lógica própria enquanto o espaço, o sistema psíquico do sonho, não esteja constituído como tal (p. 34).

O autor prossegue com suas próprias associações: "o sonho traumático é *flash-back* e parada da câmera sobre a imagem, não representa nada mais que o acontecimento". Repetindo incessantemente a reprodução do acontecimento, lhe confere ainda mais intensidade do que tinha na realidade – aproximando-se assim do pesadelo, "*figura do informe*" –, deixando o sujeito desamparado frente a uma ameaça perpetuada.

> A fixidez do trauma, violação e ruptura repentina, impede o desenrolar do Traum, o tecido de imagens [...] quando o invólucro protetor foi rasgado e o suporte projetivo destruído, a *letra* imagística do sonho já não pode mais escrever-se. O intérprete não tem mais nada a dizer; ele conserta o tecido, ou, confiando na paciente tecelagem artesanal que se chama "perlaboração", espera que da catástrofe nasça um enredo. (pp. 35-36)

O traumático obriga o sujeito a *alucinar o pavor e o espanto*, submetido à identidade de percepção (diferente da busca ativa da identidade de percepção da satisfação). A condição prévia para o sonho "freudiano", a ligação mínima da energia livre tendendo à descarga, que possibilitaria a formação de um sonho, está ausente (Pontalis, 37).

Pode-se dizer que, neste caso, *a própria tela do sonho foi esgarçada, o trabalho exigido ao psiquismo – de restauro, remendo – estando aqui "aquém do princípio do prazer"*, remetendo ao autoconservativo. A *malha de representações sofreu um dano*, rompeu-se: a imagem sugere um buraco na tela, à semelhança do que Freud usou para a melancolia. Mas pode-se também pensar que *a percepção traumática, não encontrando na malha de representações um lugar* – não se articula com nada –, demande ao psiquismo todo um *remanejamento*: essa desorganização que precede uma ordenação nova e obrigatória seria *uma queda, em rede, de toda malha na sua função de suporte protetor ou projetivo: tela reduzida a um pano caído*, sem tensão ou moldura.

Mas a sequência acima ainda comporta uma outra linha de associações: "figura do informe", "precipitação no espanto", "alucinar o pavor", "acordar aterrorizado" – aqui se descortina o *campo do terrorífico, da experiência e do afeto de terror*, que interessa também ao pesadelo e ao terror noturno e que retomaremos adiante.

Só em 1932 Freud realiza a revisão de sua teoria dos sonhos considerando as consequências destas considerações para seu modelo metapsicológico inicial, pondo então em cheque sua tese principal: o sonho é sempre uma realização de desejos? Termina reconhecendo os limites de sua tese no caso dos sonhos traumáticos e enunciando uma modificação no princípio que funda a psicanálise: o sonho é uma tentativa de realização de desejo que, no entanto, pode falhar. Em certas circunstâncias, o sonho pode não atingir (ou tem de abandonar) seu propósito – caso de uma fixação a um trauma. O sujeito sonha porque o relaxamento da censura, no sono, deixa entrar em atividade o impulso da fixação traumática; falha, porém, a elaboração onírica, capaz de transformar as marcas mnêmicas do acontecimento traumático em realização de desejo, e o sujeito desperta. "Nestas circunstâncias surge a insônia; o sujeito renuncia a dormir por medo do fracasso da função onírica". Em outras palavras, o próprio princípio do prazer falha ou é ultrapassado em situações extremas.

Aqui estão em jogo a falha da elaboração onírica e a insônia, à maneira dos sonhos de angústia, como também a retomada da teoria do trauma, levando em consideração a pulsão de morte. A teoria da angústia, portanto, complementa e se opõe ao modelo dos sonhos de 1900.

Gurfinkel (1998) propõe a ideia de uma série de "formações sintomáticas" segundo o grau de simbolização implicado, a ser tomada de modo não linear. Em uma ponta da série coloca o sonho e em outra a somatização. No modelo do sonho traumático e na teoria da angústia, encontra os elos intermediários. Assim, a ação (que no modelo inicial é oposta à representação) ocuparia uma posição intermediária, já que o entendimento da repetição transferencial a situou como momento privilegiado de uma ação que representa. Por outro lado, a repetição compulsiva, efeito da pulsão de morte, tende a esvaziar o sentido da ação por seu caráter de descarga, estando assim um passo adiante na direção da somatização. O *acting-out* pode ser incluído aqui. O sonho traumático detém um potencial simbolizante – é um sonho, ainda que evidencie a falha básica do princípio do prazer. O mesmo para a angústia, à medida que é, ao mesmo tempo, sinal e efeito da falha de elaboração onírica que interrompe o sono. Em relação ao sonho traumático podemos compreendê-la como um acúmulo de energia cuja impossibilidade de derivação abre o caminho para a compulsão repetitiva. Assim teríamos a seguinte sequência:

> Sonho "de desejo" - repetição atuada, na transferência - sonho traumático - angústia - repetição compulsiva - ação pura (descarga motora) - somatização. (pp. 66-67)

Para Delouya (2000), na obra de Freud a segunda tópica retoma o que foi relegado com o abandono do caminho das neuroses atuais:

> A descoberta de um princípio que se situa além do princípio do prazer – de *compulsão à repetição* – (mais básico, mais primitivo e mais conservativo), no cerne da pulsão de morte, reaparece, em 1920, em relação às neuroses

> traumáticas de guerra, tendo seus elos com as narcísicas. Freud retoma os antigos modelos, energéticos e funcionais do aparelho psíquico (sem explorá-los até o fim), demonstrando a anterioridade destes, lógica e temporal, na determinação das condições de possibilidade da emergência de suas características propriamente psíquicas, do sentido e da linguagem.(p. 19)

Para Pontalis (1977), isso evidencia a contradição com que Freud se deparou: os modos de funcionamento próprio do processo primário – *os efeitos de condensação e deslocamentos, os jogos de substituições, etc. – não são exclusivos ao trabalho do sonho; por outro lado, o sonho acontece num espaço interno específico. A pulsão manifesta-se em outros lugares, sem se figurar:* um aquém da representação, campo da pulsão de morte, em que a pulsão permanece fixada a "representantes" que se atualizam diretamente no agir compulsivo ou que repetem o destino; e "um mais além, mais problemático, da representação, onde o pulsional, sempre presente, produz o espaço aberto da obra e da ação. O sonho, aí, ocupa uma posição intermediária" (p. 29).

O pesadelo

> O sonho mais selvagem já não é domesticado? [...] É o pesadelo que rompe o estado de sonho, bem mais que o

despertar, que sabe manter essa doce e lancinante incerteza. (Pontalis,1977, p. 25)

Freud, acerca do pesadelo ou, como preferia, do sonho de angústia, escreveu:

> A limitação na medida em que dois desejos são incompatíveis implica um possível caso em que a *função de sonhar possa vir a fracassar*. É permitido ao processo onírico começar como a realização de um desejo inconsciente, mas se essa tentativa [...] ressoa sobre o pré-consciente com tanta violência que ele é incapaz de continuar dormindo, então o sonho rompeu o acordo e falhou em cumprir a segunda metade de sua missão. Neste caso, ele é imediatamente interrompido e substituído por um estado de completa vigília. (Mas) não é culpa do sonho se ele aparecer no papel de perturbador do sono, em vez de seu papel normal de guardião do mesmo [...]; *não pode mais desempenhar sua função de impedir uma interrupção do sono, mas assume, em vez disso, a outra função de prontamente dar fim a este* [...] *comportando-se como um guarda-noturno* consciencioso, que primeiro desempenha seu dever pela supressão das perturbações [...], mas depois, continua a cumprir seu dever, acordando os habitantes se as causas de perturbações parecem sérias. (Freud, 1900, p. 618, grifos meus)

Já no primeiro modelo dos sonhos, portanto, Freud relaciona o sonho de angústia com um fracasso parcial da função onírica e sua consequência – o despertar súbito, que podemos considerar como uma das variantes de insônia. Note-se que o despertar é considerado, nesta passagem, como uma função "secundária" do sonho, função defensiva que ainda visa proteger o psiquismo.

Gurfinkel (1998) assinala que o sonho de angústia, relacionado à interrupção do sono e à função do sonhar, põe em evidência a questão da relação do sonho com o sono, do sonhar com o dormir. O sonho de angústia que desperta é aquele em que o desprazer vivido pelo eu diante do desejo sexual expresso pelo sonho não pôde ser contornado. Houve uma falha no processo de deformação (ou elaboração) onírica, e o afeto, que não pode ser metabolizado pelo processo primário – como as representações – transforma-se em angústia.

Mas se o despertar se deve a uma falha do sonhar, o que determinaria uma falha na função onírica? Freud insiste na origem sexual da angústia desencadeada pelo pesadelo, afirmando que o sonho de angústia pertence ao campo das neuroses. Mas a transformação de uma excitação sexual incapaz de derivação psíquica em angústia é precisamente o que Freud indicou como sendo a característica da neurose atual (Gurfinkel, 1998, p. 62).

Pereira (1999), que estudou a psicopatologia do quadro de angústia particular denominado "pânico", assinalou as aproximações deste estado com a angústia do pesadelo e do terror noturno (p. 65). Tomando a polissemia como método, encontra na raiz da palavra "pânico" o deus Pã, deus de sexualidade ilimitada que inventou a masturbação, considerado o demônio do pesadelo – forma apavorante do sonho que representa uma fusão brutal da sexualidade com a angústia: "A natureza de Pã, ao mesmo tempo sátiro, bode e falo, permite reunir o medo pânico e os aspectos eróticos do pesadelo numa única e mesma figura". O autor faz notar que este aspecto nos remete ao papel da masturbação no estudo das neuroses atuais e sua relação com a neurastenia[2].

A relação entre Pã, a masturbação e o pesadelo aparece na análise etimológica do radical M-R encontrado nos termos *cauchemar* (francês) e *nightmare* (inglês), o elemento *mare* significando "o esmagador", o demônio noturno opressivo. O significado do radical M-R, "esfregar sobre, cansar, estafar-se", compreenderia uma alusão à masturbação, da qual uma das significações seria idêntica à do pesadelo: "culpabilidade incestuosa, experiências noturnas, sadismo, medo da castração e da morte, etc" (Jones, *apud* Pereira, 1999).

Freud não ignorou esta relação entre pânico, sexualidade e pesadelo. Sugeriu que a angústia do pesadelo se origina na libido recalcada, e também que o sonho usa as sensações corporais do sonhador semelhantes à angústia "para realizar

---

[2] O outro sentido do radical pode, entretanto, ser lido como *pan*: "tudo".

desejos fortemente reprimidos que, por motivos psíquicos, terminariam através de uma angústia análoga" (1900). O pânico, diz Pereira, como o pesadelo, coloca em primeiro plano a face apavorante do sexual, que se apresenta quando este já não encontra pontos de referência simbólicos onde se ancorar.

O mito de Lilith, primeira mulher de Adão que recusou submeter-se a ele como ao próprio Deus-Pai, tendo sido por isso transformada em demônio, foi privilegiado, em certos estudos, como figuração da confluência horror-sexualidade. Lilith, que "aparece com o Sono, filho da Noite, na forma de íncubo", se manifesta frequentemente na linguagem onírica em uma experiência noturna relatada como perturbadora, dolorosa e inesquecível: "[...] em geral o íncubo ataca os adormecidos pelas costas e frequentemente tem início com sonhos espantosos imediatamente seguidos de dificuldades respiratórias, de uma forte opressão no peito" (p. 159)[3].

As formas do íncubo são variadas, mas o elemento sempre presente é um profundo e incompreensível terror, acompanhado de exasperantes sensações corpóreas:

> Enquanto está imerso no sono, o adormecido é colhido subitamente por um profundo mal-estar, se sente sufocar, faz esforços vãos para inspirar o ar que lhe falta... a

---

[3] Íncubo: "Demônio masculino que [...] vem pela noite copular com uma mulher, perturbando-lhe o sono e causando-lhe pesadelos. Antônimo de súcubo, que seria seu correspondente feminino" (Dicionário Aurélio).

sensação que é mais comum é aquela de um corpo pesado que comprime o epigástrio... O íncubo tem início com uma verdadeira alucinação; o ser que te saltará ao peito o surpreende já no quarto, tu o vês se aproximar e querias poder fugir-lhe, mas a imobilidade já é total. Esta pessoa salta na cama, tem os traços alterados por um horrível requebro; avança, e quando se apossa do corpo da vítima, o íncubo alcança o ápice da intensidade. (Jones, *apud* Sicuteri, 1987, p. 160)

Ou ainda:

Em cada hora da noite, aquele que sonha sente que sua respiração está impedida. Uma criatura qualquer [...], um hirsuto animal, ou uma repugnante forma humana, comprime o peito do adormecido ou imobiliza sua garganta procurando estrangulá-lo. O terror aumenta com a asfixia, toda tentativa de defesa é impossível pois todos os membros estão paralisados... Estes são em resumo os sintomas do íncubo: a sensação de sufocamento, o terror, a sensação de um corpo pesando sobre o peito e a impossibilidade de defesa.(p. 161)

Estas descrições, cujo caráter sexual é bastante explícito, evidenciam mais precisamente o sexual apavorante que caracteriza o pesadelo, mas também nos remete a uma aproximação com os sinais físicos das neuroses atuais – taquicardia, opressão no peito, dispneia, etc. Não deixam de nos provocar, além disso, no registro de uma interrogação especulativa, quanto a uma possível aproximação com alguns distúrbios respiratórios do sono, tão em evidência na cena médica atual. Ao lado do elemento terrorífico, aqui a opressão no peito e as dificuldades respiratórias são uma constante, evocando as manifestações vegetativas que muitas vezes acompanham a angústia.

Além disso as distinções entre sonho e alucinação parecem borradas se comparamos as duas citações; por outro lado elas têm em comum o afeto de terror frente a uma figura indeterminada, indistinta, informe – o que nos remete tanto às cucas e tutus da infância quanto a essa "figura do informe" que Pontalis evoca quanto ao pesadelo.

Quanto à figurabilidade do sonho, Pontalis insiste no fato de que "o inconsciente não exige ser figurado: é, ao contrário, uma exigência à qual ele é submetido pelo sonho"(p. 28). Talvez por isso refira-se ao pesadelo como "figura do informe" – de certa forma, a operação de figurabilidade não se completa quando na imagem onírica predomina as exigências de uma instância, faltando algo para que uma formação de compromisso se configure: algo aparece demais, excessivamente "real", como no sonho traumático.

A tela do sonho, como sublinha Pontalis, não é somente tela de projeção, mas também de proteção e filtro quanto àquilo que ameaça de dentro "onde biológico e cultural se encontram": barreira contra a pulsão de morte, barreira contra o incesto, que conjugaria gozo e terror (1977, p. 36). Por isso, conclui, a ligação, a *Bindung* do sonho depende do figurável: o que pode ser visto, ser representado pelo sujeito, é o que já pode colocar-se a distância, guardando a integridade do sujeito ameaçado de "dissolução".

> A morte... não se olha no rosto. *O pesadelo assinala a virada*. Eu me sinto então penetrado em meu próprio reino (os íncubos), já não tenho nenhum lugar em mim – roubado até mesmo na possibilidade de divagar no meu país – preso a potências que, por serem todas poderosas, são necessariamente maléficas, mortíferas. (p. 36)

Por fim, sublinhemos que, se desse ponto de vista o pesadelo é um *fracasso* da função onírica, ele deve ser reconhecido no seu sentido psicopatológico positivo – como tentativa de elaboração de um conflito e como experiência angustiante ou dolorosa – que pode, entretanto, levar a um ensinamento, se escutado. É grande o valor dos pesadelos vividos e relatados em uma análise, à medida que portam conteúdos em proximidade com o recalcado, podendo mesmo, às vezes, significar o primeiro movimento do levantamento de um recalque[4].

---
[4] Isso é válido, aliás, para todas as expressões afins que viemos utilizando e que fazem parte dos esforços da psicanálise em ir "além": falar de *falhas* da simbolização ou *deficiências* da função onírica não deve levar-nos a supor

O terror noturno

O terror noturno é considerado um distúrbio típico do período edípico, enquanto o sonambulismo, que pode ser o seu herdeiro, atinge crianças no período seguinte do desenvolvimento, a fase de latência. Raramente se manifesta antes do terceiro ano, sua incidência diminuindo com a aproximação da segunda infância. Trata-se de um breve ataque de angústia que surpreende a criança em pleno sono, mergulhando-a em um estado de grande pavor, em que não pode reconhecer seu meio nem lembrar-se, em seguida, da própria crise.

Na primeira parte do sono, uma ou duas horas após deitar-se, em seguida a um momento de agitação (a criança se mexe, fala, geme), se desencadeia bruscamente a crise, mergulhando-a em um estado de angústia indizível. Os pais são acordados pelo grito estridente da criança, encontrando-a sentada ou em pé na cama, pálida, suada, os olhos esbugalhados. Grita, agita-se, gesticula, defende-se de um perigo invisível; *"os olhos fixam como um espetáculo alucinado, incomunicável, que pode, raramente, incluir pessoas ou objetos presentes"* (Kreisler, 1999).

É característica a inconsciência total do ambiente, a criança não podendo reconhecer o entorno humano que

---

um psiquismo "normal" – ideal – que não comporte restos para além de qualquer análise, rebeldes a qualquer simbolização.

procura tranquilizá-la. Acompanham a crise distúrbios neurovegetativos como taquicardia, sudorese e taquipneia. O fim do episódio, após alguns minutos, é brusco como seu início; vem marcado pela tomada de consciência do ambiente. Raramente o acesso se repete em uma mesma noite, mas pode voltar nas noites seguintes durante um período relativamente longo, muitas vezes na mesma hora.

O terror noturno, como o sonambulismo, não é um fenômeno do sono paradoxal, mas do sono lento, dando-se durante o sono mais profundo, nas fases eletroencefalográficas mais lentas. Como não ocorre durante a fase paradoxal do sono, aquela que contém os sonhos, não é um sonho de angústia, como se acreditou; *"os dados EEG do sono do terror noturno indicam que este, tanto quanto o sonambulismo, a enurese nocturna, o bruxismo e o sonilóquio não depende do sonho"* (Castro). O pesadelo ocorre na fase paradoxal do sono, sendo assim realmente um sonho angustiante, ao contrário do terror noturno.

Assim, de acordo com os registros sonográficos, o terror noturno não se confunde com o pesadelo e o despertar angustiado, angústias noturnas nas quais o mal-estar pode ser aliviado por um chamado que acorda a criança, esta podendo lembrar-se do que aconteceu, mesmo com dificuldades para descrevê-lo.

Dolto, que estudou os distúrbios do sono na criança e viveu em um tempo em que os registros sonográficos eram menos precisos, aproxima e até faz equivaler os terrores noturnos aos pesadelos, aliás, como Freud o fez. Mais atualmente, em Debray, os terrores noturnos aparecem associados à insônia secundária. Mas a autora considera que sonhos do tipo pesadelos podem desencadear as crises de terror, borrando um pouco a diferença entre os dois quadros. Além disso, a autora refere-se a crianças bem pequenas, até por volta de 2 anos de idade, enquanto Kreisler descreve um quadro raro antes dos três anos.

W. Ranña, comparando o mecanismo do sonambulismo com o terror noturno, coloca o primeiro sob o signo da descarga motora, enquanto o segundo representaria uma desgarga psíquica, porém pobre em representação imaginária (1997). Em outro trabalho, sublinhou que os registros sonográficos mostram que a atividade autonômica é muito maior no terror noturno que nos pesadelos, sugerindo um balanço entre atividade psíquica representativa e as manifestações somáticas, as últimas tanto mais presentes quanto menor a primeira (2000).

Pereira observa que muitos adultos que apresentam quadros de angústia tipo pânico relatam terem experimentado terrores noturnos quando crianças e também que não é raro que crises de pânico ocorram durante o sono. Por outro lado, o autor preocupou-se em distinguir o estado de pânico do terror, o primeiro representando uma derradeira tentativa de o sujeito defender-se do segundo[5].

---

[5] No pânico não se trata do abandono à morte, mas de luta pela vida: o sujeito "quer fazer alguma coisa", desesperadamente, em um esforço para não

A questão que se impõe perante a constatação neurofisiológica de que o terror noturno não é um sonho, um pesadelo, é portanto: se não é um sonho, o que seria? Como compreender este estado-limite da angústia – o terror – e o que veem esses olhos que "fixam um espetáculo alucinado, incomunicável"?

O olho do pesadelo

No sonho traumático, o sujeito "alucina o pavor e o espanto", repetindo a experiência traumática até ela ganhar contornos "mais que reais"; no pesadelo "o informe se figura" e o sujeito "vê" o que devia permanecer velado; no terror noturno "olha-se um espetáculo alucinado". Indaguemos esse "excessivamente visível" – e suas consequências "terríveis" no plano do afeto – que introduz uma continuidade entre experiências distintas, mas que podemos desde já relacionar às vicissitudes da representação, pois se trata, nelas, de diferentes modos e "graus" do fracasso do sonhar.

---

se deixar levar pela fascinação passiva, aterrorizada. As crises que encenam um "morrer" repetem-se incessantemente em um esforço de controle sobre a morte. A reorganização hipocondríaca ante o absurdo dos ataques o testemunha: o inominável fica ancorado no corpo, ainda que enigmático. A crise de pânico se erige contra a aproximação do insuportavelmente inominável e perigosamente mortal – visa à evitação do sexual inassimilável, à apreensão subjetiva do traumático.

Pereira pesquisou as relações entre terror e fascínio – sugeridas aliás pelo tema da hipnose – experiências nas quais o olhar desempenha um papel pregnante. O autor define o terror como o "afeto que emerge na situação traumática da qual o aparelho psíquico busca fugir", mostrando a "situação de fracasso do aparelho psíquico em sua função de simbolização" (pp. 155-156).

A hipnose foi considerada por Freud um fenômeno essencialmente amoroso até deparar-se bruscamente com um aspecto inquietante, não amoroso da hipnose, que se evidencia pela menção da "hipnose de terror do animal"[6], em seu estudo sobre a ligação "hipnótica" das massas humanas ao líder. De estado amoroso do qual foram excluídos os propósitos sexuais, a hipnose precipita-se de repente no campo do terror:

> Nela [na hipnose] existe muita coisa [...] inexplicada e
> *misteriosa*. A hipnose contém *um elemento adicional de*
> *paralisia derivado da relação entre alguém com poderes*
> *superiores e alguém que está sem poder e desamparado* – o
> que pode facultar uma transição para a hipnose de terror

---

[6] Hipnose de terror é um termo descritivo referido ao estado hipnoide pelo qual um animal é tomado na vigência de uma intensa experiência de terror, à paralisia instalada em certas espécies quando o animal se encontra impotente, sem chances de fuga frente ao predador. Estudos etmológicos interpretam-no ora como um comportamento defensivo, "morte simulada" que representa a derradeira esperança de escapar do interesse do predador, ora como uma paralisia muscular orgânica e automática, "passiva", sem qualquer "objetivo".

> que ocorre nos animais. (Freud, 1921, *apud* Pereira, que
> traduz *Schreck* por terror e não por susto)

O autor sublinha o novo horizonte teórico que se descortina aqui, pondo em cheque nada menos que a relação fundamental entre o recém-nascido e o adulto onipotente descrito por Freud, ao desnudar-se a dimensão paradoxal – hipnótica e terrificante – da relação entre um ser onipotente e um outro desamparado. As questões fundamentais seriam que tipo de ajuda vem a faltar ao desamparado (literalmente "aquele deixado sem ajuda") e, de outro lado, o estatuto deste outro ausente de quem se esperaria ajuda. Quais então as relações entre desamparo e terror – entre o estado da angústia mais extrema e a situação de fracasso do aparelho psíquico em sua função de simbolização; qual a dimensão de "terrível paralisia" no desamparo?

Pereira recorre às contribuições de Kierkgaard, Heidegger e Binswanger (pp. 161-163) quanto às relações terror e fascínio. O primeiro compara a angústia à vertigem, sobretudo ao olhar atraído e fascinado pelo abismo. O segundo privilegia o movimento de recuo, que, na angústia, "repousa sob um fascínio" – uma pausa ou imobilidade diante do nada, diante do qual o olhar fica paralisado. O terceiro fala da perda do apoio e do chão e de "olhos fascinados pelo precipício desse solo que se esquiva":

> [...] a boca aberta congela num grito mudo, os olhos fixos,
> os membros paralisados exprimem tanto a impossibilidade
> de poder compreender, 'própria do terror esmagador,
> quanto a impossibilidade de se recompor' e a ' impossi-
> bilidade de mudar de lugar' ante a vista deste precipício.
> (Binswanger, *apud* Pereira, 1999, p. 163)

Na experiência de fascínio e terror – que concerne à hipnose – o olhar ocupa, portanto, um lugar fundamental: a relação está estruturada pelo olhar que a organiza e "determina suas consequências". Podemos assinalar ainda seu efeito (sugestivo) de paralisia, vertigem e queda. Barrois (*apud* Pereira), que trabalhou com neuroses traumáticas, concebe o olhar fascinante como estruturador da relação aterrorizante, na qual participa o encanto:

> [...] o pesadelo e com ele toda síndrome psicotraumática
> exerce uma sedução, desencadeada pelo que chamaremos
> de resplandecente realidade do horror. Isso não deixa de
> evocar a cobra e os encantadores de cobras. *O olho do
> pesadelo* é o olhar da cobra, e o tirar os olhos corresponde
> a assinar sua própria sentença da morte. (p. 164)

O olhar onipotente funciona, portanto, "como precipício que convida ao salto, entrega de pura perda" em um apelo mudo à confiança e completo abandono: propondo-se como objeto ideal é tomado como garantia do estado de não clivagem que caracteriza a relação fusional – a unificação com o objeto erigido como ideal –, *a própria linguagem dissolvendo-se em proveito de sua difusão na imagem do outro*. O terror decorreria, então, da perda da clivagem que permite ao sujeito constituir uma imagem do corpo próprio e orientar-se, sobrevindo uma experiência de *desrealização--despersonalização*. Pereira conclui que na hipnose de terror o olhar onipotente responde ao desamparo fundamental do sujeito, mas aniquilando-o como sujeito, já que responde desde o seu desejo absoluto[7].

Frente ao ser onipotente – o olhar de cobra – resta-nos petrificados constatar que "isto nos olha", diz Pereira, o irrepresentável da morte irrompendo brutalmente no sujeito como realidade "resplandecente de horror". O ser onipotente condensa a mais terrível das ameaças e o poder de proteção, a hipnose de terror sendo definida pelo efeito de fascínio das transmutações terror-ternura desse olhar: sua tonalidade ao mesmo tempo firme e terna assume assim um papel estratégico que mascara o caráter mortal da alienação ao outro.

Para o autor a paralisia – "impossibilidade de mudar de lugar" – da experiência terrorífica remete ao esmagamento da linguagem: da capacidade de figuração e criação de lugares que poderiam levar a uma elaboração qualquer da situação angustiante; é a linguagem o que cria lugares permitindo as

---

[7] Uma posição que corresponde, segundo Freud, à do pai originário, o pai mítico da horda primitiva.

mudanças (os deslocamentos, as transferências). Assinala, assim, a proximidade do tema com "o esforço de teorização da neurose de angústia [...] freudiana: desejo sexual que não encontra 'libido psíquica' – no sentido de impossibilidade de criação pela linguagem de formas psíquicas disponíveis para a constituição do fantasma e do sonho" (p. 167).

Fédida entendeu esse "efeito de massa" a que Freud aludiu acerca da hipnose ("formação de massa a dois") como decorrente da abolição da linguagem pela presença absoluta do outro como pessoa concreta junto ao sujeito, uma imagem unificadora na qual as pulsões parciais buscam se totalizar em um objeto ideal. A hipnose poderia definir-se como o "estado do eu autofascinado por sua totalidade não fragmentável", a tendência sintética e totalizadora do eu se apresentando de forma radical em uma alienação que tem um caráter defensivo: completamente assujeitado ao objeto o eu tenta ainda garantir a autoconservação. O aspecto mortal do estado hipnótico de terror não depende, então, do confronto com a ausência ou falta, mas da entrega ao encanto de um olhar que promete satisfação absoluta. Fascinante e carregada de desejo, a imagem do outro especular, mortalmente onipotente é também terrificante: o fusional leva ao esmagamento da referência de si como diferente, à dispersão da imagem do corpo próprio, tomado por uma excitação inundante, sem referência à linguagem (*apud* Pereira).

Finalmente, o problema do terror concerne à questão do masoquismo primário ligado à pulsão de morte. Freud

(1926), acerca do problema da paralisia da angústia, mostrou que "a reivindicação pulsional diante da satisfação pulsional da qual o eu recua de terror seria [...] a reivindicação masoquista, a pulsão de destruição voltada contra a própria pessoa". O fundo aterrorizante do olhar hipnótico decorre, portanto, não só da ameaça de morte do exterior, mas da "emergência em si dessa *tendência estranha – íntima*, o foco de instauração dos efeitos tão evidentes de *inquietante-estranheza* nos estados de terror. O olhar do ser onipotente é fascinante na medida em que sustenta e serve de suporte para esta autoaniquilação que só se deixa ver como oca e vazia – "o olho do pesadelo" (grifos meus).

Notemos que o autor finaliza suas reflexões insinuando as aproximações entre o terror e a inquietante estranheza. Freud (1919) considerou a vivência de desrealização e despersonalização como correlata ao afeto de inquietante estranheza – o "sinistro" – que resulta do encontro com o sujeito com o que é estranho e familiar, o recalcado que, inopinadamente, "retorna".

Bernard Penot (1992) mostrou as relações entre a estranheza e a recusa (*Verleugnung*) da realidade – mecanismo de defesa diferente do recalque cujo modelo é a atitude do menino frente à constatação da ausência de pênis (a "realidade" da "castração") na mãe, percepção traumática da qual tenta escapar "alucinando" (vendo) aquilo que falta. O reencontro com a percepção traumática ("ver" a falta), ou seja, o levantamento da recusa, é acompanhado pelo afeto de inquietante estranheza: uma vacilação da própria realidade e do próprio sentimento de existência do sujeito, já que põe em cheque toda a organização do sistema anterior de representações do sujeito.

O que vê, então, o sujeito tomado de terror, a criança na vivência de terror noturno? Algo inominável e invasivo se descortina frente ao olhar do sujeito siderado – como uma alucinação que se impõe à percepção, algo que não pode ser pensado nem assimilado como memória: "realidade" de uma falta primordial e inassimilável? Pereira faz notar essa falta ou ausência inscrita na própria palavra Hilflosigkeit, o "los" indicando uma negatividade que aponta para uma dimensão potencialmente terrível, a partir da qual todos os perigos se tornam possíveis. Aqui se descortina o lado, potencialmente mortal da relação dual: "encantamento" sem medida ou interdição que se precipita na descida ao inferno do transe "demoníaco" – a palavra aqui escolhida por referência a suas implicações com o pulsional, a repetição compulsiva, a pulsão de morte (Freud) e o superego arcaico e cruel, que "força a gozar" (Lacan).

O sonambulismo

> No sonambulismo, como em todos os distúrbios do sono, quando um a criança dorme mal à noite, nosso olhar deve dirigir-se para o que acontece com ela durante o dia e ver como ela funciona. (Kreisler, 1999, p. 155)

O sonambulismo caracteriza-se pela deambulação inconsciente durante o sono, acompanhada ou não de outras atividades, sempre sem qualquer lembrança ao despertar. O acesso limita-se, muitas vezes, a que a criança, bruscamente, no meio do sono, sente-se na cama de olhos abertos e conte num sonilóquio às vezes incompreensível um episódio do dia anterior.

Outras vezes se levanta e sai andando, olhando fixamente "como irresistivelmente tomada por uma intenção". Freud chegou a utilizar, como figura de linguagem, a expressão "certeza sonambúlica", a propósito da facilidade com que às vezes percorremos um fluxo associativo (1921, p. 299).

A crise sonambúlica se produz durante as fases do sono mais profundo (fase 3 e sobretudo 4) e é acompanhada de EEG de vigília. É comparável às condutas que ocorrem sob hipnotismo ou do sujeito que se tenta despertar na fase 4 do sono. Entre as constatações eletrofisiológicas, encontra-se uma *diminuição do sono paradoxal*[8].

A atividade motora é geralmente lentificada, porém coordenada, e a percepção parece intacta. O sujeito executa movimentos e atos automáticos, às vezes inadaptados, semelhantes aos da vida de vigília: levanta, acende a luz, abre

---

[8] Os registros sonográficos de crianças sonâmbulas assemelham-se aos obtidos experimentalmente em animais após separação de suas mães (aumento do tempo de vigília, aumento da latência e do aparecimento da 1a. fase do sono paradoxal e diminuição da duração do sono paradoxal). Em coelhos acariciados longamente por 20 dias observou-se um aumento da fase do sono paradoxal

ou fecha portas, armário ou janela, vai ao quarto dos pais ou outras partes da casa, come, bebe, assiste à TV, etc. Mais raramente podem ocorrer atividades menos banais, como manipulação de aparelhos ou elevador, quedas de janela, andar no terraço, muro, calçada, etc. Por exemplo: uma criança atravessava um longo corredor escuro para chegar regularmente à cozinha e explorar o forno do fogão com as mãos. Outra pulava a janela para o jardim, dirigindo-se sempre para o mesmo recanto, ignorando o frio ou a chuva.

Caracteristicamente o acesso se desenrola na primeira parte da noite, de 1 a 3 horas após o adormecimento. Parece que só ocorre um acesso por noite, durando de alguns minutos até meia hora, após o que a criança volta a deitar-se ou se deixa passivamente conduzir pelos pais. Pode passar a noite no chão, poltrona, ou outra parte da casa, espantando-se na manhã seguinte por estar ali. Durante a crise se mostra insensível, indiferente à realidade externa. Se intensamente solicitada, às vezes responde, mas "como uma pessoa adormecida que fala". Sendo muito difícil acordá-la durante o acesso, é, neste caso, incapaz de relatar qualquer lembrança de sonho ou outro conteúdo mental. O desenrolar dos acessos é semelhante, por vezes idêntico, nos seus vários episódios, o que ajuda a avaliar e prevenir os perigos reais (aparelhos perigosos, quedas).

Villard (*apud* Kreisler, 1999), que observou cerca de 40 casos, embora reitere que durante os episódios não se manifeste nenhum componente ansioso, encontrou entre os fatores desencadeantes especialmente as situações ansiogênicas (às vezes banais como véspera de provas, discussão com pais ou irmãos, etc., ou mais impactantes, como a morte de um amiguinho). A *ausência de medo ou inquietação diferencia o sonambulismo dos ataques de angústia e do terror noturno*, que às vezes se acompanham de condutas de fuga; por outro lado, estes outros distúrbios podem vir associados ao sonambulismo.

Alguns pais sentem-se profundamente perturbados ao sentirem seus filhos "possuídos por esta estranha força que os domina e lhes escapa", outros tratam isso como uma banalidade, a ponto de só mencionar o assunto se provocados. Para Villard frequentemente o fenômeno é bem-aceito no meio familiar, tendendo a ser tratado com um certo humor; por parte da criança, pode ser motivo até de orgulho frente a amigos, trazendo benefícios secundários que podem levar a simulações.

A maioria dos autores não reconhece uma característica psicopatológica particular nas crianças sonambúlicas. Entretanto, testes projetivos mostram certo grau de depressão e ansiedade, às vezes graves, acompanhadas de preocupação somática variada. Já entre sonâmbulos adultos encontraram-se características psicopatológicas severas (35% de esquizofrenias instaladas e 28% de personalidades esquizofrênicas em um estudo de Sours). Em crianças, os testes projetivos mostram além da ansiedade "depressiva" um bloqueio afetivo diante de situações angustiantes – o discurso controlado tende a minimizar os conflitos e há movimentos de evitação ou negação frente ao que pode inquietar. A atividade fantasística tende a se apresentar empobrecida, a expressão comportamental predominando. O contato verbal mostra-se empobrecido por um discurso às vezes puramente descritivo. Estes resultados sugerem *"uma carência fantasística e talvez onírica que a criança enfrenta graças a uma hiperatividade motora nocturna"* (Kreisler, 1999).

O sonambulismo testemunharia uma atividade psíquica que não deixa vestígios na memória, já que a amnésia consecutiva incide sobre todo o período sonambúlico? Não é raro que nos antecedentes recentes encontre-se um acontecimento do qual a atividade sonambúlica é uma *encenação resumida, realização de desejo, conflito ou temor*. Por exemplo: Uma menina de 9 anos teve relações sexuais com um adolescente e contraiu gonorreia. Pouco depois desenvolveu medo de ser seguida por desconhecidos na rua. Em seguida, apresentou um delírio onírico durante um episódio de febre. Imediatamente depois o sonambulismo apareceu, acompanhado de soniloquio em que expressava a angústia de ser perseguida por um homem.

A questão que se coloca é se a sequência de atos dos acessos pode então ser significativa, tomada como o que aparece no lugar do sonho ou da associação livre que faltam ao sonâmbulo.

O comportamento sonambúlico tem um sentido inconsciente, mas os fenômenos motores se desenvolvem sem que possam ser objeto de qualquer elaboração, não permitindo, como nos sonhos, uma posterior tomada de consciência. A psicossomática postula aqui uma falha na formação do pré--consciente, pela qual a vida onírica e mental é substituída pela ação (Castro). O sonambulismo seria indicativo de um *funcionamento anormal do pré-consciente no próprio exercício do sono* e a conduta do sonâmbulo seria animada por pulsões das camadas profundas do pré-consciente.

Assim, a atividade do sonâmbulo seria organizada pela realização de um desejo (como o é o sonho), mas *"não é um sonho agido [e sim] a encenação, pela motricidade, de uma moção pulsional numa série de gestos adaptados à realidade material do meio, nas suas qualidades perceptivas"* (Kreisler, 1999, p. 140). A adaptação à realidade é considerada uma marca do processo secundário, relacionado ao pré-consciente: "*A representação de palavra concerne ao sonambulismo em que o sonilóquio está muitas vezes presente*" (p. 155). Neste sentido, o *sonilóquio* pode ser considerado uma forma menos grave de sonambulismo.

Se não é um sonho atuado, o acesso de sonambulismo pode ser entendido como um sonho "fracassado": espécie de curto-circuito do processo onírico com o desenvolvimento de uma atividade motora que aparece para preservar o sono, impedindo o despertar. O sonambulismo teria, então, por função substituir o sonho, preservando o sono: a falha na constituição do processo alucinatório primário seria "compensada" pela atividade motora que aparece para atenuar os estados de frustração, papel que geralmente cabe à atividade onírica. O sonambulismo ocorreria em crianças que expressam conflitos por meio de distúrbios de comportamento, mais que sob a forma de elaboração neurótica, a expressão comportamental respondendo a uma carência fantasística. Na maioria dos casos, não há sinal de neuroses "clássicas" – fóbicas, ansiosas ou obsessivas. Tudo acontece *como se a atividade motora hípnica anormal respondesse a uma pobreza fantasística e onírica.*

"Assim como o bebê com cólica acorda ao adentrar o sono libidinal, voltando a dormir apenas se embalado ou chupando o dedo, o sonâmbulo, ao adentrar o sono paradoxal, substitui o sonho pela ação" (Castro). O sonambulismo seria um exemplo dentro da própria vida onírica de como um recurso mental pode ser substituído pela ação.

A cronologia da crise – imediatamente antes de uma fase paradoxal que deveria começar – sugere que ela se produz no *lugar do sonho*. Isso demonstraria a falha na função onírica, e suas relações com o sono lento, compreendida no funcionamento global do sono. O sonambulismo e outros distúrbios do sono, em particular o terror noturno, compartilham da má organização do sono paradoxal interpretada como falha da função onírica. A amineptina – medicamento sintomático do sonambulismo – desenvolve e enriquece as fases do sono que contêm os sonhos. Atua, no plano farmacológico, facilitando o despertar, aumentando o *turn over* da dopamina e noradrenalina. A criança tratada "normaliza" a distribuição dos diferentes estágios do sono, "passando" mais facilmente ao sono paradoxal, encontrando-se, desse modo, "pronta" para sonhar. O desaparecimento dos acessos coincide com o aumento e melhor utilização do tempo destinado ao sonho. Os efeitos favoráveis da amineptina em sonambúlicos confirmaria a hipótese do sonambulismo como deficiência da função onírica e, ao mesmo tempo, do fato de que se trata de um distúrbio relacionado ao despertar.

Kreisler insiste na posição de que o sonambulismo não é a consequência de uma dinâmica conflitiva que se expressa afetando uma fase qualquer do sono, por exemplo, o adormecer. O sono está globalmente alterado, reflexo de uma disfunção geral da economia psíquica. Por isso é considerado como a emergência mais visível de um funcionamento congelado em uma espécie de "neurose fria". Assim, o tratamento medicamentoso, sintomático, deve se restringir àqueles casos em que há conduta perigosa nos acessos ou despertares pós-crises excessivamente angustiados.

O autor adverte quanto às consequências da constatação de que se trate de um evento do sono lento, fora do sonho: as crianças acometidas de sonambulismo ou terror noturno exigiriam um modelo de compreensão diferente do modelo das neuroses, uma vez que seu funcionamento seria marcado por um fracasso da simbolização. Assinalando uma confusão em que, sobretudo, o psicanalista pode incorrer, afirma que não é correto atribuir ao funcionamento do sono, normal ou patológico, uma explicação simbólica

(p. 160). Essas crianças, na idade em que se podem explorar sonhos, revelam uma pobreza onírica que lembra a de adultos com estrutura comportamental: sonhos reduzidos a restos diurnos, pessoas ou fragmentos de comportamento restituídos na realidade com que ocorreram durante o dia, petrificados, desprovidos da elaboração do trabalho de sonho.

Freud relacionou, em contradição com as conclusões da psicossomática contemporânea, sonambulismo e histeria. Acerca da atividade motora no sonambúlico, escreve: "os movimentos aparentemente acidentais que se desenrolam nesses episódios provam ser governados por uma intenção e alcançam seu objetivo com uma certeza que [...] não pode ser atribuída a nossos movimentos voluntários conscientes. Além disso [...], têm as duas características – a violência e a infalibilidade – em comum com as manifestações motoras da neurose histérica, e parcialmente [...] com as façanhas motoras do sonambulismo"(p. 208).

O parentesco psicológico sonambulismo-histeria, que predominou como teoria do sonambulismo desde Freud até poucas décadas atrás, não tem, segundo Kreisler, qualquer fundamento. Mas pode-se levar em conta, para efeitos de "diagnóstico diferencial", a deambulação noturna de simuladores e histéricos, caracterizada por atividades mais elaboradas, compreendendo variações e/ou contradições.

Enurese noturna

Atualmente denominada *enurese do sono* na nomenclatura psiquiátrica, é caracterizada por micção involuntária recorrente durante o sono. É um fenômeno bastante frequente, suas formas e causas sendo muito variadas.

Como no sonambulismo e no terror noturno, ocorre durante os estágios 3 ou 4 do sono, no primeiro terço da noite, em crianças com mais de 3 anos de idade. A liberação do esfíncter geralmente ocorre após o despertar ter começado, mas o controle da micção não é obtido porque não há despertar completo. Alguns adultos podem sofrer deste transtorno. É difícil acordar a criança, mas uma vez desperta, em geral se mostra desorientada após o episódio (Kaplan).

Algumas pessoas têm enurese porque nunca realizaram com sucesso o treinamento esfincteriano (enurese primária); outras se tornam enuréticas após um completo e bem-sucedido treinamento esfincteriano (enurese secundária). A enurese noturna idiopática geralmente desaparece espontaneamente, pode haver uma causa urogenital ou outra de ordem médica subjacente, requerendo tratamento específico. Pode aparecer em associação com a apneia do sono; neste caso sobrevém após a aquisição completa do controle esfincteriano ter-se estabelecido.

Kaplan admite a relação da enurese noturna a "problemas emocionais", afirmando, porém, que nenhum padrão de personalidade ou aspectos psicofisiológicos típicos tenham sido estabelecidos (Ranña, 1998).

A incidência em crianças institucionalizadas é de 35%. Sentimentos de culpa, vergonha e constrangimento, em geral, são suficientemente sérios para abalar as relações familiares e limitar as interações sociais. Os autores atribuem grande importância ao modo com que o meio familiar responde a esta dificuldade da criança, em geral atribuindo às reações de decepção e raiva do adulto o agravamento ou o prolongamento do distúrbio.

Dolto, como outros autores, assinala que a enurese noturna não tem em si mesma um significado único. Mas sustenta a posição de que ela pode indicar no mínimo um retorno ou estagnação a fases iniciais da organização pulsional (oral ou anal) representando uma regressão a preocupações pré-edípicas vividas com culpa. As pulsões, não encontrando significantes simbólicos, se ligam à função fisiológica – o ato de urinar podendo se associar aos conflitos com a masturbação, angústia de castração ou rebeldia.

Muitas vezes é o motivo da consulta pediátrica ou da procura de ajuda psicológica, pois costuma ser um sintoma que mobiliza bastante os pais. Como diz a autora (1977), "é graças a ela que se levam para psicoterapia crianças cuja neurose seria ignorada".

Winnicott, ainda em 1936, observou que a enurese "é um daqueles inúmeros sintomas que podem não significar nada ou significar muito. Molhar a cama pode ser normal, e, no outro extremo, molhar a cama [...] é parte de uma dificuldade mais ou menos severa no desenvolvimento emocional [...], muito trabalho deve ser realizado no estudo dos outros sintomas da criança [...] antes de podermos sugerir o tipo de dificuldade [...] ou um prognóstico" (p. 143).

O autor corrobora a ideia disseminada de que a enurese noturna pode cessar sem tratamento, mas adverte que pode reaparecer na puberdade na forma de emissões noturnas, como também, mais tarde, ser parcialmente expressa na ejaculação precoce.

Na sua experiência, a fantasia que acompanharia a enurese seria uma fantasia erótica ou de ódio, as emoções expressas no molhar a cama sendo principalmente o amor, o ódio e a reparação, como também uma tentativa de livrar-se do que é sentido como mau no caso de relacionar-se a fantasias persecutórias. Pode estar associada a uma depressão latente e à consequente tentativa de preencher o buraco deixado pelo esvaziamento da mãe amada, resultado da "conversão do amor em cobiça pela frustração" (p. 144).

Afirma ainda que na enurese como outros sintomas relacionados a processos corporais "o prazer está sendo explorado no esforço para lidar como medo", em um mecanismo que considera normal – mesmo no bebê raramente a busca seria de puro prazer, havendo também um manejo do medo por intermédio da experiência sensual.

Quanto ao treinamento esfincteriano, a criança pequena pode senti-lo como obra de uma má-mãe, que transforma o amor em ódio dentro dele, só podendo suportá-lo se tiver dentro de si uma fundação firme de crença na mãe boa. Haveria, portanto, inconvenientes importantes no treinamento esfincteriano precoce. Muitas vezes, após os hábitos serem facilmente introduzidos o bebê começa a recusá-los por volta dos 12-18 meses. Por sua vez, a mãe pode sentir-se humilhada e culpada, a situação complicando-se ainda mais. Finalmente, afirma que hábitos de limpeza e controle esfincteriano são estáveis se obtidos pela identificação amorosa com pais limpos e controlados, como figuras ideais. A boa mãe prepararia o caminho para o treinamento "através do amor genuíno pelas excreções de seu bebê. Para ela, são presentes de amor, coisas boas e não apenas fisiologicamente boas".

A continência urinária é, então, uma parte essencial da relação da criança com os pais. As excreções (urinárias e intestinais) tomam parte nas primeiras trocas entre mãe e bebê, como estudamos acima quanto à mamada e à alimentação, sob o signo da oralidade, na sua relação com a constituição de uma "tela do sonho".

Dolto (1952) observa que a criança que urina à noite tende a ser incriminada e também alvo de práticas inúteis ou prejudiciais, como acordar a criança bruscamente para não adquirir o hábito de urinar adormecida. Ao contrário, deve-se deixá-la dormir, protegendo sua pele com talcos e pomadas, trocando-a em caso de absoluta necessidade, sem acordá-la. A criança que acorda espontaneamente no meio da noite pode sentir insegurança, pois em geral lhe disseram que não devia. Sente-se culpada e isso constitui "mais um perigo que acrescenta aos que imagina na escuridão".

Também critica o sistema de privar os enuréticos de bebida durante a noite: deixar a criança sedenta lhe traria mais um motivo de insegurança que pode precipitar o relaxamento da bexiga, menos cheia, mas ainda incontinente. Para crianças que têm necessidade de beber no meio da noite, pode-se deixar um copo de água ao seu alcance.

Lembra ainda que o controle esfincteriano noturno habitualmente demora cerca de quatro meses após o diurno; quanto à enurese noturna, considera inútil tentar treinar a criança, uma vez que urina dormindo. As meninas costumam alcançar o controle esfincteriano mais cedo que meninos, aos vinte meses. Para os meninos considera fisiológico fazer xixi na cama até pelo menos quatro ou cinco anos. Não se deve, portanto, exigir o asseio noturno, antes de a criança adquirir um bom controle muscular, livre e espontaneamente adquirido. Muito mais importante é habituá-la ao escuro, com brincadeiras, e "ajudar-lhe a criar essa ilha de segurança oferecendo-lhe, se for o caso, um penico perto de si" (p. 102).

Wagner Ranña (1997) assinala que a etiologia da enurese tem sido relacionada, conforme as várias teorias, aos mecanismos do sono, da bexiga, do esfíncter urinário ou da diurese. Sustenta a posição de que já não haveria razão para relacionar a enurese noturna diretamente com o sono, já que se comprovou que os episódios de micção não se relacionam com uma fase particular deste, podendo ocorrer em qualquer fase. Mas admite que há casos associados a terrores noturnos e sonambulismo, o que a colocaria "em relação aos conteúdos subjetivos dos sonhos vividos intensamente pelas crianças".

Ao lado dos distúrbios do sono como o terror noturno e o sonambulismo, sintomas neuróticos como fobias, apego ou uma relação de domínio excessivo frente às figuras parentais podem compor o quadro de enurese. A criança pode mostrar-se excessivamente infantilizada e dependente ou superdominadora e autoritária. Os pais participam da dinâmica ocupando posições agressivas e totalitárias ou permissivas e submissas.

Sua experiência clínica testemunha uma associação entre a gravidade somática e o comprometimento psíquico. A enurese pode participar de quadros psiquiátricos graves como o autismo ou o retardo mental. No âmbito das manifestações psicossomáticas pode comparecer ao lado de uma série de distúrbios funcionais como a asma, as dores recorrentes e outros distúrbios miccionais.

Os casos mais graves relacionam-se a estados de depressão e apatia na criança em situações da abandono ou perdas afetivas importantes. Aqui se pode encontrar distúrbios graves da micção como a chamada "bexiga neurogênica não neurogênica", comparável a uma forma de "megacólon" no aparelho excretor da urina: retenção voluntária e involuntária da urina, intensa e persistente, levando à dilatação e lesões do trato urinário. O distúrbio está associado a quadros neuróticos graves (fobia de banheiro, mania de limpeza, etc.) ou dinâmicas familiares muito comprometidas – principalmente relacionadas a pais agressivos, intolerantes e dominadores. Maus-tratos podem estar associados com o quadro. Podem ocorrer associações entre megacólon e bexiga neurogênica não neurogênica.

A aceitação das normas de higiene implica um reordenamento da pulsão que ocorre dentro de uma dinâmica de relações. A excreção urinária, ao lado da evacuação, encontra-se segundo o autor associada à fase anal do desenvolvimento, quando as funções excretoras e seus produtos – fezes e urina – passam a ocupar um papel central nas trocas da criança com o outro, em especial os pais. Assim, a mãe obsessiva, excessivamente controladora, pode criar uma imposição violenta cuja resposta por parte da criança pode ser a recusa ou a indiferença, o mesmo podendo acontecer frente a um pai ausente ou agressivo.

O autor propõe um pequeno esquema exemplar de diferentes situações e conflitivas psíquicas das quais a enurese pode ser o efeito mais visível:

1. a criança mantida em uma posição regredida pelo desejo inconsciente de um ou ambos os pais de tipo "superprotetores". Pode, então, apresentar discurso e comportamentos infantilizados, isolamento nos relacionamentos sociais, ou até acompanhar-se de asma.

2. a criança se encontra na fase fálica, às voltas com a angústia de castração e a resolução do Édipo; mostra boa aquisição e domínio da linguagem e outros aspectos do desenvolvimento, mas nas relações familiares e sociais a rivalidade e os ciúmes excessivos predominam.
3. a criança pode apresentar distúrbios disciplinares na escola ou, pelo contrário, mostrar-se submissa. O outro é vivido como ameaçador e tende a não lidar bem com a própria agressividade. Um dos pais ou ambos são agressivos ou violentos na postura educativa. Aqui a enurese tem o valor de uma atitude agressiva, de "revolta calada e amedrontada frente a agressões reais ou fantasiadas". Pode vir associada com a encoprese.
4. a criança é excessivamente sensual, a enurese manifestando uma hiperlibidinização. Os pais tendem a mostrar-se permissivos, marcados por um desejo inconsciente exibicionista frente ao coquetismo da criança.

Concluindo, em comparação a outros distúrbios do sono em que falhas graves da simbolização estão em jogo, a enurese deve ser considerada na série dos distúrbios funcionais, relacionados com a fase da linguagem, ao lado da encoprese e do megacólon, próxima às psicopatologias em que os sintomas neuróticos, *stricto sensu*, começam a predominar (p. 119).

Nanismo de desamparo

O retardo do crescimento (nanismo) por sofrimento psicológico é uma síndrome grave correlacionada ao sono. Pode atingir todas as idades de crescimento, mas acomete especialmente crianças entre 2 a 8 anos. Difere do nanismo genético pela redução geral e proporcional das dimensões corpóreas, enquanto neste último há desproporções entre as partes do corpo. Pressupõe, segundo Kreisler, um funcionamento mental gravemente inorganizado, incluindo um risco potencial de morte.

Ocorre em ambientes familiares muito patológicos, onde, além do abandono, a criança sofre maus-tratos. O sistema regulador do crescimento encontra-se perturbado, havendo uma diminuição inconstante da secreção do hormônio somatotrópico ou da sometidina. Foram demonstradas ligações importantes entre a secreção do hormônio do crescimento e o sono, mais precisamente o sono lento. O sono lento é o sono do repouso somático e da redução da atividade da maioria das funções fisiológicas, com exceção da secreção do hormônio hipofisário somatotrópico, que é particularmente ativo nos estágios 3 e 4 do sono lento. A reversão da síndrome implica a administração do hormônio e a retirada concomitante do ambiente familiar – o tratamento hormonal, mantidas as condições relacionais, não surte qualquer efeito.

O comprometimento do sono lento não é exclusivo; participa de uma desorganização global do sono, até mesmo do sono paradoxal, portador dos sonhos e de outras funções psíquicas, como evidenciam as pesquisas neuropsicológicas e psicanalíticas.

> A diminuição ou mesmo o desaparecimento do sono lento é responsável pelo defeito de secreção do hormônio somatotrópico, do qual ele é um poderoso estimulante. Assim, supõe-se que a carência afetiva, pelo viés dos problemas do sono, pode ser a causa do déficit parcial do somatormônio e consequentemente do retardo ou até da anulação da velocidade do crescimento. (Kreisler, 1999, p. 194)[9]

As perturbações do sono no nanismo psicológico singularizam-se por sua intensidade, no caso de manifestações comuns como as insônias (em formas variáveis) e a síndrome de gritos paroxísticos precoces. Outras são mais específicas, especialmente as deambulações noturnas, motivadas ou não por polifagia ou polidipsia: a criança se levanta à noite, em busca de comida e bebida, ou erra pela casa, sem rumo; às vezes fica imóvel por longos períodos ou foge para a rua. O sono é muitas vezes curto.

---

[9] A sabedoria popular mostra aqui sua sensibilidade, ao afirmar que a criança cresce durante o sono, ou ainda que "criança que não dorme não cresce".

Na suspeita de nanismo psicológico, os registros sonográficos devem ser feitos logo à entrada no hospital, pelo fato de que as anomalias são reversíveis a partir do momento em que a criança é afastada do ambiente opressivo – a regressão dos distúrbios é instantânea e notável desde a primeira retirada.

O aspecto psicológico das crianças chama a atenção nas primeiras observações, em particular os transtornos alimentares, muito particulares a partir do segundo ou terceiro ano de vida. Dos 2 anos até os 10, um comportamento enigmático de polidipsia e polifagia é constatado de modo generalizado: uma voracidade incomum e a constante busca de alimento, em quantidades três, quatro vezes maior que a normal; o estômago precisa estar sempre cheio e os vômitos são frequentes. A polifagia é aberrante, as crianças comendo e bebendo qualquer coisa (por exemplo, lixo, comida de cachorro, água do vaso sanitário), embora não haja compulsão a ingerir produtos não alimentares. Os distúrbios alimentares cedem quase que instantaneamente com a hospitalização.

Nos bebês encontram-se sinais ligados às consequências dos maus cuidados maternos. No primeiro semestre é comum a indiferença, a pobreza do sorriso e das vocalizações; no segundo trimestre, retardo motor e deficiências no estabelecimento de relação objetal – indiferença ou, ao contrário, uma avidez de agarrar qualquer pessoa pelo olhar, sem discriminação.

No segundo ano sofrem mudanças passivamente, sem reagir, seguindo qualquer pessoa, aceitando a hospitalização sem protestar. O desenvolvimento psicomotor é frequentemente retardado.

O comportamento é caracteristicamente instável. Mostram-se passivas e retraídas, longe das brincadeiras, olhando as outras crianças; raramente são agressivas. O comportamento é pouco nuançado e repetitivo e melhora com a hospitalização. Toda a personalidade da criança pode estar afetada, até mesmo quanto à identidade sexual. O componente depressivo é frequente e constante sobre quadros de base muito graves de inorganização. A evolução espontânea, sem intervenção terapêutica, é compatível à de crianças gravemente privadas: impulsividade, intolerância à frustração, condutas antissociais e agressivas, etc. Acrescentam-se as consequências psicológicas secundárias ao nanismo (p. 220).

As condições familiares são sempre dramáticas, semelhantes à infância vítima de sevícias, em uma dinâmica de ódio e rejeição. Muitas vezes, as famílias são numerosas, cujo funcionamento responde a "uma interação à base de injunções desorganizadoras, permanentes, intensas, sem relaxamentos, mesmo passageiros". As baixas estaturas por sofrimento psicológico pertencem, segundo o autor, à patologia psicossomática da "criança mal-amada, maltratada e gravemente inorganizada". Há não só insuficiências relacionais, mas *desvios* interativos que remetem "à patologia psicossomática da opressão e da sobrecarga, altamente prejudicial para o psiquismo."

Frequentemente as mães dessas crianças apresentam uma neurose de caráter marcada por uma necessidade extrema de controle onipotente. Por meio de comportamentos abruptos ou sutis, mantêm seus filhos sob um domínio tirânico, tendendo à exclusão do pai, implicitamente cúmplice da situação; as interações são rígidas, tendendo a oprimir as aspirações e necessidades da criança quanto à segurança e à autonomia.

Há possibilidades terapêuticas que evitam a hospitalização, desde que não se ignorem as dificuldades inerentes às resistências maternas.

Pode-se encontrar este quadro em famílias de nível socio--econômico alto e em crianças com psicopatologia neurótica com características de risco psicossomático: angústias mal--elaboradas, funcionamentos instáveis e irregulares, repressão da agressividade, bloqueio da individuação e autonomização.

A coexistência de distúrbios do crescimento com uma psicopatologia grave é frequente. Nas palavras de Kreisler, "são crianças afetadas no cerne mesmo da infância, na sua dupla definição: somática pelo crescimento, psicológica pelo desenvolvimento. Não são neuróticos, nem psicóticos, a expressão psicopatológica se dando pela via do comportamento, ou seja, sob o signo do fracasso dos processos de simbolização, onde o agir ocupa o lugar de pensamento, invadindo a cena da expressão clínica." Estas crianças apresentariam falhas na aquisição do pensamento no funcionamento do pré-consciente.

Nas formas graves, a oralidade e a analidade, sob formas cruas, são lançadas na passagem ao ato de uma bulimia ou associadas a comportamentos excrementícios. A instabilidade prevalece. Em outros casos, desde o segundo ano pode desenhar-se o comportamento vazio, menos aparente, mas igualmente severo, já marcado pelos comportamentos repetitivos. A essas características clínicas respondem anomalias econômicas e estruturais importantes, a mais marcante sendo uma inorganização dos fundamentos psicoafetivos. O nanismo de desamparo tem lugar na psicossomática da privação e da inorganização.

Privação e desamparo na criança, ódio e rejeição da mãe. Mas aqui deve-se evitar a tentação da interpretação simbólica (a criança que não cresce em consequência dos desejos destrutivos da mãe, ou que se impede de crescer, etc.). Ao contrário, trata-se do fracasso da simbolização, marca da economia mental dessas crianças.

6.

FIAPOS DE LÃ, FIAPOS DE SONHO: NOTAS SOBRE A INSÔNIA DO ADULTO

> Como se parecem, essa criança que não pode dormir sem segurar a ponta do cobertor e esse adulto que não pode continuar dormindo sem sonhar!. (Pontalis,1977, p. 34)

Vimos que a possibilidade de simbolizar paulatinamente a ausência depende de quanto o meio – em especial a mãe – é capaz de propiciar no bebê o desenvolvimento de "estratégias de espera" para a satisfação de suas necessidades e anseios. Isso implica tanto uma não satisfação imediata das demandas – instalação de um "entre", um intervalo mãe-bebê – quanto de seu "povoamento" pelas trocas "transicionais": negociações, substituições, deslocamentos, equivalências.

O sono, escreve Zygouris, como qualquer estado psíquico que se nomeia pela espera, pode vir no lugar de um outro não representado. Seria, então, este sono-que-não vem, a "mãe hipnose, em ligação telepática com seu bebê"? (1995, p. 117).

Pode-se de dizer que tanto mais será preciso preparar-se para entrar no sono (cercar-se de cuidados nesse momento de "abandonar as aquisições do eu") quanto menos essa instância materna asseguradora esteja instalada internamente de modo estável. Na hora-de-dormir, prestes a cair no sono, tendo borrados os contornos do corpo e do eu, precisamos agarrar-nos a alguma coisa, assim como a criança agarra-se à mãe, ao cobertor ou o ursinho:

> Um e outro poderiam cair doentes ou loucos se privados dessa pequena coisa quase imperceptível: fiapos de lã, fiapos de sonho. Ambos não podem suportar separar-se daquilo que os liga à mãe tornando-a ausente, o sonho transicional, sem o que cairiam nessa solidão que livra do outro impedindo a capacidade de estar só diante de alguém. (Pontalis, 1977, pp. 34 -35, tradução livre)

"Pequena coisa imperceptível": fio invisível que liga e ao mesmo tempo separa da mãe, que traz sua presença na ausência, fio do *Fort-Da* tecido por suas indas e vindas e depois pelo sujeito que a faz ir e vir ativamente, e a cada vez em tramas mais complexas, mediatizadas pela fantasia. Mas, mesmo assim, "sempre por um fio" que corre o risco de romper-se, afastando ou aproximando demais um e outro, perdendo-se o sujeito em uma sideração fora do tempo e do espaço. O umbigo do sonho é o paradisíaco prestes a desfigurar-se no horror, por isso é indizível, e o próprio sonho desempenha a função de mantê-lo a distância.

> A ilusão do sonho sonhado é retornar a esse lugar mítico onde nada seria separado. [...] O desejo de penetrar o sonho não seria a resposta ao temor culpado de ser penetrado pelo sonho, uma defesa – bem-sucedida – contra o pesadelo? Mas a água profunda do sono não nos penetra, ela nos leva. [...] Nós devemos lhe fazer superfície, no ciclo indefinidamente renovado, da interpretação, do dia e da noite: boca de sombra no vão do dia, faísca luminosa cruzando a noite, entrecruzando nossos dias e noites até o momento que a humanidade se engana chamando o derradeiro sono, quando ela sonha, na verdade, o primeiro. (Pontalis, 1977, p. 38)

A clínica e mesmo a experiência comum, cotidiana, testemunham que a insônia, casual ou "crônica", é um fenômeno comum no adulto, sendo suas formas e causas muito variadas. Ao contrário do caso da criança, aqui se trata de um sujeito cuja estrutura já se definiu e se estabilizou, a insônia devendo, portanto, ser compreendida no seio de toda uma história pessoal e sintomática daquele sujeito, bem como em relação com as contingências factuais e psíquicas atuais: em suma, como qualquer outra manifestação sintomática.

> Quando decide dormir, a pessoa que dorme bem apaga a luz e deita-se confortavelmente. Depois de fechar os olhos, ela se sente flutuar numa atmosfera macia, com uma agradável sensação de leveza e de torpor na cabeça. Afunda-se então num estado de inconsciência, em que deixa de ter contato com o mundo exterior. De manhã levanta-se [...] bem descansada, com todas as faculdades restauradas. [Mas] a pessoa que sofre de insônia também apaga a luz e deita confortavelmente. No entanto, fica acordada e repassa em sua cabeça todos os acontecimentos do dia, quando não os do mundo inteiro. Ou então adormece para despertar bruscamente duas ou três horas mais tarde. Tudo está calmo, [...] a escuridão é total. Fica, apesar de tudo, em estado de vigília, e à tarde [...] não conseguirá concentrar-se, suas pálpebras descerão irresistivelmente sobre seus olhos e lutará para escutar, sem nada reter. (Gaillard, pp. 4-5)

A insônia pode compreender diversas perturbações da duração ou da qualidade do sono. A língua tenta captar essas variações da insônia ou de sua vivência subjetiva: sono-que--não vem, sono-que-não chega, sono agitado, sono leve, noites-em-claro, noites-em-branco, "não preguei o olho esta noite". Um sono sentido como "ruim" pelo sujeito pode corresponder a diferentes alterações identificáveis nos registros sonográficos. Segundo Gaillard, não há necessariamente prolongamento de sua latência ou diminuição da duração total e, raramente, o hipnograma pode ser até normal. Não há, portanto, uma medida objetiva para a qualidade do sono – o que não quer dizer que o problema seja inexistente – e o autor prefere definir a insônia como um sono sentido como insuficiente ou insatisfatório.

É curioso notar que justamente as funções mais essenciais e também as primeiras a serem libidinizadas – o sono e a alimentação – permaneçam, mesmo que circunstancialmente, tão sujeitas aos estados de angústia na vida adulta. Mais que para outras funções, pareceria que aí o adulto conserva uma resposta "psicossomática" aos seus estados psíquicos, o que pode ser compreendido como uma regressão que chega a atingir o nível funcional do corpo.

Em Luto e Melancolia (1915), Freud indagava-se acerca desta estranha economia na melancolia, na qual mesmo as funções elementares da alimentação e do sono estão comprometidas: "Esse quadro de um delírio de inferioridade (principalmente moral) é completado pela *insônia* e pela *recusa a se alimentar*, e – o que é psicologicamente notável – por uma *superação do instinto que compele todo ser vivo a se apegar à vida*" (p. 278). "Na melancolia, *a insônia atesta a rigidez da condição, a impossibilidade de se efetuar o retraimento geral das catexias necessário ao sono*"(p. 282, grifos nossos).

Recém-descoberta a importância do narcisismo na constituição do sujeito, Freud mostra-se intrigado com o que, na melancolia, vai de encontro à conservação narcísica mais básica – no interesse da autoconservação, diríamos

– valorizando nesta problemática o sintoma da insônia. Não por acaso vai evocar em vários momentos do texto a importância do estudo da economia da dor para a compreensão da dinâmica melancólica. Aqui Freud está no caminho que o levou a postular um "mais além do princípio do prazer", com a pulsão de morte (1920).

Muitas condições psicopatológicas são acompanhadas de insônia – que porém se manifesta em formas distintas e tem significados diferentes. Pode ser muito severa, estando associada a modificações da estrutura do sono[1].

Correndo todo o risco que as categorizações supõem – aprisionar o que é complexo, singular e mutável em uma tipologia "fixa", simplificadora – e no intuito de ilustrar as variedades de funcionamentos e mecanismos que podem estar implicados na insônia como sintoma, esquematicamente podemos falar em:

Insônia depressiva, insônia melancólica

> "Estou viúvo, estou sozinho, e sobre mim a noite cai."
>
> (Victor Hugo)

---

[1] Nas depressões graves, por exemplo, observa-se diminuição da latência da fase paradoxal, transferência da fase 4 no segundo ciclo e aumento da primeira fase paradoxal. Na esquizofrenia, encontra-se uma alteração da fase 4, que se desenvolve lentamente e tarde da noite. Nas afecções orgânicas tipo demência, o sono é profundamente alterado: muito fragmentado, sem as fases 3 e 4, fases paradoxais excessivas ou reduzidas e anomalias do sono lento. Os mecanismos dessas alterações são diferentes, mas muitas vezes desconhecidos.

Para Zygouris (1995), a espera do sono pode ser tomada como uma metáfora para todas as esperas, uma "modalidade de angústia relacionada aos horrores do tempo e da perda", lembrando que, embora se diga que a angústia não tem objeto determinado, este é, na verdade, sua causa.

Se a espera pelo sono é metáfora para toda espera, a insônia depressiva pode ser tomada como paradigma de todas as insônias e, ao mesmo tempo, como figura fundamental do luto depressivo. Pois o depressivo espera, embora não saiba o que: "espírito 'em vigília' num corpo imóvel, prisioneiro de uma espera de objeto desconhecido" (Fédida, 1999, pp. 19-20).

A imobilidade do corpo depressivo desenha, portanto, a imagem de um espírito que olha e espreita – não o sono, mas o objeto ausente que assombra o sujeito, expressando um esforço de "se libertar dessa ausência que se tornou corpo invasor". O corpo imóvel representa, então, um psiquismo excessivamente desperto, vigilante, em posição de defesa: "a pesada lentidão de uma representação corporal desenhando o limite de um recinto em sentinela" correspondendo a uma significação da vigília (p. 24). Desse modo pode-se pensar a depressão – e nela, a insônia – como defesa paradoxal contra o que Fédida denomina a *repetição do ausente*, que marca tanto a crise melancólica quanto a maníaca:

> Com o *acesso melancólico* assistimos – segundo a uma posição isomórfica à fase maníaca – a uma atuação e a *um retorno persecutório de si representando o ausente* [...]

A depressão pode intervir na cura sintomática de uma crise melancólica, através de uma *função de suspensão*, correspondendo a uma *nova organização defensiva, tanto contra a melancolia quanto contra a mania*. (pp. 21 e 23, grifos meus)

Esta organização narcísica é, de modo contraditório, ao mesmo tempo protetora do luto e defensiva contra o luto. Aqui a insônia evidencia a posição de vigilância quanto a um espaço psíquico vacilante, em risco de desmoronamento melancólico ou psicótico, a imobilidade depressiva participando de uma tentativa de restauração do psiquismo ameaçado de aniquilamento – sobretudo pela *ameaça de uma invasão pelo outro ausente e seus efeitos de inquietante estranheza*.

Desse modo, a depressão nos ajuda a compreender a função de defesa que a insônia pode assumir em certas circunstâncias, embora seja o sono o que deve ser tomado como o que mantém uma relação "terapêutica" com a depressão (retirada e realimentação em um espaço interior). "Como se o sono e o vazio protegessem contra a morte ao simulá-la."

Fédida compreende a depressão em relação ao vazio constitutivo do próprio psiquismo, o que coloca a relação entre vazio depressivo e a zona de adormecimento. Um lugar do não ser, que comporta potencialmente a possibilidade do ser. Uma experiência anterior à posição depressiva, que já seria "o momento criativo da constituição temporal da ausência" (Fédida, 1999, p. 101), de travessia do vazio: capacidade de ficar sozinho na presença da mãe. Neste sentido, o sono pode ser pensado como depressão terapêutica ou "depressão normal" que todos experimentamos (Calderoni, 1999).

> O desejo de dormir, o desejo de morrer, o sono insone, o fascínio pelo morto e, ao mesmo tempo, a sensação de se tratar, na depressão, de uma morte impossível, colocam *o vazio depressivo em relação direta com a zona de adormecimento – membrana das trocas com o ambiente, constituída por e através do objeto de origem. É esta a região, a do sono, o enquadre narcísico primário para constituir o sonhar e para a instauração autoerótica do mundo fantasmático, do psiquismo.* (Fédida, 1999, p. 13)

A insônia depressiva colocaria, de modo paradigmático, a oposição mobilidade (agitação maníaca) – imobilidade (vivência corporal de depressão vital), especificando na demanda do paciente "a indicação de um vazio interior e uma incapacidade correlativa *de encontrar no sonho o espaço psíquico que é o verdadeiro guardião do sono*" (Fédida).

Júlia Kristeva (1989) evoca a cumplicidade do melancólico com o mundo da sombra e do desespero, o sono procurado aqui confundido com a morte. A autora privilegia na compreensão da melancolia, partindo de

Freud, o luto impossível do objeto materno. Do ponto de vista de suas manifestações, evidencia sobretudo o estado (transitório ou instalado) de uma *dissimbolia ou assimbolia* – desabamento ou falta constitutiva de uma rede simbólica operante e efetiva perante a perda e o luto.

Seus relatos clínicos referem-se frequentemente a esse sono-morte, ativamente procurado nas depressões narcísicas:

> A. se queixa de estados de abatimento, de desespero, de perda do gosto pela vida, que em geral a conduzem a se retirar dias inteiros em sua cama, recusando-se a falar e a comer [...], pronta para engolir o tubo de soníferos..." [...] "Ela prefere dormir, soçobrar, morrer, jamais despertar, num sonho de dor que, contudo, a atrai irresistivelmente, 'sem nenhuma imagem'. 'Estou em outro lugar, sonho de dor-doçura sem imagem'... (p. 57)

Examinando um poema de Nerval, "El desdichado", faz notar a insistência de figuras de linguagem que evocam a noite e a negritude: "o sol negro da melancolia", "o belo tenebroso", o "negro astral", etc. Assim, "a noite do túmulo", o universo subterrâneo e soturno que ressoa com o humor sombrio do melancólico metamorfoseia-se em um universo de consolação, de aliança ou cumplicidade luminosa e vital, presentificando "um 'tu' interlocutor que jaz por dentro" (p. 142). Tristeza siderada, fusão mortífera, mas promessa de outra vida além-túmulo (p. 145). A metáfora do sol negro da melancolia falaria dessa força ofuscante do humor pesaroso, opressivo e ao mesmo tempo lúcido, excessivamente lúcido, que impõe o fato inelutável da morte – "morte da amada e de si mesmo, identificado com a desaparecida"(p. 141).

Na depressão narcísica, a tristeza seria o único objeto possível, ou ainda, um sucedâneo de um objeto arcaico ao qual o sujeito "se agarra, domestica e acaricia". Para a autora, o próprio afeto depressivo desempenha, então, uma defesa contra a fragmentação, apoiada em uma relativa erotização do sofrimento, representando um certo suporte narcísico, ainda que negativo (pp. 25-26)[2].

A reunião com a tristeza no suicídio – ou, de modo mais matizado, no sono – significa aqui não um ataque ao objeto, mas uma reunião "com esse impossível amor, jamais tocado, sempre em outro lugar, como as promessas do nada, da morte"(p. 19).

Para Pontalis (1990), "a alternância do humor não seria nada mais que a alternância da mãe [...], de quem acreditamos ter capturado a atenção, todo o amor, e que, subitamente, se ocupa com outra coisa, absorvida por não se sabe o quê, e, mais intolerável, absorvida por ela não

---

[2] Para a autora, na depressão narcísica não se trata, como no conjunto melancólico freudiano, de um ataque escondido contra o objeto do luto. Nas personalidades narcísicas, a tristeza "seria o sinal de um ego primitivo ferido, incompleto, vazio" e, a depressão, "a expressão mais arcaica de um ferimento narcísico não simbolizável, não nomeável, tão precoce que nenhum agente externo (sujeito ou objeto) pode ser relacionado com ele" (p. 18).

sabe o quê [...], desorientada, a ponto de excluir-nos do 'nosso' mundo, para relegar-nos a um real inanimado. Em seu olhar que se retirava, não víamos mais um espelho em que podíamos nos reconhecer; víamos algo além, estranho, descobríamos uma ausência sem remédio". Alguns só poderiam escapar a essa alternância imprevisível e extenuante do humor, a seus fluxos e refluxos, "pelas portas do sono sem sonhos", uma espécie de "morte em vida". A desesperança de um reencontro com o olhar materno encontraria, na saída melancólica, esse último refúgio: "reunião à mãe, mas uma mãe morta, no sono sem sonhos" (pp. 14-15).

Aquém da fantasia

Em situações limites, próximas à psicose, não acontece que o sono seja evitado ou impedido por uma fantasia inconsciente: ao contrário, é muito provável que o paciente esteja vivenciando experiências alucinatórias (no plano perceptivo: auditivas, visuais, sinestésicas)e/ou delirantes (no plano ideativo: delírios de grandeza, de perseguição, de ruína, de catástrofe, etc.) muito angustiantes, marcadas como são, frequentemente, pela vivência do estranho, do sinistro, e seus correlatos de despersonalização-desrealização. É frequente também que nos episódios de uma insônia psicótica ocorram passagens ao ato: agitação psicomotora, auto e heteroagressões, fugas, gestos, atitudes e falas estranhas, "incompreensíveis" se não se leva em conta sua dimensão alucinatório-delirante.

Do ponto de vista metapsicológico, a diferença entre as vivências e construções alucinatório-delirantes e a fantasia é que esta pressupõe uma atividade subjetiva do sujeito que já encerra um posicionamento desejante frente ao objeto (uma cena dentro da qual o sujeito é uma personagem mais ou menos reconhecível e que interage – desejantemente – com um objeto investido). Nas alucinações e no delírio, o sujeito menos age fantasisticamente do que é *agido*, atravessado, tomado ou "possuído" por conteúdos dos quais não pode se apropriar subjetivamente, a não ser em um longo e intenso processo terapêutico.

Não são tão raros, ainda, em casos limítrofes, relatos de experiências oniroides que ocorrem em geral no semi-sono, no processo de adormecimento ou antes do despertar. Uma paciente conta-me acerca de suas "T.M.s", como chama, "traços de memória"(sic) que sobrevêm quando se deita, de teor muito agradável, já que em geral trazem o olhar ou o rosto do homem por quem se julga apaixonada. Diz diferenciar nitidamente essas "T.M.s" do sonho ou da evocação de lembrança. Um outro conta-me de "visões fixas" (sem movimento) muito fugazes, que se impõem subitamente – causando um "abalo", um susto – em meio ao despertar. Nunca deixam qualquer lembrança atrás de si, mas julga, animado – e com muita razão – que já é muito importante que tenha podido lembrar-se que elas ocorram, e perguntar-se por seu teor, seu conteúdo. Este paciente, quando chega a relatar um sonho, acredita que o sonhou mais de uma vez, sendo essa a razão de ele ter-se "inscrito"(sic) em sua memória.

Isso coloca o problema dos sonhos dos psicóticos e outras situações psicopatológicas dos "sonhos que não são sonhos" (Ab'Saber, 1999) estudado particularmente por Bion. Trata-se do conjunto de experiências oníricas que não podem ser consideradas sonhos no sentido clássico. Estas experiências oniroides foram consideradas como "expulsão de elementos psíquicos [...] beta, incapazes de serem armazenados, de constituir memória ou experiência, de constituir continente psíquico ou barreira seletiva de contato entre inconsciente e consciência, movidos a esta matéria tão concreta da alma que só pode ser expulsa expulsando consigo a própria alma". Trata-se, então, de uma espécie de confusão oniroide em que o sujeito encontra-se entre o sono e a vigília, nem acordado nem dormindo, experimentando o que o autor formula como "sonhos de coisa em si, sonhos de ansiedades não simbólicas, mas concretas", em uma "explosão de continente e conteúdos" (p. 18).

Winnicott referiu-se a sonhos perdidos para a totalidade do sujeito, capazes de romper a vivência de continuidade, dissociados e marcados por angústias impensáveis, psicóticas. Seriam "sonhos que adoecem as pessoas, e dos quais elas não têm notícia". Interessou-se ainda por situações que entende como uma "*rêverie* às avessas" – a situação em que um sujeito se vê obrigado a fazer um trabalho elaborativo no lugar de sua mãe como tentativa de que esta possa apropriar--se de si mesma: sonhar o que a mãe devia ter sonhado (Ab' Saber, p. 19).

Por fim, todo o campo que a psicossomática circunscreve sob o termo "comportamental" ou "operatório" interessa ao campo do "aquém da fantasia" e suas relações com a insônia. Os "sonhos operatórios" – próximos aos sonhos de comodidade, ou simples restituição sem elaboração dos restos diurnos – são, de certa forma, "sonhos que não são sonhos" e, portanto, menos protetores do sono. No sono sem sonhos – sono "fisiológico" por exaustão que Fain opõe ao sono libidinal – trata-se de uma vulnerabilidade àquilo que Freud insistiu em distinguir do campo simbólico da neurose, àquilo que permanece "atual" por não encontrar ligação psíquica. Aqui é interessante recordar que as manifestações ligadas à insônia que Freud examinou por ocasião da formulação do conceito de neuroses atuais remetiam, em graus variáveis, à vivência da angústia em sua forma mais extrema, próxima à experiência de terror[3].

---

[3] Cf. cap. 1

Insônia neurótica: a espera pelos signos...

"Depois da meia-noite começa a excitação das verdades perniciosas"
(Cioran, apud Zygouris).

As insônias "neuróticas" podem ser tão lábeis e variadas quanto o são as fantasias neuróticas subjacentes. Freud reportou, ainda em 1895, exemplos que hoje nos soam um tanto singelos, como o caso de uma mulher que por anos não pudera dormir antes das seis da manhã, a análise remontando o sintoma ao período em que seu marido doente acordava pontualmente neste horário, precisando de sua assistência, só então podendo ela dormir tranquilamente. Outro paciente histérico dormira mal por 12 anos, mas sua insônia melhorava no verão, no inverno piorava e no mês de novembro era gravíssima. Durante a análise o paciente associou o sentido do sintoma ao fato de que 12 anos antes passara muitas noites em claro velando seu filho, acometido por uma difteria. Relatou também casos de alucinações histéricas que impediam o sono de alguns pacientes: um garoto de doze anos era impedido de dormir pela visão perturbadora de rostos verdes com olhos vermelhos. Na análise pôde lembrar-se das reprimendas e ameaças de sua mãe quanto à masturbação, que debilitaria os meninos ao ponto de deixá-los com o rosto esverdeado e os olhos avermelhados, fadados ao fracasso intelectual e à doença (1893, p. 45).

R. Zygouris (1995) escreveu dois belos artigos abordando a insônia neurótica, em particular a histérica. Neles encontramos comparativamente duas experiências ou estados mentais bastante diferentes – podemos afirmar que o neurótico está potencialmente sujeito a encontrar-se com ambos os dois tipos de insônia em algum momento, conforme as contingências da vida.

No primeiro modelo, o insone estaria colocado do lado oposto a uma certa "normopatia" sempre pronta a desenvolver estratégias contra a espera, ainda que para isso tenha de se contentar com "encontrar rapidamente um objeto suficientemente ruim equivalente ao objeto suficientemente bom"(p. 113). A inclinação à espera seria, então, a característica do insone – e não a falta de sono, como pode parecer à primeira vista. Decorre que o sono por puro cansaço é desprezado: importa o sono evocado, convocado – "ele deve retornar ao lugar esperado" (p. 117).

O sono é, assim, alçado ao estatuto de um objeto – de desejo, de espera, de satisfação ou frustração. Espera-se o sono como quem espera um amante: – virá ou não esta noite? – quanto se fará esperar? – de que modo virá surpreender-me? O sono como objeto adquire o fascínio e também as incertezas do objeto de amor. O que o torna um objeto particular é o fato de que está subtraído à possibilidade do encontro: se durmo, já não espero, já não estou lá se ele chegou; e a "realidade" do objeto presente só se faz a *posteriori*: "– como dormi bem!"

Como o bebê que aguarda no escuro os signos que trarão a mãe – seus passos, voz ou cheiro –, o insone espera pelos signos que trarão o sono: vestígios daquela que foi a primeira guardiã do sono? A mãe e seus deslocamentos, "todos os sentidos dirigidos para o objeto esperado, que, neste caso, só pode vir do próprio espreitador".

A posição de quem espera o sono é, portanto, paradoxal: vigilante, consciente, aguda, *vigil*. Espera apaixonada que se monta como universo siderado, "os devaneios não se constituindo num equivalente satisfatório na representação do objeto da espera". Se é verdade que o objeto que "retorna" nunca é o esperado, o que pode medir a qualidade dos encontros é a distância entre objeto esperado e reencontrado, satisfação ou insatisfação que se registra a *posteriori*. A "realidade" do objeto presente dependeria da capacidade do sujeito *"transferir sobre ele a alucinação do objeto ausente"*. Há, então, pessoas que não dormem sozinhas, mas também aqueles que "nenhum companheiro de cama poderia receber a alucinação que prefigurasse uma vinda, o espaço permanecendo vazio" (pp. 115 a 118).

O tempo de espera, além disso, não é neutro de afeto – quem se faz esperar faz sofrer e pode despertar o ódio:

> Mãe, amante, trem, carta, sono, qualquer acontecimento interno ou interno vem, então, ocupar aquele mesmo lugar, no qual supostamente deve retornar o primeiro objeto de espera que gerou um trauma e deixou sua marca

indelével, território magnetizado que atrai qualquer coisa que se aproxima de seu recinto e desperta a esperança de retorno. (p. 115)

Não havendo como representar este sono sem imagem que ocupa o lugar de objeto, o voto de morte pode voltar-se contra o próprio sujeito: *"descida ao inferno de quem espera de si próprio o objeto imaterial de sua satisfação"*. A espera pode, então, atingir o eu de um modo violento, como ameaça de despedaçamento; daí o consolo por "práticas do corpo", como os carinhos ou, na pior das hipóteses, massagens e relaxamentos. Daí os soníferos. Técnicas de embalo, acalantos de uma época asséptica e solitária. Para a autora, a atenção sobre o corpo próprio é capaz de desprendê-lo de presenças estranhas, da espreita de um outro – e aqui nos aproximamos da função defensiva da própria insônia em suas relações com o corpo e a depressão, como vimos acima.

O insone mostra sua impossibilidade de ter-se separado a tempo, pois só a separação precede a possibilidade de um retorno.

Paradoxo da espera do sono: *"é preciso cessar de esperar que o mundo crie um signo para fazê-lo chegar. Deixar desocupado o lugar do objeto, ou do outro, da luz ou do barulho, para que nós mesmos possamos ocupá-lo"*. Seria preciso, portanto, *"ter atrás de si o grosso das separações [...], se amar pelo menos um pouco"* para que a solidão necessária ao sono não se transforme em abandono, espera de sinais que não vêm.

Na depressão, a insônia é frequente, pois é a condição por excelência em que "o amor de si é infeliz" (pp. 118-119).

Quanto ao obsessivo, ele vigia, sempre, sobretudo os próprios pensamentos e, por meio dele, seu espaço corporal, sempre em vias de desfazer. Muitos obsessivos perdem o sono para controlar deste modo os "maus pensamentos", por exemplo, pelos pensamentos rituais de neutralização de certas ideias. Isto se manifesta muitas vezes como uma necessidade de controle do espaço externo (verificar o gás, as portas, etc.). Em uma supervisão tomamos conhecimento do caso de uma mulher que não dormia há meses, proibindo-se o sono voluntariamente: "Não posso dormir para vigiar a casa. As meninas estão crescidas, não se pode facilitar". Temia não poder impedir "invasões" de sua casa por ladrões que ameaçariam a integridade de suas filhas adolescentes. Em uma abordagem psicanalítica, tratar-se-ia de tentar compreender de que modo a adolescência – e a irrupção da sexualidade – das filhas afetava esta mulher e sua própria sexualidade. A psiquiatra prescreveu-lhe soníferos e, naturalmente, a paciente nunca retornou.

O notívago seria aquele que aprendeu a burlar as incertezas deste objeto não representado, a mãe e suas inquietudes, em proveito do amanhecer, já que a sucessão de dias e noites é garantida por uma ordem certa, imutável.

... e as noites lunáticas

> "...e à noite, em vez do sono, surgem ideias geniais".
> (Kafka, apud Zygouris, p. 176).

A autora evoca a graça peculiar que reveste certas noites de vigília, a insônia em questão podendo dar passagem a uma experiência psíquica da qual o adulto pode se beneficiar na vigília. No meio da noite, no coração da insônia, *"pode acontecer que algo bascule [...] a inquieta espera do sono se torne menos insistente, as ideias se sucedam no fervor e a gente esqueça de se espantar diante da constatação de que pensar possa ser algo tão fácil"* (p. 173).

"As ideias se sucedem no fervor": a espera, a angústia e o medo cederam lugar a uma excitação próxima da mania. O tempo se torna ligeiro, a lógica clara e as descobertas se impõem com a força das verdades: "Os pensamentos noturnos brilham num estranho esplendor".

Mas trata-se de um fenômeno fugaz como a própria noite – seu brilho se apaga à luz do dia, deixando menos rastros do que os sonhos: as ideias deixam de ser convincentes, empalidecem, sua própria lembrança dissipando-se a ponto de perder-se para o próprio sujeito.

Zygouris indaga-se acerca dessa relação outra do sujeito com seu próprio pensamento, distinta da diurna, que dá passagem a uma inteligência incomum – uma súbita facilidade de elaboração que surge no lugar em que estava a angústia. Mas o amanhecer mostra que perdemos o outro imaginário a quem nos dirigimos durante essa travessia noturna – ele mudou, deixou de ser o mesmo. No escuro, o censor dorme em proveito de "um outro noturno capaz de uma interlocução benevolente, próximo a um si mesmo, que se reconhece impune", já que à noite a passagem ao ato não está em primeiro plano. À semelhança com o sono e o sonho, esta modalidade de pensamento "evita o recurso à motricidade", estando em relação próxima com os processos primários. A dificuldade da passagem da noite para o dia seria justamente a distância entre o próprio pensamento e aquele dos outros (p. 175).

Portanto, um elemento de liberdade caracteriza esse estado do pensamento, relacionado com o fato de poder gozar do próprio pensamento enquanto os outros dormem.

Pode-se, é claro, pensar as condições de possibilidade dessa outra relação consigo – que certamente concerne à possibilidade de pensar e criar, de sonhar ou de simplesmente entregar-se ao sono – nos termos de um conflito entre instâncias no qual os rigores do superego se imponham a um eu acuado ou diminuído, comprimido, "deprimido".

A autora pontua a "estranha revolução do medo" que se opera à medida que crescemos: a criança tem medo do escuro e o outro representa, à noite, uma proteção; o adulto, ao contrário, pode se sentir mais livre no meio da noite, livre do olhar do outro, recalcando suas ideias noturnas durante o dia.

Feito de qualidades sensíveis, este pensar tem afinidades com o "pensar por imagens" do sonho:

> O que mais se aproxima da 'coisa' e que Freud chamou de alucinação primitiva que presentifica o objeto plenamente satisfatório é o sonho, a convicção de realidade "surreal" a ele ligada. O sonho é a coisa vista (Victor Hugo), mas não se deve confundir com objeto percebido – o visual projetado no sonho não se confunde com o visível ao olhar de vigília. Singular visual o do sonho, tão intenso, no instante de sua apresentação, quanto evanescente, quanto inapreensível [...] não se confundirá o visual [...] com o visível tal como se oferece ao nosso olhar da vigília. [...] Esse visual é decididamente muito estranho [...] às nossas categorias habituais de pensamento. (Pontalis, p. 45)

O pensamento adulto pode beneficiar-se dessa onipotência narcísica infantil, lúdica, "nem irracional nem realista, hiper-realista"(Zygouris), "surreal" (Pontalis) e, no entanto, diversa da alucinação fora-do-sonho:

> [...] todo sonho fornece uma alucinação "verdadeira", diferente nisso da verdadeira alucinação que permanece sempre problemática para o sujeito. Talvez a percepção do sonho seja o modelo de toda percepção: *mais percepção* que toda percepção da vigília. (Pontalis, 1977, p. 26)

Para muitos escritores e poetas, como Kafka e Cioran, a noite traz as ideias livres permitindo-lhes vencer a depressão diurna. Recuperação necessária de uma intimidade perdida: as descobertas noturnas como reencontros com o mundo materno maravilhoso, em oposição à lei comum, ordinária do dia.

Kristeva também assinalou a afinidade da depressão e sua superação provisória nesses movimentos noturnos de certo modo privilegiados:

> [...] se a perda, o luto, a ausência desencadeiam o ato imaginário e o nutrem permanentemente, tanto quanto o ameaçam e o danificam, é também notável que ao renegar-se essa mágoa mobilizadora erija-se o fetiche da obra. O artista que se consome com a melancolia é, ao mesmo tempo, o mais obstinado em combater a demissão simbólica que o envolve. (Kristeva, 1989, p. 15)

Algumas sessões de análise possibilitam o acesso a um estado semelhante, o analisando podendo experimentar essa inteligência peculiar, por intermédio do amor de transferência que o autoriza a valorizar suas próprias produções. Os gênios noturnos – Kafka, Proust, Cioran, Valéry, Nerval – seriam aqueles que vingam integrar ao pensamento diurno esta produção sem freios da noite. Mas, observa a autora, qualquer um, vez ou outra, conheceu esse estado como um fenômeno da vida cotidiana, uma modalidade noturna do pensamento que brota da insônia se a espera – exigente, utópica, irredutível – puder, no entanto, aceitar o registro das negociações, das substituições, e, todavia, sustentar-se como desejo.

Entre a vigília e o sono: o despertar

> Eu fechei os olhos para lembrar com todos os meus votos a verdadeira noite, a noite liberta da sua máscara de horrores, ela, a suprema reguladora e consoladora, a grande noite virgem dos Hymnes à la nuit. (Breton, p. 54)

Noites de espera, noites de encontro – insônia depressiva, insônia maníaca – duas faces de um mesmo posicionamento subjetivo; ou ainda, de uma certa problemática subjetiva e suas vias de superação, de ultrapassagem, de travessia.

Quem espera espera sem saber "esse momento particular no qual o passado finalmente reconhecido deixa de invadir o presente, e onde finalmente pode nascer um projeto [...]; o futuro se instaura pela possibilidade de um ato". Zygouris toma a vigília como a metáfora de um estado de espírito, estado psíquico particular. "A vida pode passar sonolenta sem que nos demos conta", escreve ela, evocando o estado hipnoide da histérica como figura desse sono na vigília: "espera extremada, vigilância diante dos sinais que espreita, modo de se ausentar de si e do mundo, hipnotizada pelo ausente." Decorre a ideia de um analista com a função de "despertador".

> Cessar de esperar, desta espera fundamental que jaz no coração de todo sofrimento neurótico, depende desses momentos em que o tempo do outro não domina mais como mestre absoluto e em que o espaço e seus objetos atuais fazem o ofício de despertar. (p. 122)

A autora observa que na experiência comum um bom despertar é o sinal, *aprés-coup*, de que dormimos bem. Ao contrário, insones crônicos tendem a sentir seu sono perturbado pelo despertar e a vigília perturbada pela sonolência, queixando-se da falta de um contraste marcado entre os dois estados, o que deu lugar a tratamentos médicos que agem reforçando a qualidade de um e outro.

Em verdade, pensamos que a resistência a dormir, após a formulação da pulsão de morte, deve-se compreender em suas relações com a *resistência a acordar* ligada à "inércia" freudiana: sair ou despreender-se desse refúgio sem tempo nem movimento, esse estado de tensão próximo ao zero que é o sono ou de suas matizes expressas em distintos graus de "sonolência", de semi-sono.

Pontalis (1990) conta-nos a respeito de Paul Valéry, cujo "espírito só funcionava plenamente de madrugada". Nesta lenta passagem da noite para o dia, "o menos semelhante possível e o mais único possível", acreditava surpreender o despertar desse espírito do qual – tal qual Freud – se obstinava em descobrir as leis e apreender as operações.

Os temas que lhe são caros: o sono, os sonhos, o despertar, o gosto de viver, o gosto de morrer, a inteligência ligada às aspirações do corpo, a inteligência oposta às formas de vida (Augusto de Campos). A madrugada, a fronteira sono-vigília, era o lugar de passagem onde operava seu trabalho de inscrever em seus *Cahiers* "não tanto as imagens do sonho, mas aquilo que, à noite, lhe excitou o espírito sob forma de imagens: reencontrar o trajeto da excitação"(p. 55).

> [...] eu considero, esta manhã, no obscuro da hora e na claridade particular deste momento de despertar *em presença da ausência de luz*... (Valéry, *apud* Augusto de Campos, p. 16)

Claridade particular desse despertar em uma hora que ainda é obscura, que guarda algo da noite. O sonho a interessá-lo não é tanto os seus conteúdos, mas o sonho como estado. "Como, no pensamento vigil, não perder contato com a linguagem e com o corpo noturnos?"(Pontalis, p. 51). A inscrição em palavras desta estranha linguagem remanescente precisa se efetuar, então, "a toda velocidade", velocidade que não é necessariamente de execução: "a intensidade da excitação [...] deve abrir caminhos de descarga imediata, mas múltiplos, apertados, entrecruzados." (p. 59). A hipótese de Pontalis é que a excitação intelectual das madrugadas de Valéry é o produto transposto de seus sonhos noturnos:

> [...] o que os neurologistas chamam de sono paradoxal pode levar o espírito ao paradoxo, ao lado do lugar comum da doxa ou da percepção que assegura a constância do objeto, e assim dá a ilusão de um mundo compartilhado, semelhante, real. (p. 61)

Há indicações de que, neste estado particular, Freud escreveu o decisivo capítulo VII da *Interpretação dos sonhos*: "Mas a partir do momento em que se pôs à mesa, escreve rapidamente esse capítulo, 'como num sonho', ele o termina em algumas semanas". Sua filha Mathilde lembra de seu pai saindo de seu escritório para a mesa "como um sonâmbulo", dando a impressão de estar sonhando (Zygouris, 1999, p. 54). Mas Freud escreveu a Interpretação em reação à morte do pai e pretende instituir-se como pai (do sonho, da psicanálise): o sonho será seu objeto, não o sonhar como estado. Embora não ignore que algo não pode ser apreendido no campo interpretativo (o umbigo do sonho, que remete à mãe), ele pretende desprender-se de seu magnetismo, de seu encantamento. Seu exame dos sonhos destina-se a conjurar esse risco: o sonho equivale a um sintoma e seus mecanismos podem ser elucidados (Pontalis, p. 30).

Mas o sonho não é apenas o produto de excitações, senão em si mesmo um excitante – de prazer, medo ou de dor –, como testemunham esses dias em que nos sentimos "habitados", possuídos por um sonho. Nas análises, abrem-se por intermédio dos sonhos compartilhados passagens para o infantil adormecido, e reencontramos algo de nós mesmos: "Então, ficamos apegados ao nosso sonho como a um objeto perdido, do qual tivéssemos achado fragmentos ou vestígios que não desejaríamos mais perder" (1990, p. 62). O sonho é, em si mesmo, um objeto libidinalmente investido pelo sonhador capaz de oferecer satisfações narcísicas e/ou estéticas (1977, p. 24). O interesse pelo conteúdo do sonho tenderia a encobrir aquilo que ele excita em nós – sua intensidade – e que sobrevive após o amanhecer, mais que seu conteúdo.

No entanto, na Interpretação..., o próprio título tende a ligar indissoluvelmente o sonho à sua interpretação, a colocação em imagens convertida na colocação em palavras, implicando com isso uma certa negligência quanto ao sonho como experiência. O método freudiano exigiu necessariamente para atingir sua eficácia distanciar um outro registro, algo da experiência perdendo-se em proveito do sentido (1977, pp. 20-21). Aqui ele está muito longe da exaltação do sonho movida pela aspiração à unidade e ao todo, à tentativa deliberada de libertar-se da finitude e da individualidade separada, derrubando as barreiras entre imaginário e real: "o onirismo, a fascinação por um outro mundo [...], a imantação pela face noturna de nossa existência, por um além desse real definido pela percepção vigil e comum, o sonho como visão, revelação, instrumento de conhecimento, como poesia involuntária", cultuado e celebrado por poetas, escritores, pensadores.

Este sonho, diz Pontalis, é justamente o *objeto perdido de Freud*. Ele tentou substituir a atração e a poesia do sonho por uma gramática. "O ganho da operação é imenso; cada formação do inconsciente apresenta traços próprios, mas seu modo de produção permanece idêntico" (1990, pp. 17-18). Pontalis pergunta-se: do que nos desprendemos – do culto da imagem, da mãe inacessível, da ilusão da satisfação plena, da "coisa"? (p. 21). Somente mais tarde, Freud se confrontará com os obstáculos do seu "sonho" de psicanálise – para Pontalis eles foram o "mais além" e a atração das imagens do recalcado.

Valéry comparava incansavelmente estes dois estados, sono-vigília, opondo-os, tentando defini-los um por relação ao outro, muitas vezes em proveito do pensamento vigil, criticando o culto do sonho. Acreditava que "o sonho e o pensamento são da mesma substância, desejando, com sua pesquisa obstinada, indagar esse "aquém das significações" na "formação do conhecer"(p. 121). "Mesma substância: se de dia pensamos menos do que supomos e, à noite, o espírito não dorme, mas age e produz, então, onde está a diferença? E se fosse uma diferença de retórica (diríamos: de processo)? E se fosse uma diferença de geometria (diríamos: de tópica)?" (p. 53)

Pressentia a fragilidade da fronteira que separa alucinação de percepção. Uma fronteira é também uma passagem, por isso escrever de madrugada. Para os escritores, a tarefa – à beira do impossível – representa uma tentativa de transportar para a vigília as "estranhas potências" que emanam do espírito quando nosso corpo está em repouso (p. 62). Para Pontalis como para Zygouris, trata-se da busca, ou antes de uma recusa à renúncia desse acréscimo de inteligência que se beneficia da proximidade com os processos primários. Trata-se, com efeito, de um acesso – sempre provisório, é certo – a um tempo não mais alienado pela espera, "ao qual se chega pelos sentidos"(Zygouris, p. 123).

O objetivo da regra fundamental seria instituir esse outro regime do pensamento. Os momentos mais fecundos da análise seriam aqueles nos quais *"uma revivescência faz fracassar o discurso e suas redundâncias, nos quais a descoberta cessa a compulsão de contar sempre a mesma história. [...] Alegria da realidade reencontrada* da pedra de Proust", uma elevação em direção à luz que é um despertar, a presença finalmente encontrada. Estar acordado é, com efeito, condição tanto para o sono como para a criação. Pois a espera elevada à vigilância, a espreita de sinais, próxima demais do estado hipnótico da reminiscência histérica, é um estar ausente de si, hipnotizado pelo ausente.

Terminamos com um texto de Poe chamado, justamente, "Entre a vigília e o sono"(1846):

> Há, no entanto, uma espécie de fantasias, de refinada sutileza, que não são pensamentos, e às quais, até aqui,

tenho considerado absolutamente impossível aplicar a linguagem. [...] Se originam na alma (pena que tão raramente!) apenas em seus períodos de mais intensa tranquilidade – quando a saúde física e mental está perfeita – e somente naqueles instantes de tempo em que os confins do mundo em vigília se mesclam com o mundo dos sonhos. Percebo estas "fantasias" apenas quando estou à beira do sono, com a consciência de assim estar. Me contento com que esta condição exista por um instante apreciável no tempo – embora seja repleta destas "sombras de sombras"; e para o pensamento absoluto é necessária a duração do tempo.

Avancei ao ponto de prevenir o lapso do instante de que falo – o instante de fusão entre a vigília e o sono – poder prevenir à vontade a passagem desta zona limítrofe para o domínio do sono [...] não que consiga fazer do instante mais que um instante – mas consigo passar subitamente do instante para o estado de vigília e assim transferir o próprio instante para o reino da Memória. (pp. 57-58)

7.

O SONO NA PSIQUIATRIA

A psiquiatria contemporânea divide seus "transtornos do sono" em quatro categorias (segundo a CITS: Classificação Internacional dos Transtornos do Sono, 1990):

1. *Dissonias* são transtornos do ritmo circadiano (sono-vigília): dificuldade para iniciar ou manter o sono ou dormir em excesso. Compreendem vários tipos de insônias e hipersônias, a narcolepsia, a apneia do sono, etc.
2. *Parassonias* são transtornos da transição de um estágio do sono para outro, do despertar ou despertar parcial. Compreendem por exemplo o sonambulismo, o terror noturno, o sonilóquio, os pesadelos, o bruxismo, o ronco, a enurese do sono, a apneia do sono infantil, a síndrome da morte súbita.
3. *Transtornos do sono associados com transtornos clínico-psiquiátricos*: com psicose, com transtornos do humor, de ansiedade, do pânico, com epilepsia, asma, etc.

4. Transtornos do sono *propostos*: são os que requerem mais dados para confirmar sua existência e características. Exemplos: Pequeno dormidor, Grande dormidor, síndrome da subvigília, etc.

Esta classificação tem sido preferida à do DSM-IV (o famoso Manual de Diagnóstico e Estatística da Associação Psiquiátrica Americana, adotado em nossos meios psiquiátricos), por considerar-se que este último utiliza categorias demasiado amplas. Por exemplo, a categoria da insônia primária, do DSM-IV, é distribuída no CITS entre os diagnósticos de insônia psicofisiológica (ligada a fatores "internos" ao sujeito), higiene do sono inadequada (os "maus hábitos" que perturbam o sono) e insônia idiopática (sem causa estabelecida). Entre as parassonias, por outro lado, o DSM-IV distingue apenas três tipos – o pesadelo, o terror noturno e o sonambulismo, as outras vinte parassonias identificadas na CITS sendo agrupadas na categoria de "parassonia sem outras especificações", que engloba quadros tão diversos entre si quanto, por exemplo, o "transtorno de comportamento durante o sono REM" e a fatal "síndrome da morte noturna súbita". Tanto as manifestações clínicas como o tratamento deste conjunto de transtornos diferem muito, o que do ponto de vista médico pareceria validar a precisão classificatória.

A classificação do CITS acompanha, portanto, a tendência hegemônica da psiquiatria atual cuja preocupação diagnóstica pretende contemplar os aspectos etiológicos específicos – quase sempre, porém, reduzidos à sua dimensão biológica elevada a um estatuto causal direto, ou ainda à sua realidade fenomenológica, observável –, caso da "má higiene do sono". No caso dos transtornos do sono, o suporte da classificação baseia-se, principalmente, nos registros polissonográficos, hoje bastante avançados, que têm valor diagnóstico e para a escolha do tratamento. Como exemplo das vantagens obtidas por esses avanços podemos citar a exclusão, pelos exames laboratoriais, de transtornos da respiração relacionados ao sono (um campo de pesquisa muito ativo atualmente), antes da administração de medicações hipnóticas ou outros sedativos que poderiam agravar o problema de base. Os problemas porém, mais uma vez, estariam não no progresso dos recursos laboratoriais, mas na sua interpretação unilateral, que tende a excluir o contexto vivencial e psíquico no qual o sujeito constrói seu sintoma.

Por outro lado, como Pereira observou a respeito da criação da categoria nosológica da "Síndrome do Pânico" – e, poderíamos aqui acrescentar outras, como a anorexia –, isso termina, para o psicanalista, por circunscrever uma problemática que pode ampliar o campo das questões psicopatológicas com que se confrontava, sendo levado a tentar precisar metapsicologicamente uma questão – como estamos fazendo aqui com o sono e suas perturbações a partir da valorização dos "transtornos do sono" como categoria nosológica.

Do ponto de vista psiquiátrico admite-se que raramente um transtorno do sono ocorra isoladamente, sendo comuns as associações entre dois ou mais deles. Por exemplo, insônia psicopatológica e higiene do sono inadequada frequentemente ocorrem juntas. Além disso, o diagnóstico diferencial é considerado difícil, já que de saída muitos destes transtornos compartilham sinais e sintomas.

Problemas do sono são sintomas proeminentes dos transtornos da ansiedade e do humor. A insônia é incluída como aspecto diagnóstico de várias outras patologias: depressão maior, transtorno de ansiedade generalizada, transtorno bipolar, transtorno de personalidade obsessivo-compulsiva e transtorno de *estresse* pós-traumático (DSM). Perto de 90% de pacientes com depressão maior têm queixas quanto ao sono. Insônia e sonolência diurna podem relacionar-se a condições físicas como dores crônicas, doenças pulmonares obstrutivas e neuropatias, que podem perturbar a integridade ou a arquitetura do sono.

Há perturbações do sono secundárias a outras psicopatologias, mas o inverso também pode ocorrer: por exemplo, transtornos do humor que aparecem como sequelas da apneia do sono – quando o problema respiratório é tratado, a depressão também desaparece. Seria um erro, então, administrar um antidepressivo, que tende a piorar o problema respiratório.

A pesquisa do sono, assim, está presente em qualquer anamnese psiquiátrica. A mirada classificatória tende, porém, a excluir a relação entre sinais e sintomas (que só poderia ser feita pela escuta do discurso do próprio paciente em relação com sua história), e, em consequência, as possíveis hipóteses quanto a mecanismos e funcionamentos que levaram à formação do sintoma. Em suma, a própria psicopatologia é a grande excluída, principalmente em sua dimensão de *pathos*, "sofrimento que porta em si um ensinamento para quem o padece".

Nas palavras de Kaplan, a eficácia do tratamento psiquiátrico para os problemas do sono pode variar de "surpreendente a modesta". Como ilustração, a melhora dramática da apneia do sono por pressão positiva contínua das vias respiratórias contrasta com o longo e difícil tratamento de uma insônia crônica. O tratamento psiquiátrico é principalmente farmacológico (benzodiazepínicos e outros sedativos, ansiolíticos, estimulantes, antidepressivos, etc.), mas também pode ser cirúrgico (principalmente correção de obstruções e malformações da vias aéreas) ou por aparelhos (desde luzes brilhantes para regular o ciclo sono-vigília até dispositivos orais para tratar o ronco). Técnicas comportamentais são bastante utilizadas (higiene do sono, controle de estímulos, terapia de restrição do sono, etc.). A psicoterapia é considerada benéfica em muitos casos, isolada ou em associação com psicofármacos. Estudos psiquiátricos afirmam que a maioria dos pacientes com insônia negam problemas emocionais e recusam a indicação de psicoterapia (2/3), porém 75% entre aqueles chegam a se engajar na experiência psicoterápica a avaliam positivamente.

Por higiene do sono compreende-se o conjunto das condições que favorecem o sono de qualidade, embora alguns psiquiatras reconheçam que os hábitos pouco compatíveis com o sono se devem mais à ansiedade e outros mecanismos que ao seu desconhecimento: prudência no uso do café e outros estimulantes, o trabalho intelectual contínuo até o momento de deitar-se, implicando tensão psíquica, etc.

Entre os métodos comportamentais para tratar a insônia crônica estão a redução do tempo que se passa na cama, a intenção paradoxal e a mentalização pré-sono. Recomenda-se descansar pelo menos trinta minutos antes de deitar-se; acredita-se que ficar muito tempo na cama tende a diluir o sono, tornando-o fragmentado por períodos de vigílias. Seria, então, apropriado deixar a cama quando não se dorme, ocupando-se com algo pouco cansativo antes de deitar-se novamente. Essa técnica baseia-se nos trabalhos fisiológicos que indicam que é durante a vigília que se produz o sono – ela recria a pressão de sono que permitirá adormecer.

A intenção paradoxal consiste no esforço para não adormecer uma vez deitado, em uma tentativa de corrigir as expectativas exageradas em relação ao sono. Não é um método muito eficaz e, como comenta o autor, talvez o desejo do insone de dormir bem não seja uma expectativa exagerada.

A mentalização pré-sono pretende deter a ruminação e os pensamentos intrusos, associando-os a imagens positivas. O processo de adormecimento acompanha-se da transformação da ideação verbal da vigília num pensamento visual que conduz a alucinações hipnagógicas. A "mentalização" verbal interfere na instalação do sono. "É melhor, enfim, visualizar os carneiros pulando uma cerca, que contá-los mentalmente." (p. 99)

O uso de medicação nos distúrbios do sono

> Sono, ó bem suave! fecha, se isso te convém, / Em meio a este hino teu, meus olhos que consentem, / Ou que tua papoula atire, só no amém, /Em torno ao leito meu esmolas que acalentem [...]. ("Ao Sono", J. Keats, 1819)

> Meu peito dói; um sono insano sobre mim / Pesa, como se eu me tivesse intoxicado / De ópio ou veneno que eu sorvesse até o fim, / Há um só minuto, e após no Letes me abismado: / Não é porque eu aspire ao dom de tua sorte, / É do excesso de ser que aspiro em tua paz [...]. ("Ode a um rouxinol", J. Keats, p. 143)

Na mitologia romana, o deus do sono, Somnus, é representado como um jovem adormecido segurando um talo de papoula. Como na mitologia grega, é filho da Noite e irmão da Morte, mas aqui habita uma escura e silenciosa caverna na qual corre Lethe, o rio do esquecimento, as papoulas e outras plantas indutoras do sono crescendo à sua volta.

O privilégio da ingestão de bebidas e ervas indutoras do sono dentre os rituais que cercam o adormecer – modernamente as pílulas e comprimidos ou ainda na versão 'light' dos chás – é amplamente reconhecido nos mitos, na literatura, na sabedoria popular.

As estreitas relações *saciedade oral-adormecimento* dos inícios da vida pareceria assim marcar de forma indelével o sujeito que, ao preparar-se para dormir, o faz de modo a encontrar consolos para o corpo – unidade ilusória de um eu em vias de se desfazer no processo de adormecimento.

Do mesmo modo que a criança se acalma tanto pelo embalo (investimento no corpo inteiro) como por intermédio da chupeta (satisfação localizada de uma zona erógena privilegiada), o adulto pode, antes de dormir, beber ou comer alguma coisa, fumar um cigarro, engolir um sonífero: evocações da mamada que sacia e faz dormir, entendida como fenômeno complexo e referida a toda a cena do acalanto que une à mãe para dela separar-se.

"Os soníferos também são substitutos de um objeto concreto que permite prefigurar o sono" (Zygouris, 1995, p. 118). A eficácia química dos psicofármacos não prescinde levarmos em conta suas significações no campo transferencial. Algo material é internalizado por uma incorporação: gesto necessariamente referido a alguma figura investida (real ou fantasmática), em virtude da importância primária da oralidade na constituição do sujeito. Na transferência, aquele que prescreve, "sugere" o que deve ser incorporado, encontra-se imediatamente colocado sob os influxos da dinâmica (necessidade-satisfação-demanda) das primeiras trocas orais com a mãe: o comprimido é, então, uma parcialidade ou o sucedâneo daquele que "sabe" e pode ou não satisfazer, acalmar a tensão, podendo, então, comportar uma função de continuidade (a mãe que embala), ou de corte (o pai que repreende ou ameaça visando a um limite). Importa, então, a palavra com a qual se introduz o medicamento.

O uso de medicamentos nos distúrbios do sono deveria, então, levar em conta – como de resto em qualquer outra situação psíquica – a representação que pode assumir em um determinado momento para o paciente (no caso de crianças, sobretudo na relação dos pais para com ela), levando em conta que será sempre uma presentificação da transferência para com o médico.

Os medicamentos terminam por ser o tratamento mais utilizado para as várias formas de insônia. Segundo Gaillard, eles não agem sobre a causa da insônia nem sobre os problemas psicológicos que a acompanham. Suspenso o tratamento, o sono tende a voltar a ser ruim. Há outros inconvenientes como a interação com o uso de álcool, os efeitos residuais e colaterais.

Os hipnóticos e, em menor grau, os indutores do sono provocam prejuízo da fase REM do sono, interferindo, portanto, com a função de elaboração de sonhos. Além disso, trazem o inconveniente de causar tolerância e dependência – química e psicológica – a médio prazo. É frequente o uso indiscriminado desta classe de psicofármacos no tratamento à insônia, desprezando a situação psíquica subjacente – por exemplo, depressões, situações pré-psicóticas, etc. Em muitos casos, senão na maioria, a insônia é secundária a outro distúrbio de base, cujo tratamento deveria ser privilegiado. Entretanto, considera-se que, prescritos com prudência e oportunamente, podem ser úteis por algum tempo. Alguns medicamentos modernos diminuíram sensivelmente certos efeitos colaterais, e recentemente há tentativas de desenvolver drogas capazes de reproduzir as várias fases do sono. Rosine Debray (1988) relativiza a questão do uso destes medicamentos na criança:

> Confrontado com uma sintomatologia desgastante, com um quadro de insônia primária severa, por exemplo, pode-se compreender que o objetivo do pediatra seja antes de mais nada obter a sedação do distúrbio, amiúde através de qualquer meio, a prescrição medicamentosa sendo [...] a primeira medida a considerar. Esta terapêutica pode aliás, em inúmeros casos, vencer efetivamente os distúrbios. Se for o caso e se a prescrição medicamentosa for, além disso, relativamente breve no tempo, tem-se o

direito de considerar que se trata aí de uma intervenção eficaz e econômica. Em compensação, o uso de medicamentos com objetivo sedativo, em alta dose e durante um longo período, pode se revelar prejudicial quanto ao bom desenvolvimento do aparelho psíquico, quando perturba a atividade fantasmática e a atividade onírica em vias de constituição. (pp. 160-161)

Dolto (1952) considera favorável recorrer eventualmente a algum medicamento leve se, após pequena doença ou nascimento de dente que desritmou a criança, esta insiste na necessidade de conservar a presença da mãe ou adulto para adormecer.

Silvia Bleichmar mostra como a intervenção psicanalítica ágil sobre a criança e os pais, pode, em muitos casos, reverter o quadro sintomático de forma rápida e eficiente, prescindindo da medicação. Em um artigo emocionado, conta como um bebê pequeno que dormia muito pouco desde a saída da maternidade adormeceu durante a primeira sessão com a mãe no decorrer de suas intervenções, realizadas durante a mamada: ao mesmo tempo que trabalhava no registro habitual de uma entrevista de análise (escutando a questão "atual" da mãe como engajada em uma história – a sua história de "filha") ia fazendo observações – muito sutis – sobre o modo pouco confortável de esta segurá-lo, sua hesitação em acariciá-lo, etc., em um tom que representava, diríamos, ao mesmo tempo uma autorização e um convite. Por exemplo:

> Expliquei-lhe que ele necessitava poder agarrar-se ao seio, que a partir desse seio ele ia aos poucos entendendo que ele era a sua mamãe [...], que por enquanto ele era um seio quentinho e carinhoso que representava uma mamãe. Que esse seio que ele lhe oferecia [...] de tanto em tanto tempo, era algo importante, profundo, que ele se metia dentro e que o fazia se sentir cheinho. Eu mesma tinha a sensação de estar assistindo algo inaugural; uma envoltura narcisante capturava-nos a todos. (pp. 11 e seguintes)

A *amineptina* tem sido utilizada em sonambúlicos. Como vimos, Jouvet considera o sonambulismo um distúrbio do sistema de vigília: o uso de amineptina favorece o acesso ao sono paradoxal e, portanto, a formação de sonhos – a satisfação no fenômeno alucinatório da pulsão. Parece que não se observa insônia ou sintomas de substituição. Kreisler, que considera o sonambulismo um sinal de uma organização psíquica mais geral, recomenda o uso do medicamento somente quando os acessos tendem a implicar um risco físico maior, em razão de condutas perigosas; o trabalho fundamental permanece sendo o de procurar reverter uma organização psíquica que ainda não se fixou como uma verdadeira estrutura.

8.

Sono, sonho e mal-estar na vida contemporânea

Em reportagem de dezembro de 2000 da Folha de S. Paulo, intitulada "TV fecha os olhos em seus 50 anos", lê-se acerca de mostra recente em comemoração aos 50 anos da TV brasileira:

"Enquanto centenas de imagens televisivas sensibilizam a visão de quem entra na exposição...as imagens de três pessoas dormindo são projetadas numa sala escura, bem no centro da mostra – trata-se da instalação 'Limiar' do videoartista Bill Viola."

A foto da instalação ocupava também o centro da página ilustrando a matéria, mostrando os dormidores sob o influxo de uma luz azulada, como diante de uma TV ligada, os semblantes sugerindo um sono incômodo, perturbado ou mesmo impossível, sono pouco profundo prestes a ser interrompido. Invisível, porém suposto, participa da imagem um som de fundo ininterrupto, "ruído" persistente e invasivo. Para o artista,

> [...] a melhor forma de manter a individualidade na aldeia global é fechar os olhos [...]; espero que o interior da minha obra seja o coração escuro da exposição. As pessoas que estão dormindo lá representam o espírito escondido, que anda pressionado por milhares de informações que nos bombardeiam constantemente. Nossa única alternativa é fechar os olhos para tudo isso [...]; nessa obra é relevante a condição que os meios de comunicação criam em nossas vidas, ou seja, a descontinuidade entre nossas vidas interiores, na mais privada e silenciosa forma, e a nossa vida pública. O desenvolvimento tecnológico da mídia cada vez mais tira o tempo de o indivíduo estar com ele mesmo.

Versão possível do mal-estar contemporâneo: sem mais barreiras ante a saturação de injunções imperativas da imagem e dos enunciados, resta ao sujeito o sono como atividade "rebelde" e afirmativa do espírito, um "não" que resguarda a possibilidade de um "dentro" que ainda é capaz de criar, pelo sonho. Mas o mal-estar no sono contemporâneo refere-se ao mesmo tempo a essa força penetrante da luz néon e suas emanações sonoras: o pesadelo é um sonho mau que vem da TV e o sujeito já não sonha – "é sonhado" desde este exterior de imagens e ruídos maciços, onipresentes, regidos por ideais massificantes.

É, no entanto, esse registro – o da reflexão acerca da subjetividade e suas vicissitudes no contemporâneo – o grande ausente no fenômeno recente da presença do sono e seus problemas na mídia (jornais, revistas, documentários na TV, etc.), marcada pelo discurso médico. As significações do dormir e do repouso "hoje" – bem como suas impossibilidades – são, então, dissociadas tanto de seu contexto psíquico e vivencial no sujeito singular (reduzida aos "maus hábitos" pelos quais cada um, individualmente, deve responder – e pagar com a própria saúde) como de uma contextualização sociocultural que escapasse ao reducionismo de um estresse abstrato emanado do meio ou da vida moderna e sofrido passivamente.

Curiosamente, não faltam matérias que constatem a tendência atual de que os indivíduos disponham de menos horas para o repouso e para o sono, em virtude principalmente do regime de trabalho, mas também, por exemplo, do tempo alienado na tela do computador. Mas é ao "largo" destas que outras enumeram os prejuízos da falta de horas de sono (da depressão ao envelhecimento precoce, por exemplo), faltando, sintomaticamente, as tentativas de uma articulação crítica.

Uma outra linha de enfoque explora de forma mais ou menos sensacionalista situações em que um sujeito comete ações violentas ou mesmo criminosas sob um estado de consciência semelhante ao sono – um suposto "transtorno do sono" – colocando-se o problema de sua imputação jurídica, penal. Aqui, talvez, estejamos mais próximos das "inquietantes estranhezas" que marcam a experiência contemporânea, na qual o sujeito pode ver-se "agido", agitado por forças externas (econômicas, políticas, etc.) ou internas (reduzidas a substâncias bioquímicas) sobre as quais já não tem qualquer controle ou participação ativa.

A lógica social do consumo e os processos de simbolização

A vida contemporânea tem como seus organizadores sociais hegemônicos o mercado e o consumo, o que determina uma lógica específica na relação do sujeito consigo mesmo e com o outro.

Rojas e Sternbach (1994) refletem sobre os possíveis efeitos de que desde o berço o futuro sujeito seja constantemente coberto pela oferta de objetos. Os brinquedos e os estímulos precoces se multiplicam, antecipando-se à demanda, e babás eletrônicas e vídeos relativizam o ciclo da alternância presença-ausência da mãe, tido por Freud como constitutivo da capacidade de simbolização.

Para a psicanálise, no processo da constituição subjetiva a oferta sempre precede a demanda, já que a criança nasce em um mundo de significações que a precedem. Mas esta condição estrutural hoje adotaria características peculiares, referida a esta exacerbação da oferta na qual o objeto-sempre-novo potencializa o aporte de significações provida pelo entorno familiar. Oferta excessiva, antecipada e persistente, que recobre parcialmente e desde o início a descontinuidade presença-ausência, condição para a emergência do mundo representacional e simbólico – é preciso que algo falte, que não esteja presente, para que o sujeito ative seus processos de simbolização (p. 43).

As autoras indagam-se, com pertinência, se estaríamos diante de uma simples variação histórico-cultural do "objeto transicional" de Winnicott ou da saturação de um espaço potencialmente criativo. Qual seria a distância entre a criança do carretel (*Fort-Da*) e a de hoje, de tal modo exposta desde cedo ao universo midiático?

Isso tende a prolongar-se em uma formação na qual as possibilidades da brincadeira espontânea se restringem, em um consenso social que indica aos pais que a felicidade dos filhos é proporcional aos bens que podem prover-lhes. Neste contexto, as escolas, embora oferecendo propostas variadas, parecem responder, de qualquer modo, por algo próximo à superestimulação: línguas estrangeiras, computação, ateliers de arte, etc. O tempo de lazer tende a ser recoberto por propostas de animação e recreação dirigidas, senão hipomaníacas. A TV e o videogame obturam os intervalos. A oferta sem brechas tenderia a transformar as crianças em receptores de um excesso formativo que bloquearia as possibilidades de uma construção da demanda em moldes mais singulares?

Não é difícil conceber as conexões entre essa saturação de ofertas na sociedade do hiperconsumo e os quadros sintomatológicos da infância e adolescência da atualidade, que vão da depressão às adições. A promessa da possibilidade de uma saciedade absoluta da demanda pela oferta de objetos tende a perverter a questão da contingência do objeto, que através dos incessantes deslocamentos metonímicos não chega a obturar a carência estrutural, aqui dissimulada sob uma lógica social que propõe o objeto mesmo como sua possibilidade de aquisição. Assim a questão deveria se orientar, sobretudo, para as consequências de tal lógica social para a constituição do psiquismo (p. 45).

De uma outra perspectiva, os psicossomaticistas advertem quanto à extensão, hoje, de uma "patologia somática da insuficiência relacional e afetiva" em virtude das circunstâncias contemporâneas – as mais frequentes e danosas, ao lado da carência paterna, sendo as separações reiteradas das crianças pequenas e sua mãe comparadas a uma "forma atual de deportação": as mudanças frequentes de cuidadores, a criança abusivamente deslocada, a institucionalização precoce (escolas, creches, hospitais).

As rupturas no vínculo com a mãe afetariam um sistema relacional no qual "a continuidade é uma condição central para o desenvolvimento", comprometendo o sentimento fundamental de segurança afetiva. Ressaltam ainda que a angústia de separação não se atenua com as repetições, tendendo, ao contrário, a agudizar-se e amplificar-se com as experiências infelizes, crescendo atualmente a frequência e a gravidade dos casos em que estas rupturas se deram na primeira infância:

> Estas incidências que ameaçam a criança pequena na nossa civilização não seriam, então, estranhas às formas atuais da psicopatologia do adolescente e do adulto: cada vez mais atípicas e marcadas por uma característica comum de uma deficiência dos padrões de comunicação. Nessas estruturas ocupam um lugar as variações do pensamento operatório, esvaziado de infiltração fantasística. (p. 19)

Na clínica psicossomática de lactentes, comparecem os filhos da prática contraceptiva fracassada, recebidos pelos pais com reservas mais ou menos profundas, segundo sua dinâmica: "azar ou sinal de época que realizou velho sonho da humanidade de encomendar o filho, e no momento desejado".

Um mundo sem utopias: sem sonhos?

A virada do milênio foi marcada por representações ligadas à ideia de um final: do século, da história, das ideologias. Marca ideológica característica destes nossos tempos, a descrença quanto ao futuro e o descaso pelo passado impõem uma mutação na experiência do tempo, restrito à fruição imediata de um presente fugaz (Rojas e Sternbach). Nada neste presente ecoa com a intuição da presença ou do despertar de que falávamos acima – onde passado, presente e futuro se conjugam em uma trama de sentidos e sensíveis. O presente a que estaríamos condenados, ao contrário, seria o da saturação compulsiva e hipomaníaca do vazio, em uma atmosfera de fastio e tédio.

A tecnologia cria novas temporalidades: o tempo real na comunicação e nas transações comerciais via computadores, o comércio 24 horas aberto no fim de semana, o aumento do tempo de trabalho em face do tempo de descanso. O contraste de oposições e alternância noite-dia, trabalho-lazer, atividade-repouso perdem-se e se descaracterizam.

O espaço e sua percepção também se veem em mutação: achatado nas telas ou prefigurado pelo traço das avenidas e estradas, o que parece colocado em cheque são a proximidade e a influência mútua entre os corpos.

Para Ariel, nossa cultura define-se hoje como uma "Cultura do volume". O silêncio fora, no século XIX, essencial para a leitura da palavra escrita, sua velocidade moldando o pensamento e o tempo subjetivo. Mas esta cultura impressa nas máquinas, cujo território foi a biblioteca, constituiu os aportes para o desenvolvimento que desembocou na nossa modernidade: às possibilidades da escritura tipográfica se foi somando o "excesso" de informação e notícias. No fim do século XIX, com o telégrafo e o início da disseminação elétrica, sons e ruídos saturam rapidamente todos os âmbitos, o excesso de informação convertendo-se em ruído (p. 144).

É nesta perspectiva das mutações da temporalidade e espacialidade do contemporâneo e suas implicações na constituição das subjetividades que a afirmação de que "o tempo só se percebe no espaço" poderia hoje ser pensada. A criação do vazio, "tela" ou fundo de base sobre as quais se inscreverá posteriormente aquilo que é propriamente psíquico pareceria aqui prejudicada, senão impedida, pelo influxo maciço de "ruídos" sonoros ou visuais que subvertem o tempo e o espaço necessários para sua instalação e sua função subjetivante.

A modernidade foi a idade da crítica de antigas tradições, às vezes convertidas em verdades únicas, como a religião e o poder do Estado. Muitos de seus ideais, baseados no sonho da razão, fracassaram ruidosamente. O progresso da ciência e da tecnologia que privilegiara o tempo futuro com tempo de um devir harmonioso desmoronou-se ao longo do século XX, em face dos horrores das guerras, da ameaça da bomba atômica, e, mais recentemente, da desigualdade econômica e da própria ameaça de extinção dos recursos naturais necessários à vida.

Os ideais que hoje tendem a substituí-los, por outro lado – ligados à imediatez da aparência, seja do corpo, seja do consumo ou ainda das relações – não parecem oferecer suporte ou motor efetivos para devires subjetivos ou coletivos, tendendo antes à dessubjetivação.

O sonho ainda é possível para o sujeito contemporâneo? O espaço do sonho não pode se realizar em um nível completamente abstrato, ele precisa de um território socialmente validado para se exercitar e se realizar. Como então, no âmbito coletivo, recuperar ou inventar ideais capazes de desenhar um horizonte utópico potencialmente subjetivante, mobilizando o desejo e o sonho de criação?

9.

Escutar o sono

"A psicanálise é o lugar de constituição da elaboração da ausência", afirma Fédida. Lenta, incessante elaboração que perpassa inevitavelmente uma existência, já que a ausência se presentifica de modos sempre novos: das primeiras idas da mãe às grandes desilusões do Édipo, das separações amorosas à morte de entes queridos, das pequenas renúncias às grandes quebras narcísicas. A própria vida pode ser vista inteira como trabalho desta elaboração, todo engenho e sofrimento humano produto debitário de uma ausência.

O ritual da psicanálise, mantido por sua regularidade e pelo intervalo assimétrico entre divã e poltrona – continuidade e descontinuidade, ausência e presença – estabelece a sessão como uma zona de trocas. Isso permite uma analogia entre o tempo da sessão e a zona de adormecimento.

Fédida assinala que muitos pacientes evocam sua sessão de análise na hora de dormir. Às vezes, ela pode ser vivida como um território, o único que lhe sente pertencer, e, em situações extremas, investir-se como o próprio espaço de seu corpo. Na hora-de-dormir, do sono profundo semelhante à morte, quando despertam os mais terríveis fantasmas, é preciso agarrar-se a alguma coisa.

> Como essa mulher delicada, que chega para uma análise já nos seus cinquenta, impelida por inquietações sombrias que maltratam seu sono desde uma ameaça de ruptura de seu casamento. O início da saída desta insônia – estado de vigilância contra o risco de uma depressão grave ou mesmo uma melancolia – me era anunciado pelos relatos de uma vivência que precedia (e presidia) seu adormecimento: está deitada em sua cama de casada, mas seu lado da cama é como uma cama alta, de bordas elevadas, muito aconchegante e confortável, onde dormirá (sozinha... separada) tranquilamente...
>
> Parece encantada e surpresa com a constatação desta possibilidade toda nova de encontrar um espaço confortável e acolhedor que lhe pertence, e também intrigada quanto à sua significação. Quando pequena, sua mãe, que temia as tempestades, escondia-se na cama com os filhos juntos a si, rezando febrilmente sob o cobertor: escuro terrorífico da ausência de uma presença asseguradora da mãe.
>
> Adulta, vigia inquieta o sono dos netos, do marido ou dos filhos crescidos – figuras de quem depende afetivamente –, movida pela própria dificuldade em entregar-se ao sono sem uma "companhia" asseguradora, uma espécie de mãe

calmante que provavelmente faltou na sua primeira infância, "atualizada" nas relações atuais.

Para Fédida, o espaço da sessão é investido em dupla relação com: a) o autoerotismo, zona primordial de constituição da capacidade de estar sozinho e b) a anterioridade de uma cena, o analista como corpo e lugar cênico da cena primitiva. Trata-se, então, de definir a *zona de adormecimento – tanto quanto a sessão de análise – como tempo constitutivo de um espaço interior*, já que se trata de situações em que os limites corporais estão colocados em cheque, borrando a distinção entre dentro e fora.

> Na casa da fazenda, pequeno em sua cama, ouvindo o silêncio, era de repente capturado pelo som de passos ritmados da marcha de soldados em cerco à casa. O curioso é que assim sentia-se protegido, antes que ameaçado. Hoje acredita que se tratava das batidas de seu coração. Sempre encontrou no sono – e não nos sonhos, estes em geral inquietantes – um prazer e um conforto inigualável a qualquer experiência da vigília... Dentro de uma certa gaveta, sob a guarda da mãe, ainda bate abafado o relógio valioso que o avô lhe deixou. Recentemente, surpreendido por um precoce abalo cardíaco, ele, cuja primeira lembrança de infância na análise foi a de destruir despertadores jogados na parede em explosões de ira, parece inclinado a um novo despertar.

O autor faz notar como a figura do conto pode se fazer presente na escuta de adultos, e tanto mais em momentos em que a própria análise parece se pôr em cheque, "momentos de um verdadeiro desafio do vazio" (p. 158). Trata-se de considerar uma *função transicional do relato* que tomaria inevitavelmente o aspecto morfológico de um conto e que se mantém na idade adulta – mesmo sofrendo transformações semânticas e sintáticas.

> A palavra do conto, pelo funcionamento de sua metáfora, reconstrói a cada vez o acontecimento que a angústia torna inominável. Os perigos interiores que emergem [...] no momento do adormecimento, ou no silêncio da sessão chamam a metáfora como o único espaço transicional de uma palavra onde as formas possam se permutar e se metamorfosear, onde as ações imaginárias podem se inverter figurando seu avesso e seu direito, onde enfim os personagens são um só e mesmo personagem que permite identificações sempre bivalentes e recíprocas. [...] Esse relato – que faz de sua história contada o espaço interior entre vigília e sono – responde aos critérios que Winnicott reconheceu ao objeto ou fenômeno transicional e seu espaço. Ele intervém como uma espécie de transação alucinatória ou pré--alucinatória que responde à função econômica de uma pré-interpretação do sonho. (p. 160)

Se na palavra a história de uma vida se organiza, na expressão de Freud, sob a forma de um romance – o romance familiar do neurótico –, muitas sessões se organizam como pequenos contos, ou ainda, se quisermos, pequenos ensaios: teorias sexuais infantis reeditadas e revisadas a cada vez. "Quem conta um conto aumenta um ponto..." Na narrativa oral, a mesma história se modifica no ato mesmo de sua colocação em palavras, a cada vez. Repetição diferencial, variantes do mesmo, que o analisando e analista inventam.

> Crises de loucura histérica – onde se mostra infantil, porém brincalhona, provocativa – como o foi um dia, menina quase esquecida deixada na Bahia aos 16 anos para vir a São Paulo vencer na vida; venceu. Sai da crise por um movimento paranoico (um eu forte e bom frente aos maus objetos), já agora se fazendo depressão quase melancólica: a família, presidida pela irmã mais velha, duplo da mãe-má, a cerca de invejas e ganâncias. Sonhos de pentear os cabelos, sonhos com crianças, sonhos de cavalgadas e estradas onde o pai e o homem estranho – maltrapilho, boiadeiro – sexuado se revesam e confundem. Sonhos vagos, incompreensíveis, diz ela, diferentes da clareza absoluta dos sonhos de antes da crise.

> A família assustada de sua loucura lhe queima os papéis da religião errada, "do demônio", e com eles seus diplomas, escritos, apostilas de cursos. Sente que lhe queimaram

também "dentro" algo fundamental, sem deixar traços. Da infância traz o cheiro das cabras e pouco mais; das noites lembra o pai contando histórias já esquecidas que eram de bichos, ou ainda de chamar a mãe, que vinha, mas lhe buscava a água trancada no seu silêncio. Hoje luta para sair da cama onde sente uma força puxando-a, quase maligna, sentida como "mau-feito", essa força é maior nos dias em que tem sessão e esses são dias em que nunca falta, mas só à custa de "uma verdadeira batalha". Às vezes o remédio – "coisa de loucos", diz a família – vira o veneno que lhe enche de sono.

Escutar a palavra narrativa como um conto implica que seja tomada do ponto de vista de sua capacidade de jogar o acontecimento fantasmático no registro da ambiguidade e de uma reversibilidade espaço-temporal. O efeito que se pode produzir seria um relaxamento da ambivalência, já que ela se engendra em um prazer equivalente à onipotência que ela assume provisoriamente, nesse espaço de liberdade. O jogo instaurado por este tipo de fala funciona graças "a uma identificação imaginária bivalente (positivo-negativo, ativo-passivo, masculino-feminino, etc.): a criança é potencialmente o ogro e sua vítima, a perda e a separação, a trapaça e sua reparação. Dupla voz da palavra narrativa, que não é unívoca. O conto subentende o duplo e o ausente" (p. 172).

Obsessivo, impunha-se intermináveis "superstições", como chamava, antes de levantar-se da cama, para esconjurar pensamentos (devaneios, sonhos?) tidos como maus e que sentia não lhe pertencer: rezas, fórmulas, rituais, etc. destinavam-se a neutralizar ideias ligadas à sexualidade ou à agressividade que não reconhecia enquanto tais e/ou como próprios. Pela mesma razão o momento de dormir era postergado, de modo a deitar-se somente vencido pelo cansaço. Nas suas associações, surgem cenas e situações atuais bastante "inocentes", porém ambíguas, onde, através de retomadas sucessivas da narrativa, passa a ver-se ora na posição de vítima, ora na de algoz. Só muito mais tarde conta, finalmente, que perdera seu pai, ainda pequeno, em circunstâncias pouco claras, possuído, segundo a explicação de sua família, por "espíritos obsessores" – o que vem dimensionar, nessas angústias ligadas tanto ao dormir como ao despertar, o caráter tão sinistro quanto coercitivo, invasivo – "demoníaco" – de suas ideias "obsessoras.

Dissemos que a instauração de uma temporalidade é condição de toda subjetivação, marcando que ela se dá na dependência das manifestações dos corpos no espaço, em particular do outro no espaço. Ora, o espaço ocupado pelo analista no enquadre da sessão é, ao mesmo tempo, ausência e presença, à medida que se subtrai ao olhar, que é uma voz que insinua uma presença. Sua palavra, que sublinha a palavra do analisando sem "respondê-la", marca apenas esse fundo de presença pelo qual o analisando pode prosseguir associando, em uma situação homóloga à da criança que brinca sozinha na presença da mãe.

Segundo Fédida, as tentativas de elaboração da ausência se dão frequentemente pela solicitação da temática do duplo, e o psicanalista pode, no espaço transferencial, ser aquele pelo qual se engendra o duplo. Trata-se, aqui, do outro e seu papel especular na constituição do eu, na montagem dos emblemas narcísicos (Delouya, p. 12), a clínica contemporânea testemunhando várias formas de carência desse duplo do espelho de origem. As patologias que representam o mal-estar da época (depressões, toxicomanias, anorexias, pânico, distúrbios do sono) têm em comum o fato de convocarem um corpo que não é um corpo representado, mas um corpo real que responde, sobretudo, a uma carência fantasmática, a problemática narcísica tomando o primeiro plano.

> Há muito não contava um sonho. Agora, encontra-se por alguma razão deitado, conversando com a avó adorada que na realidade já morreu e – quem sabe – seu duplo, uma tia-avó viva. A primeira diz que em sua idade as pessoas de certa forma encontram-se preparadas para a morte – o tempo cronológico a coloca anunciada – mas, ao mesmo tempo, é afinal impossível preparar-se para o que na morte é assustador. Acorda nesse ponto, afligido.

Desanimado, passara um domingo "morto". Nunca teve apego à vida. Diante da amiga doente de um câncer – diferente de seu enfarte duvidoso –"mais real", sente que ela tem mais o que perder: um filho.

Deitado: memória sensorial do momento de ir dormir, um adulto ao pé da cama, bem frequentemente a avó. No enquadre da sessão, velo por sua palavra nesta mesma posição, procurando em mim a voz – e seu "rosto" e sua música – que poderia fundar distâncias.

Zygouris escreve que ao empreendermos a análise de um paciente solicita e equivale a entrarmos em um sono que não é o nosso, para só depois podermos desempenhar a função de um despertador. Trata-se de liberar paulatinamente o presente de "reminiscências", à medida que a ausência vai sendo nomeada e significada. Mas a gravidade de certas situações psíquicas pode implicar que antes precisemos fundar uma possibilidade de recuo psíquico, de "sono" libidinal em que o paciente possa recolher-se, dando-se o espaço e o tempo de construção dessa malha primordial ou tela de base na qual posteriormente o psiquismo poderá desenrolar sua atividade onírica e fantasística. Fédida, a respeito do paciente depressivo, fala da necessidade de o analista oferecer-lhe uma cama, um lugar de repouso.

Um jovem me procura para ser medicado por indicação de seu analista, com quem mantém encontros de frequência semanal, sentida por ele mesmo e pelo analista como uma situação precária de continência. A ansiedade desorganiza seus dias a ponto de impedi-lo, em suas palavras, de "ter uma rotina"; à noite crises de angústia o acometem na hora de dormir. No entanto, diz ele, "aprendeu a dormir mesmo tendo insônia", resultando num tipo de sono que chama de "sono formal", dentro do qual não pode sentir-se totalmente adormecido. Isso se representa fielmente nos seus próprios (e raros) sonhos, nos quais mantém a faculdade – que seria da vigília – de observá-los e criticá-los, como a dizer: "isso é absurdo", "isso é apenas um sonho". Filho de uma mãe aflita e um pai exigente, a experiência noturna desse jovem evoca a expressão popular "dormir com um olho aberto". Seu medo maior e confesso é, de fato, "não dar conta" e enlouquecer. Prescrevi um neuroléptico leve, em doses suavemente sedativas, em gotas, para que pudesse paulatinamente ir fazendo a experiência de encontrar a dose exata que lhe serviria, podendo ser acompanhado de perto nesse movimento de 'contagem' – das gotas e contagem regressiva para a entrada no sono: algo como não ter que dormir sem que uma presença lhe velasse o sono, nesse primeiro momento. Para alguém que aprendeu a dormir por necessidade, me pareceu ser da maior importância "libidinizar" desse modo a hora-de-dormir, embebendo-a dessas gotinhas de uma presença 'materna' asseguradora, mas que ao mesmo tempo lhe valorizasse a capacidade de dizer por si mesmo o quanto disso precisa.

A escuta do sono não se limitaria assim à interpretação dos sonhos, nem à constatação de que eles faltem, nem ao registro e à interpretação do que aparece, do ponto de vista do paciente, como queixa ou sintoma quanto ao seu dormir. Este, para quem pode escutá-lo, fala infalivelmente sobre seu sono. Não apenas conta seus sonhos, fala de sua hora--de-ir-dormir e suas pequenas manias, de suas inquietações noturnas, os prazeres ou sofrimentos secretos aos quais se entrega tentando dormir ou postergando seu sono... Estas não são idiossincrasias inocentes: escutam-se aí as metáforas de um espaço psíquico sempre em mutação, escuta-se *o sono como metáfora ou figura de um espaço psíquico que faz no espaço transferencial sua tentativa de re-engendramento*.

Freud referiu-se a uma magia das palavras, ao fato espantoso de que os sintomas neuróticos cedem por intermédio do exercício das palavras, sugerindo ainda que a própria cura pode ser concebida como o reencontro do paciente com a magia das palavras. O estudo das práticas de adormecimento podem acrescentar à magia das palavras uma outra que, pela magia da transferência, opera pelo "embalo" proporcionado pela ritmação e pelas tonalidades da voz do analista – digamos, por sua *respiração* –, hora "habitando por dentro", hora introduzindo algo diferencial no que aparece como repetição. Isso implica que a escuta se dirija para este "registro infrasignificante ou suprasegmental da palavra" (Kristeva), que diz respeito à modulação tonal da voz e suas distâncias para com o discurso articulado.

A função do analista se encontraria, portanto, em um jogo de alternâncias entre enquadre e processo, acalanto e chiste, repetição e sentido novo: reconhecimento e "habitação" da repetição, ruptura de sentido e criação de sentido.

Referências Bibliográficas

AB'SABER, T. Uma conversa de sonhos. Psychê, 3(4):13-22, 1999.

ARIEL, A. Esculpir el vacío con la voz. In: El estilo y lo acto. Buenos Aires: Manantial, 1994.

BETTELHEIM, B. A psicanálise dos contos de fadas. Rio de Janeiro: Paz e Terra, 1995.

BLEICHMAR, S. A fundação do inconsciente. Porto Alegre: Artes Médicas, 1994.

BRETON, A. Arcano 17. São Paulo: Brasiliense, 1986.

CABAS, A. G. El narcisismo y sus destinos. Buenos Aires: Trieb, 1980.

CALDERONI, M.L. As várias formas do resistir à perda ou de como é difícil o trabalho do luto. Resenha de "Depressão", de Pierre Fédida: Percurso, 24:124-126, 1999.

CAMPOS, A. Via linguaviagem. São Paulo: Companhia das Letras, 1987.

CASTRO, L.R.F. O estudo dos distúrbios do sono na infância e suas contribuições para a compreensão da psicossomática do adulto. In: VOLICH, R.M., FERRAZ, F.C. & ARANTES, M.A.A.C. (orgs.). Psicossoma II: psicossomática psicanalítica. São Paulo: Casa do Psicólogo, 1998.

COSTA, J. F. Narcisismo em tempos sombrios. In: BIRMAN, J. (org.) Percursos na história da psicanálise. Rio de Janeiro: Taurus, 1988.

DEBRAY, R. Bebês/mães em revolta. Porto Alegre: Artes Médicas, 1988.

DELOUYA, D. Introdução a "Depressão", de Pierre Fédida. São Paulo: Escuta, 1999.

—————. Depressão (Coleção "Clínica Psicanalítica). São Paulo: Casa do Psicólogo, 2000.

DOLTO, F. (1952) Os distúrbios do sono. In: As etapas decisivas da infância. São Paulo: Martins Fontes, 1999.

—————. Dados viciados e cartas marcadas. In: No jogo do desejo. Rio de Janeiro: Zahar, 1984.

FÉDIDA, P. Depressão, São Paulo: Escuta, 1999.

—————. Le conte et la zone de l'endormissement. In: Corps du vide et espace de séance. Paris, Jean-Pierre Delarge, 1977.

FERRAZ, F.C. Das neuroses atuais à psicossomática. In: FERRAZ, F.C. & VOLICH, R.M. (orgs.) Psicossoma: psicossomática psicanalítica. São Paulo: Casa do Psicólogo, 1997.

FREUD, S. (1893) Sobre o mecanismo psíquico dos fenômenos histéricos: uma conferência. In: Edição Standard Brasileira das Obras Psicológicas Completas. Rio de Janeiro: Imago,1976. v.3.

—————. (1895) Sobre os fundamentos para destacar da neurastenia uma síndrome específica intitulada de "neurose da angústia". Op. cit., v.1.

FREUD, S. (1889) Resenha de Hipnotismo, de Auguste Forel. Op. cit., v.1.

—————. (1900) A interpretação dos sonhos. Op. Cit., v.4-5.

—————. (1914) Sobre o narcisismo: uma introdução. Op. Cit., v.14.

―――. (1917) Luto e melancolia. Op. Cit., v.14.

―――. (1917) O estranho. Op. Cit., v. 17

―――. (1920) Além do princípio do prazer. Op. Cit., v.17.

―――. (1921) Psicologia de grupo e análise do ego. Op. Cit., v.18.

―――. (1923) Dois verbetes de enciclopédia. Op. Cit., v.18.

―――. (1926) Inibição, sintomas e ansiedade. Op. Cit., v.20.

―――. (1932) Complemento à teoria dos sonhos (Novas conferências introdutórias sobre psicanálise). Op. Cit., v.22.

GAILLARD, J.M. (1993) A insônia. São Paulo: Ática, 1997.

GANHITO, N.C.P. Freud, o fio e o pavio. Resenha de "Freud e as psicoses", de Chaim Samuel Katz: Percurso, 14:121-123, 1995.

―――. Uma luz de passagem: Percurso, 21:88-98, 1998.

―――. Sobre a pulsão de morte. Inédito, 1992.

GREEN, A. Narcisismo de vida, narcisismo de morte. São Paulo: Escuta, 1988.

GURFINKEL, D. Regressão e psicossomática: nas bordas do sonhar. In: VOLICH, R. M.; FERRAZ F. C. (orgs.) Psicossoma: psicossomática psicanalítica. São Paulo: Casa do Psicólogo, 1997.

HALLACK, R.M. Maktub: está escrito: um destino de deriva. Resenha de "Jardim dos arabescos: uma leitura das Mil e Uma Noites", de D. Wainberg: Percurso, 19:104-106, 1997.

JORGE, A.L.C. O Acalanto e o horror. São Paulo: Escuta, 1988.

KAPLAN, H.I. & SADDOCK, B.J. Transtornos do sono. In: Tratado de psiquiatria. Porto Alegre: Artmed, 1999. v.2.

KEATS, J. (1819) Poemas de Keats. São Paulo: Art, 1985.

KREISLER, L. A nova criança da desordem psicossomática. São Paulo: Casa do Psicólogo, 1999.

KRISTEVA, J. Sol negro: depressão e melancolia. Rio de Janeiro: Rocco, 1989.

LASNIK-PENOT, M.-C. Rumo à palavra: três crianças autistas em análise. São Paulo: Escuta, 1997.

McDOUGALL, J. (1989) Sobre o sono e a morte. In: Teatros do corpo. São Paulo: Martins Fontes, 1991.

―――. (1992) Sobre o sono e o sonho: um ensaio psicanalítico. São Paulo: Psichê, 4:145-171, 1999.

MENESES, A.B. Desejo mágico: poesia e política em Chico Buarque. São Paulo: Ateliê Editorial, 2000.

MEUNIER, M. Nova mitologia clássica: a legenda dourada: história dos deuses e heróis na antiguidade. São Paulo: IBRASA, 1976.

PENOT, B. Figuras da recusa: aquém do negativo. Porto Alegre: Artes Médicas,1992.

PEREIRA M.E.C. Pânico e desamparo: um estudo psicanalítico. São Paulo: Escuta, 1999.

POE, E. A. (1846) Notas marginais. In: Poe desconhecido. Porto Alegre: L & PM, 1989.

PONTALIS, J.-B. (1990) A força de atração. Rio de Janeiro: Zahar, 1991.

―――. Entre le rêve et la douleur. Paris: Gallimard, 1977.

RANÑA, W. Psicossomática e o infantil: uma abordagem através da pulsão e da relação objetal. In: FERRAZ, F.C. & VOLICH, R.M. Psicossoma: psicossomática psicanalítica. São Paulo: Casa do Psicólogo, 1997.

————. A enurese: aspectos pediátricos, psicossomáticos e psicanalíticos: Inédito, 1998.

————. O sono dos bebês e das crianças. In: REIMÃO, R. (org.) Temas de medicina do sono. São Paulo: Lemos, 2000.

ROJAS, M.C. & STERNBACH, S. Entre dos siglos: una lectura psicoanalítica de la posmodernidad. Buenos Aires: Lugar, 1994.

SICUTERI, R. Lilith, a lua negra. Rio de Janeiro: Paz e Terra, 1987.

SILVA, A.B. & ALOE, F. Revista da Folha, 9/4/2000.

SISSA, G. & DETIENNE, M. Os deuses gregos. São Paulo: Companhia das Letras, 1990.

SOUZA, M.L.R. A experiência de sonhar – O prazer de existir. In: FUKS, L.B. & FERRAZ, F. C. (orgs.) A clínica conta histórias. São Paulo: Escuta, 2000.

TOURNIER, M. Sexta-feira ou os limbos do pacífico. São Paulo: Difel, 1985.

VIDAL, L. Xikrin. In: Arte e corpo: pintura sobre a pele e adornos de povos indígenas brasileiros: FUNARTE, INAP, 1985.

VOLICH, R.M. Psicossomática: de Hipócrates à psicanálise (Coleção "Clínica Psicanalítica"). São Paulo: Casa do Psicólogo, 2000.

WINNICOTT, D. W. (1936) Contribuição para uma discussão sobre a enurese. In: Pensando sobre criança. Porto Alegre: Artes Médicas, 1997.

WINNICOTT, D. W. (1971) A realidade e o brincar. Rio de Janeiro: Imago, 1975.

ZYGOURIS, R. Ah! As belas lições. São Paulo: Escuta, 1995.

————. Pulsões de vida. São Paulo: Escuta,1999.

Impresso por :

gráfica e editora

Tel.:11 2769-9056